하나님은 존재하는가

IVP(InterVarsity Press)는
캠퍼스와 세상 속의 하나님 나라 운동을 지향하는
IVF(InterVarsity Christian Fellowship)의 출판부로
생각하는 그리스도인을 위한 문서 운동을 실천합니다.

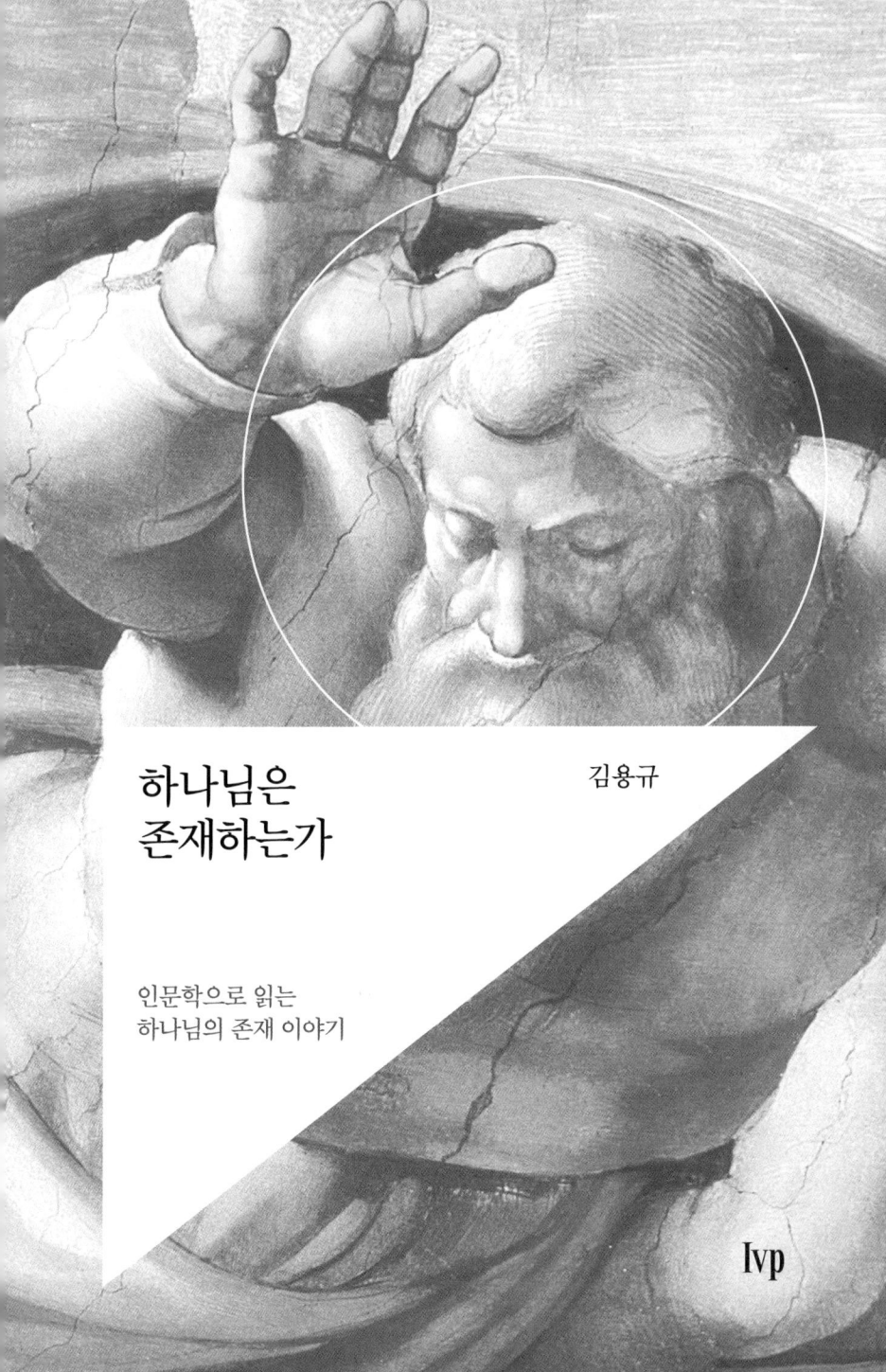

하나님은 존재하는가

김용규

인문학으로 읽는
하나님의 존재 이야기

Ivp

일러두기

이 책은 『신: 인문학으로 읽는 하나님과 서양문명 이야기』를 개정·증보하고
네 권으로 나눈 분권 가운데 첫 번째 책입니다.

차례

추천의 글_이어령 • 07 / 들어가는 글 • 08

I 하나님은 누구인가 • 16

하나님은 어떻게 생겼나 • 19 / 미켈란젤로가 그린 노인은 누구인가 • 29 / 에로스의 날개 • 40 / 신인동형설 • 49 / 신론과 존재론 그리고 서양문명 • 56

II 하나님은 존재다 • 70

01 존재란 무엇인가

하나님에게는 이름이 없다 • 80 / 지성도 넘고, 신비도 넘어 • 89 / 하나님은 하늘에 있고, 너는 땅 위에 있다 • 96 / 그리스인들과 존재 • 107 / 자연의 사다리에서 존재의 사다리로 • 120 / 존재의 계층구조에서 사회적 계층구조로 • 133 / 존재는 창조주다 • 140 / 히브리인들과 존재 • 153 / 시간화와 탈시간화의 마술 • 158 / 존재의 바다와 '퍼텐셜' • 168 / 하나님의 모습 상상하기 • 176

02 하나님은 실제로 존재하는가

하나님의 존재를 합리적으로 증명할 수 있나 • 184 / 토마스 아퀴나스의 '다섯 길' • 198 / 페일리의 시계를 망가뜨린 사람들 • 206 / 마야의 찢지 못하는 베일 • 220 / 하나님의 존재를 경험적으로 검증할 수 있나 • 233 / 메타노이아 - 신비적 형태에서 일상적 형태로 • 246

참고문헌 • 251 / 찾아보기 • 258

추천의 글

신이 죽었다고 외치는 시대를 거쳐 이제 인간이 신이 되리라 자처하는 시대에 도달했다. 지금이야말로 우리는 신을 진지하게 생각해야 한다. 지식과 소유와 권력이 누구도 상상하지 못한 정도로 증대하면 과연 우리가 신이 될 수 있다는 말인가? 그렇게 신의 낙원이 도래한다는 것인가?

신이 역사 속에서 어떻게 자신을 드러냈으며 각 시대는 신을 어떻게 이해하고 오독해 왔는지에 관해 서양문명의 뿌리에서부터 근현대까지 통틀어 톺아보는 이 거대한 서사의 여정에서 결국 우리는 인간 자신의 참된 자화상에 도달한다. 칼빈은 하나님을 알아야 인간을 알 수 있다고 말했는데, 이 책은 바로 그 귀한 지혜의 현대판 증언이다.

이 책에 담긴 철학자의 치밀하고 오랜 지적 탐색뿐 아니라 그의 지혜 어린 조언에 귀 기울일 때, 우리는 이 오만과 과잉, 야만과 공포의 시대 곳곳에서 감지되는, 인간 스스로 신이 되고자 하는 뿌리 깊은 욕망을 넘어설 실마리를 발견할 것이다. 그리고 참된 인간의 모습, 곧 신을 닮은 인간의 생명과 아름다움을 다시 이야기로 풀어 나갈 수 있을 것이다.

이어령 한중일비교문화연구소 이사장, 전 문화부 장관

들어가는 글
하나님과 분홍 코끼리

> "네가 하나님을 파악하지 못한다는 것이 뭐 그리 놀라운 일인가?
> 만일 네가 그분을 파악한다면, 그분은 하나님이 아니다."
> ─아우구스티누스, 『설교집』

누군가 "명왕성에는 어마어마하게 큰 분홍 코끼리들이 살고 있다!"라고 주장했다고 하자. 그렇다고 해서 우리가 그것을 믿어야 할까? 그렇지 않다. 그 주장을 한 사람이 명왕성에 사는 분홍 코끼리들의 존재를 명백히 증명할 수 있는 경우가 아니라면 말이다. 우리가 어떤 사물이나 사실에 관한 주장을 하려면, 필요한 경우에 그것을 증명해야만 한다. 그리고 이때 증명의 책임은 당연히 그것을 주장한 사람에게 있다. 이 점에서는 그리스 신화에 등장하는 제우스와 기독교에서 말하는 신이 조금도 다를 바 없다.

이는 미국의 과학저술가 데이비드 밀스David Mills가 『우주에는 신이 없다』에서 꺼낸 이야기의 개요입니다.˚ 우리가 '명왕성에 사는 분홍 코끼리'처럼 어떤 특이한 사물이 존재하지 않는다는 것을 증명하지 못한다고 해서, 그것의 존재를 인정하거나 주장해서는 안 된다는 거지요. 그것은 마치 어떤 사람이 자기가 범인이 아니라는 것을 증명할 수 없다고 해서, 그 사람을 범인으로 간주해서는 안 된다는 것과 같습니다. 그런 경우에 논리학에서는 무지에 호소하는 오류 argumentum ad ignorantiam를 범했다고 질책합니다. 결국 밀스가 하고 싶은 말인즉, 신이 존재하지 않는다는 것을 증명하지 못한다 해서, 신이 존재한다고 주장해서는 안 된다는 것입니다.

백번 옳은 말이지요. 그런데 여기에서 하나 묻고 싶습니다. 기독교 역사를 두고 어떤 정통 신학자가 그런 주장―다시 말해 하나님이 존재하지 않는다는 것을 증명하지 못하기 때문에 그분은 존재한다는 식의 주장―을 한 일이 있는가요? 내가 아는 한, 없습니다! 오히려 기독교 신학자들은 지난 2,000년 동안 하나님의 존재에 대한 증명을 부단히 그리고 치열하게 시도해 왔지요. 그래서 신학에는 그에 대한 다양하고 풍성한 자료들이 차고 넘칠 만큼 쌓여 있습니다. 그렇다면 누구든 하나님의 존재에 대해―긍정적으로든 부정적으로든―언급하고자 하면, 우선 그 증명들을 읽고 조심스레 검토해 보아야 하지 않을까요? 이 책은 바로 그 일을 하려고 합니다.

어떤 것에 대한 피상적 이해가 가진 위험을 풍자한 우스갯소리를

• 이에 대한 자세한 내용은 김용규, 『백만장자의 마지막 질문』(휴머니스트, 2013)의 질문 1-1 '신의 존재를 어떻게 증명할 수 있나? 신은 왜 자신의 존재를 똑똑히 드러내 보이지 않는가?'를 참고하라.

들은 적이 있습니다. 물이 귀해 식수마저 부족한 어느 나라의 사람이 서구를 방문하여 벽에 붙은 수도꼭지에서 물이 시원스레 쏟아져 나오는 것을 보고 경탄했답니다. 그래서 수도꼭지를 여러 개 사서 자기 나라로 돌아가 벽에 꽂아 놓고 틀어 보았지만 물이 나오지 않자 크게 실망했다지요. 그렇습니다! 벽 뒤에 마땅히 있어야 할 배관도, 급수펌프도, 정수장도 없이 물이 쏟아져 나올 리가 없지요.

물론 이 이야기는 누군가가 만들어 낸 우스갯소리일 것입니다. 그럼에도 우리에게 시사하는 바는 실로 적지 않습니다. 왜냐하면 하나님에 대한 오늘날 우리―여기에는 무신론자들뿐 아니라 상당수의 그리스도인도 포함됩니다―의 이해가 대부분 이처럼 피상적이기 때문이지요. 일찍이 캔터베리의 안셀무스 Anselm of Canterbury, 1033-1109 가 천명한 대로, 기독교에서 말하는 신은 '인간이 추구하는 모든 가치의 정점'입니다.* 때문에 그에 대한 피상적 이해 또는 오해는 우리가 추구하는 모든 가치들 그리고 신앙과 삶을, 배관도, 급수펌프도, 정수장도 없이 벽에 꽂은 수도꼭지로 만들어 버릴 수 있습니다. 이 책에서는 당신과 함께 그 이야기도 나누려고 합니다.

그런데 문제는 거기에서 그치지도 않지요. 어느 문명에서든 신은 종교 안에만 머물러 있지 않습니다. 신은 언제나 종교 밖으로 나가 종교 아닌 것들 속으로 스며들어 가지요. 세속적인 것, 일상적인 것,

---

* 안셀무스는 『모놀로기온』에서 하나님을 "최고 본질, 최고 생명, 최고 이성, 최고 행복, 최고 정의, 최고 지혜, 최고 진리, 최고 선성, 최고 위대, 최고 미, 최고 불사성, 최고 불변성, 최고 복락, 최고 영원성, 최고 권능, 최고 일자성(一者性)"(『모놀로기온』, 16)으로 규정했다.

문화적인 것 안으로 과감히 침투해 들어갑니다. 신은 사회제도와 전통 안으로, 생활규범과 관습 속으로, 학문 안으로, 문학 속으로, 미술과 건축 안으로, 음악과 공연 속으로, 부단히 파고들어 가 문화와 문명의 심층을 이룹니다. 서양문명이 특히 그렇지요. 때문에 신에 대한 피상적 이해가 서양문명 전반에 대한 오해 내지 몰이해로 이어질 수밖에 없습니다. 나는 이 책에서 그 이야기 역시 하려고 합니다.

이 책의 목표는 기독교에서 말하는 신의 존재에 대한 바르고 심층적인 이해를 갖는 것입니다. 그럼으로써 우선 오늘날의 지적 유행이 된 무신론을 우리 자신의 내면에서 그리고 우리 사회 전반에서 극복하자는 것입니다. 나아가 지금까지 서양문명을 이끌어 왔고 또 앞으로도 이끌어 갈 기독교 고유의 가치들과 특유의 사유방식을 배우고 익히자는 거지요. 그것이 세계화의 거센 물결을 타고 어느 때보다도 빠르게 보편화된 서양문명이 우리에게 떠넘긴 심각한 문제들, 예컨대 가치의 몰락, 의미의 상실, 물질주의, 냉소주의, 허무주의 등에 대한 진중한 해법을 제공할 것이기 때문입니다.

목표에 도달하기 위해, 우리는 1부에서 하나님은 누구인가 그리고 어떻게 생겼는가를 살펴볼 것입니다. 관건은 하나님이 르네상스 시대의 거장 미켈란젤로^{Michelangelo}가 시스티나 성당 천장에 그린 〈천지창조〉에 등장하는 노인처럼 인간의 모습을 하고 우주 어디엔가 존재하고 있는가, 또는 그리스 신화에 등장하는 제우스처럼 가상 속에만 존재하는가 하는 거지요. 그리고 2부에서는 우리는 다마스쿠스의 요하네스Johannes Damascenus나 토마스 아퀴나스Thomas Aquinas와 같은 중세 기독교 신학자들이 "거대한 바다"라고 묘사한 하나님의 모습을 그려 보고 그 의미를 살펴볼 것입니다.• 다시 말해 하나님이 존재라면, 그 말은 도대체 무엇을 의미하는가, 하나님에게는 왜 이름이 없는가, 또 그분은 실제로 존재하는가, 그렇다면 우리가 그 사실을 어떻게 알 수 있는가, 다시 말해 하나님의 존재는 합리적으로 증명할 수 있는가, 아니면 경험적으로 검증할 수 있는가, 그것도 아니면 다른 어떤 방법으로 그것을 확인할 수 있는가 등을 차례로 살펴볼 것입니다.

그 도중에 그리스인의 존재 개념에 대해서, 그들이 구상한 '자연의 사다리'와 '존재의 사다리'에 대해서, 또한 히브리인의 존재 개념과 '야곱의 사다리'에 대하여, 그리고 그것들이 대변하는 소중한 가치들에 대해서 알아볼 것입니다. 또한 서로 상반·대립하는 그리스 철학과 히브리 종교의 종합에 대하여, 그것의 방안으로 제시하고자 하는 '시간화와 탈시간화의 마술'과 '이중적 논법'에 대해서도 함께 이야기를 나눌 것입니다. 이어서 중세신학자들이 상상한 '존재의 바다'와 오늘날 양자물리학자들이 설정한 '퍼텐셜'Potential이 어떻게 유사하고, 또 어떻게 다른지에 대하여도 살펴볼 것입니다. 특히 토마스 아퀴나스의 하나님의 존재 증명인 '다섯 길'과 '페일리의 시계 유추 논증'에 대하여, 그것을 각각 반박하는 무신론자들과 그들의 이론에 대해서

• "하나님을 가리키는 어떤 명칭보다 더 근원적 명칭은 '있는 자'다. 이 명칭, 즉 '있는 자'는 그 자체 안에 전체를 내포하며 무한하고 무규정적인 실체의 거대한 바다와도 같이 존재 자체를 갖고 있다"(토마스 아퀴나스, 『신학대전』, 1, 13, 11).

도 자세히 알아볼 것입니다.

이 책의 끝에서 결국 당신은 하나님의 존재 안에 우리가 있고, 우리의 존재 안에 하나님이 있다는 것, 그리고 그것이 곧 구원이자 은총이라는 것, 예수님께서 이 말을 "나는 포도나무요 너희는 가지라. 그가 내 안에, 내가 그 안에 거하면 사람이 열매를 많이 맺나니 나를 떠나서는 너희가 아무것도 할 수 없음이라"(요한복음 15:5)라고 가르치셨다는 것을 깨닫게 될 것입니다. 나는 이 모든 이야기를 서양문명이 낳은 시, 소설, 회화, 조각, 역사, 과학, 철학을 통해 또 그것들과 함께 풀어 나갈 것입니다. 부제에 '인문학으로 읽는'이라는 문구가 들어간 것이 그래서입니다.

책을 펼치면 당신은 이 책에서 내가 이야기를 전개하는 방식이 여느 책과는 조금 색다르다는 것을 이내 알아차릴 것입니다. 그것은 내가 고대 헬레니즘 시대의 교사와 성직자들―예컨대 사도 바울이― 글을 쓰거나 설교할 때 즐겨 사용하던 디아트리베diatribe라는 수사법을 활용하기 때문입니다. '기분풀이' 내지 '환담'이라는 뜻을 가진 디아트리베는 아무리 심오한 철학적 변론이나 종교적 사상이라 할지라도, 전문용어를 사용하여 일방적으로 설명하는 것을 피합니다. 그 대신 친근하고 생동하는 일상용어로 바꾸어 말하며, 독자 또는 청중을 대화의 상대로 끌어들이고, 그들과 함께 담화를 나누는 식으로 이야기를 전개하는 수사기법이지요.

바울이 로마서 서두에서 사용한 예를 몇 가지만 들자면 이렇습니다. "네가 하나님의 심판을 피할 줄로 생각하느냐"(로마서 2:3), "그러면 다른 사람을 가르치는 네가 네 자신은 가르치지 아니하느냐 도둑질하지 말라 선포하는 네가 도둑질하느냐"(로마서 2:21), "그 믿지 아니함이 하나님의 미쁘심을 폐하겠느냐 그럴 수 없느니라"(로마서 3:3-4), "그러면 어떠하냐 우리는 나으냐 결코 아니라"(로마서 3:9), "그런즉 자랑할 데가 어디냐 있을 수가 없느니라"(로마서 3:27) 등입니다. 보세요! 마치 독자를 앞에 앉혀 둔 것처럼 질문을 던지거나, 또 질문을 하고 스스로 그에 답도 하지 않나요?

이것이 디아트리베입니다. 나는 이 책을 이런 방식으로 써 나갈 것입니다. 따라서 당신은 이 책을 펼침과 함께 졸지에 딱딱한 강의실 의자에 앉는 것이 아닙니다. 오히려 아늑한 서재나 카페 같은 곳에서 벌어진 흥미로운 환담에 초대되는 거지요. 그리고 나와 마주 앉아 차를 마시면서 기분풀이 수다를 떠는 것 같은 담화를 즐기게 됩니다. 나는 되도록 자주 당신에게 질문을 던지고 동의를 구하기도 할 것입니다. 그뿐 아니라 가끔은 당신이 내게 물음을 던지게도 하고 그에 답하기도 하며, 또 가끔은 내 논지를 반박하게 하고 그것을 수긍하거나 논박하는 식으로 이야기를 진행할 것입니다. 어떤가요? 흥미롭겠지요?

이 책은 2018년에 IVP에서 출간된 『신: 인문학으로 읽는 하나님과 서양문명 이야기』를 독자들의 요구에 따라 편의를 위해 네 권으로 나눈 개정판 가운데 첫째 권입니다. 분권 출간을 기획하고 진행해 준 IVP의 정모세 대표와 편집진의 세심한 배려와 노고에 깊이 감사드립니다. 그리고 이제부터 함께 길을 떠날 당신을 두 팔로 반깁니다. 가슴 뛰게 할 여정이 우리를 기다리고 있습니다. 자, 이제 떠날까요!

2021년 5월, 청파동에서
김용규

I 하나님은 누구인가

"자신의 비참함을 알지 못하고
하나님을 아는 것은 오만을 낳는다.
하나님을 알지 못하고 자신의 비참함을
아는 것은 절망을 낳는다."
- 파스칼, 『팡세』

1512년 10월의 마지막 날 교황 율리우스 2세는 설레는 가슴으로 성 시스티나 성당을 향해 발길을 재촉했습니다. 17명의 추기경과 그 수행원들이 바쁜 걸음으로 뒤를 따랐지요. 교황 식스투스 4세^{Sixtus IV}가 지었다고 해서 시스티나^{Sistina}라고 불리는 이 예배당은 교황이 직접 미사를 집전하고 추기경들이 차기 교황을 선출하는 매우 중요한 장소입니다. 하지만 이날 교황은 미사를 드리러 이곳을 찾은 게 아니었습니다. 다른 특별한 볼일이 있었지요. 그가 지난 4년 1개월 동안 밤낮을 가리지 않고 기다리던 성당 천장화가 마침내 완성되어, 처음으로 공개되는 날이었거든요.

〈천지창조〉라고 불리는 이 천장화를 그린 화가는 당신도 잘 아는 부오나로티 미켈란젤로^{Michelangelo di Lodovico Buonarroti Simoni, 1475-1564}입니다. 그는 천장화를 그리는 동안에는 그곳에 아무도 접근하지 못하게 했고, 천장화 작업을 막 시작한 초반을 제외하고는 자신을 도와줄 조수조차 쓰지 않았다지요. 오직 천재적 재능과 초인적 열정으로 바닥에서 무려 20미터나 높은 곳에 있는, 폭 13.2미터 길이 41.2미터의 드넓은 천장에 구약성서에 쓰여 있는 천지창조 이야기를 재현했습니다.

이 천장화에는 300명도 넘는 인물이 등장하는데, 아담과 하와는 물론이고 하나님을 제외한 상당수가 완전히 알몸이거나 몇 군데만 천으로 겨우 가린 나체로 그려졌습니다. 그들은 성스러운 건물의 천장 위에 걸터앉거나 드러누워 있지요. 어디 그뿐입니까? 젖가슴과 궁둥이, 심지어 성기까지 보란 듯이 내놓고 있습니다. 마치 '인간의 육체보다 더 아름다운 것은 없다'는 16세기 르네상스의 구호를 거세게 외쳐 대는 듯하지요. 그 아래에 서자 고매한 추기경들은 부르르 몸을 떨었고, 폭군 il papa terribile 으로 불리던 교황마저 꼼짝없이 숨을 죽였습니다.

다음 날에는 일반에도 공개되었지요. 말굽소리를 요란하게 울리며 각지에서 몰려든 지체 높은 귀족들과 세력가들도 거장의 파격적이고 탁월한 솜씨에 어안이 벙벙해져 한동안 입을 다물지 못했습니다. 다양한 방향으로 몸을 비튼 기묘한 자세인데도 자연스러움과 우아함을 잃지 않은 미켈란젤로의 놀라운 인물들을 바라보며 입이 쩍 벌어진 그들은 천재의 능력이 얼마나 엄청난 일을 해낼 수 있는지 비로소 알아차렸지요.

한참 후에야 정신이 든 이들은 인간의 육체가 지닌 아름다움에 대한 이 화가의 찬미가 하나님께 바치는 장엄한 미사라는 것도 깨달았습니다. 물론 그 가운데는 성스러운 예배당 천장에 나체가 그려졌다는 사실에 당혹한 표정을 짓는 이들도 있었습니다. 성전을 공중목욕탕으로 만들어 버렸다며 투덜거리는 사람도 분명 있었겠지요. 그렇지만 천장화의 아름다움에 기가 질려 누구 하나 시비를 걸지는 않았습니다. 모두들 하나같이 감탄만 쏟아 낼 따름이었지요.

우리의 첫 번째 이야기는 이 위대한 천장화 가운데 한 장면인 〈아담의 창조〉에서 시작합니다. 왜냐하면 당시 천장화를 보고 경탄하던 사람들처럼 오늘날에도 대부분의 사람들은 '하나님'이라는 말을 들으면 가장 먼저 이 그림에 등장하는 것 같은 노인을 떠올리기 때문입니다. 그런데 그것이 과연 옳은 일일까요? 하나님은 정말 미켈란젤로가 그린 것처럼 백발성성한 노인의 모습을 하고 있을까요?

하나님은 어떻게 생겼나

〈아담의 창조〉를 조금 자세히 살펴봅시다. 그림의 왼쪽에 벌거벗은 채 비스듬히 누운 사내가 눈에 띄는군요. 아담이지요. 건장하고 아름다운 몸입니다. 땅에 댄 오른팔로 상체를 받쳐 몸을 반쯤 일으켰지만 오른쪽 다리는 길게 뻗었고 왼쪽 다리는 무릎을 세운 채 누워 있지요. 떡 벌어진 어깨와 넓은 가슴은 정면을 향해 있습니다. 하지만 허리를 살짝 뒤틀어 두 다리는 측면으로 뻗어 상당히 육감적입니다. 햇볕에 잘 그을려 윤기가 흐르는 갈색 피부는 균형 잡힌 골격과 발달된 근육을 매끄럽게 감싸며 탐미적 볼륨을 만들어 내고 있지요.

오늘날 우리 기준으로 보자면 약간 살진 것 같기도 합니다. 그러나 미술사를 통틀어 남성의 육체가 이토록 아름답고 감각적으로 묘사된 적이 있었던가요? 굳이 경쟁자를 찾는다면 뛰어난 그리스 조각을 몇 떠올릴 수 있겠습니다. 특히, '예술고고학의 아버지'라고 불리는 요한 요아힘 빙켈만Johann Joachim Winckelmann, 1717-1768이 "고대예술이 이룩한 기적"이라고 극찬한 〈벨베데레의 아폴론〉이 자웅을 겨룰 수 있겠지요.

미켈란젤로, 〈천지창조〉 중 '아담의 창조', 1508-1512.

그의 육체는 모든 현실성을 초월하여 숭고하고,

그의 자세는 내부에 흐르는 위대함을 증명하기에 충분하며,

그의 발걸음은 경쾌한 바람의 날개를 갖고 있다.

영원한 봄이 매력으로 가득 찬 남성의 육체에

감미로운 청춘의 옷을 입혀 부드럽게 애무하고 있다.[1]

학자의 자질과 시인의 기질을 동시에 가진 빙켈만이 〈벨베데레의

아폴론)에 바친 찬사 중 일부입니다. 한 편의 시 같지요? 독일의 문호 요한 볼프강 폰 괴테Johann Wolfgang von Goethe, 1749-1832가 "자연은 이 멋진 사람을 창조하기 위해 모든 것을 걸었다"며 빙켈만을 칭송한 까닭을 조금은 짐작할 수 있게 합니다. 그런데 나는 이 화려하고 멋진 수사들이 그대로 미켈란젤로의 아담에게 헌정되어도 전혀 지나치지 않다고 생각합니다.

그뿐인가요! 아담의 얼굴에도 〈벨베데레의 아폴론〉 대리석상이 지닌 고귀함과 우아함은 그대로 살아 있습니다. 이마에서 코로 흐르는 곧은 선을 보세요. 영원히 깨지지 않을 평화가 깃들어 있는 것 같지 않나요? 싱그러운 뺨은 또 어떻습니까? 단 한 순간도 식지 않을 것 같은 정열이 자리하고 있지요. 선악을 아직 모르는 순수한 눈망울에는 그리움만 가득하고, 거짓이라곤 아예 모르는 천진한 입술에는 끝 모를 갈망이 머물고 있습니다. 그래서 말인데요. 만일 이 사내가 바라보고 있는 대상이 아름다운 여인이었다면 작품은 더없이 선정적이었을 것입니다.

하지만 아담은 고개를 들어 하늘에서 날아오는 한 노인을 바라보고 있습니다. 그가 바로 지엄하신 하나님입니다. 한 점 욕정도 없고 오직 성스러운 의지로 충만하여 더없이 숭고한 하나님은 백발과 흰 수염을 휘날리고 있지만 무척 건장하지요. 범선의 돛처럼 부풀어 오른 커다란 망토 속에 아기천사 푸토^{putto*}들을 데리고 옷자락을 펄럭이며 다가오는 모습이 매우 역동적입니다. 가만히 누워서 기다리는 아담의 정적인 모습과는 아주 대조적이지요.

먼저 시선을 끄는 것은 아담을 향해 쭉 뻗은 하나님의 우람한 오른팔입니다. 그럼에도 놓치지 말아야 할 것은 뒤로 감춰진 기다란 왼팔이지요. 하나님은 왼팔로 한 여인과 푸토를 감싸서 데려오고 있습니다. 이들이 누구일까요? 의견이 분분합니다만, 상당수 미술사학자들이 여인은 아담의 짝이 될 하와의 영혼이고 푸토는 이제 곧 건네

---

* 르네상스와 바로크 시대의 종교적 예술품에 자주 등장하는 통통하고 예쁜 아기천사.

질 아담의 영혼이라고 추측합니다.

하나님은 빠른 속도로 다가오며 아담을 향해 손을 뻗습니다. 하나님의 시선은 온통 손가락과 손가락의 만남에 집중되어 있지만 생명을 건네려는 그의 집게손가락은 아직 아담의 검지에 닿지 않지요. 그런데 아담의 손은 오히려 아래로 떨어져 있는 것 같아 보이는군요. 아직 준비가 안 된 걸까요? 이렇게 뭔가를 건네주려는 능동적 손가락과 그것을 받는 수동적 손의 모습을 통해 동적인 하나님과 정적인 아담의 대조적 자세가 더 분명히 드러납니다. 창조가 전적으로 하나님의 능동적 행위로 이루어졌음을 상징하는 데 안성맞춤인 장면이지요.

르네상스의 거장은 이처럼 육감적인 것과 성스러운 것, 땅의 것과 하늘의 것, 정적인 것과 동적인 것, 수동적인 것과 능동적인 것을 한데 아울러 최고의 경지에 도달한 미를 표현해 냈습니다. 그 어느 때 그 누가 하나님과 인간의 만남을 이보다 더 극적이고 아름답게 묘사했겠습니까! 20세기의 탁월한 미술사학자 에른스트 곰브리치Ernst H. J. Gombrich, 1909-2001가 이 그림에 대해 "위대한 창조의 힘찬 동작과 하나님의 전능함을 눈으로 볼 수 있도록 고안해 낸 이 방법은 미술사에서 가장 위대한 기적 가운데 하나다"[2]라고 평한 것은 결코 과장이 아닐 겁니다.

그렇지만 이 위대한 작품은 신학적으로 그리고 종교적으로 심각한 문제를 안고 있습니다. 성서에는 하나님이 흙으로 아담을 빚고 그의 코에 생명을 불어넣었다고 되어 있는데 왜 손가락으로 생명을 건네주느냐, 하나님이 흙을 빚어 창조했다면 아담의 배꼽은 도대체 어떻게 생겨난 것이냐 하는 시빗거리들은 세간 입담꾼들의 수다로 차치해 두지요. 우리가 주목하려는 것은 하나님의 모습입니다. 과연 하나님이 사람의 모습을 하고 있느냐 하는 것이지요. 이는 하나님에 관한 다른 여느 시빗거리와는 달리 매우 중요한 문제입니다.

결론부터 말할까요? 하나님은 인간의 모습을 하고 있지 않습니다! 적어도 구약성서를 경전으로 삼는 유대교, 기독교, 이슬람교에서 말하는 하나님은 그렇지요. 구약성서에 나오는 천지창조는 히브리인들의 이야기이고, 그들에게 하나님은 영靈입니다. 영을 뜻하는 히브리어 루아흐^{rûah}는 '바람' 또는 '숨결'과 어원이 같습니다. 독일의 현대신학자 볼프하르트 판넨베르크$^{Wolfhart\ Pannenberg,\ 1928-2014}$가 "신이 영이라는 말은 신이란 모든 것에 침투하는 바람, 때로는 조용한 숨결로 때로는 거센 폭풍으로 모든 것에 침투하여 지배하는 바람이라는 뜻이다"[3]라고 잘라 말한 것이 그래서입니다. 그렇다면 당연히 하나님은 남성이나 여성이 아니고 늙은이나 젊은이도 아닙니다. 바람이 그렇듯이 하나님은 도무지 우리가 볼 수 있는 어떤 모습도 갖고 있지 않지요.

그 때문에 구약성서에서는 하나님이 인간 앞에 자신을 드러낼 때면 천둥, 바람, 불 같은 것으로 자신의 위용과 능력을 보여 주고(출애굽기 3:2; 신명기 4:12, 15 등), 어떤 때는 꿈을 통해서(창세기 28:12-16; 37:5-9; 열왕기상 3:5; 다니엘 2:3 등), 또 어떤 때는 환상을 통해서(에스겔 8:3 등) 나타나기도 합니다. 나아가 하나님은 외부에서 들리는 음성(사무엘상 3:1 등)이나 천사를 통해서(다니엘 9:20; 10:10-21 등)도 자신을 현현하지요. 따라서 하나님을 '보았다'는 구약성서의 기록들은 하나님의 실체를 보았다는 것이 아니라 하나님의 영광과 위엄의 상징을 보았다는 의미일 뿐입니다.

물론 하나님이 인간의 모습으로 나타날 수 없다는 건 아닙니다. 하나님은 전능하기 때문이지요. 가령 아브라함에게 그랬듯이 하나님은 사람의 모습을 하고 나타나기도 합니다(창세기 18-19장 등).* 또 모세와는 대면해서 이야기를 나누기도 했지요(출애굽기 33:11; 민수기 12:6-8 등). 하지만 이 또한 하나님이 자기를 현현하는 한 방법으로서 사자使者로 나타난 것일 뿐 하나님이 가진 본래의 모습이 그러한 것은 아닙니다. 설사 곳곳에서 하나님이 얼굴이나 등, 머리털과 같은 인간의 신체부위를 통해 묘사되었다고 해도(출애굽기 33:23; 다니엘 7:9 등), 이 역시 하나님의 영성靈性에 대한 상징적 묘사일 뿐 하나님은 인간의 모습을 하고 있지 않다는 것이 구약성서를 경전으로 삼는 종교들의 공통된 해석이지요. 그리고 신약성서에도 하나님은 "어느 때나 하나님을 본 사람이 없으되"(요한1서 4:12), 또는 "어떤 사람도 보지 못하였고 또 볼 수 없는 이"(디모데전서 6:16)로 나타나 있습니다.

---

* 창세기 18-19장에서는 신이 아브라함에게 세 사람의 모습으로 나타나는데, 신학자들은 이것을 삼위일체 하나님의 자기현현으로 보기도 하고, "그 사람들이 거기서 떠나 소돔으로 향하여 가고 아브라함은 여호와 앞에 그대로 섰더니"(창세기 18:22)를 근거로 떠난 두 사람은 하나님의 사자(使者)이고 남은 하나가 하나님이라고 주장하기도 하지만, 세 사람 모두를 하나님의 사자로 보는 것이 일반적인 해석이다.

영적인 것을 육체적인 형태에

혹시 조금 놀랐나요? 아니면 왠지 서운한가요? 만일 당신이 하나님을 미켈란젤로가 그린 근엄한 노인처럼 생각했다면 조금은 당황스럽고 실망스러울 겁니다. 솔직히 나도 그렇습니다. 사실 우리 모두는 지혜와 위엄으로 가득 찬 노인 같은 하나님의 모습에 오랫동안 친밀감을 느끼지 않았습니까? 그런 하나님의 이미지를 삽시에 뇌리에서 지워 버리기는 쉽지 않지요. 이제 곧 당신도 알아차리겠지만, 그것은 사실상 거의 불가능합니다. 그런데 도대체 왜 그럴까요?

여기에는 지난 수천 년간 하나님을 직간접적으로 의인화擬人化해서 표현해 온 회화, 조각, 시, 소설, 노랫말 같은 숱한 예술작품들이 매우 중요한 역할을 합니다. 예를 들어 존 밀턴John Milton, 1608-1674의 『실낙원』을 볼까요? 영국 르네상스 시대의 최대 걸작으로 꼽히는 이 작품에는 천사 라파엘이 아담에게 천상세계의 존재들을 의인화해서 설명하는 장면이 나옵니다. 다음은 그 가운데 한 부분이지요.

어느 날, 하늘의 천사대군이
칙령으로 소집되어, 즉시
각자의 수령 밑에 찬란한 대열을 갖추어
하늘 끝에서부터 무수히
전능한 신의 옥좌 앞에 나타났노라.
…영원한 성부께서
축복에 싸인 그의 아들을 곁에 앉히고

찬란한 광채 때문에 그 정상이 보이지 않는
불타는 산에서 나오듯 이렇게 말씀하셨도다.
"들으라. 너희 모든 천사들, 빛의 아들들이여,
군주여, 지배자여, 영주여, 능력가여, 권력가여…
변함없이 간직해야 할 내 명령을 들으라.
오늘 나는 나의 독생자라고 일컬을 자를
내놓았노라. 더욱이 이 성스러운 산에서
그에게 기름을 부었나니, 그가 내 오른편에 있음을
그대들이 보는 바라."
…드디어 저녁이 다가와
(우리에게도 저녁이 있고 아침이 있으니,
필요는 없으되 즐거운 변화를 위함이라)
즉시 무도에서 식사로 옮겼는데
모두들 식욕을 느껴 원을 그리며 둘러서자
원탁이 놓이고 홀연히 천사들의 음식이 쌓이고
천상의 포도에서 짜낸 홍옥빛 영주靈酒가
진주와 금강석으로 장식된 금잔에 넘쳤노라.
꽃 위에 누워 맑고 산뜻한 작은 꽃들을 머리에 쓴 채
그들은 먹고 마시고, 달콤한 교제 가운데
영생과 환희를 즐겼노라.[4]

어떤가요? 하나님이 천사들에게 성자의 탄생을 알리고 잔치를 하는 내용을 담은 이 시구^{詩句}들은 로마 황제의 위용과 호화로움을 재현한 할리우드 영화의 한 장면을 보는 듯한 느낌을 주지요?

거장이 탁월한 솜씨로 다듬은 이 화려하고 장엄한 장면은 수 세기 동안 많은 사람에게 강렬한 인상을 남겼습니다. 그리하여 웅대하고 아름다운 묘사들 안에 숨겨진 신학적·종교적 오류와 폐단 역시 세월이 갈수록 더 넓고 깊게 자리 잡았지요. 밀턴 자신은 애초부터 이러한 유감스러운 폐해를 염려해 자신의 표현들이 단순한 문학적 비유라는 것을 다음과 같이 명백히 밝혀 두었습니다.

…아마도
밝혀지는 것이 옳지 못할 다른 세계의 비밀을
어이 말하리오. 그러나 그대에게는
가능하다. 그럼에도 인간의 이해가
미치지 못하는 것은, 가장 잘 표현될 수 있도록,
영적인 것을 육체적인 형태에 비유하여
묘사하겠노라.[5]

천상세계의 '존재'와 지상세계의 '존재물'은 전혀 다른 것이어서 언어적 묘사가 불가능하지만, 인간이 이해할 수 있도록 의인화해서 표현할 테니 부디 새겨들으라는 뜻이지요. 하지만 사람이란 항상 자신이 보고 싶은 것만 보고 듣고 싶은 대로 듣는 법입니다. 밀턴의 사려 깊은 경고는 사실상 무시되었고, 그의 탁월한 묘사는 본인의 의도와는 무관하게 하나님을 의인화하는 데 뚜렷한 공헌을 하고 말았습니다.

여기서 한 가지 양해를 구하고자 합니다. 이처럼 돌이키기 어려운 부작용에도 불구하고, 우리는 앞으로도 종종 하나님을 의인화한 작품들을 매개로 이야기를 펼쳐 갈 것입니다. 다양하고 풍성한 이들 예술작품은 좋건 싫건 서양문명의 주축을 이루어 왔으며, 우리가 서양문명을 이해하는 코드로 다룰 하나님에 대한 이야기를 한층 흥미롭고 진지하게 만들 테니까요. 하지만 그럴수록 당신이 더욱 분명하게 기억해야 할 게 있습니다. 아무리 그래도 하나님은 전혀 인간처럼 생기지 않았다는 사실이지요. 이것은 아주 중요한 이야기입니다. 만약 우리가 의식적으로든 무의식적으로든 하나님이 인간처럼 생겼다고 생각하는 한, 기독교에서 말하는 하나님을 오해하거나 또는 아예 이해할 수 없기 때문입니다.

미켈란젤로가 그린 노인은 누구인가

그럼 미켈란젤로가 〈아담의 창조〉에 그려 넣은 노인은 도대체 누구일까요? 사실 이 노인은 히브리인들의 성서에 나오는 하나님인 '야훼'YHWH*가 아닙니다. 바로 그리스인들의 신화에 나오는 '제우스'Zeus

---

* 오늘날 국내 신학자들은 신의 '네 철자 이름'(Tetragrammaton)인 YHWH의 한국어 발음을 '야웨'로 표기하기도 한다. 하지만 여기서는 우리말 성서(대한성서공회의 공동번역성서 1999년 개정판)의 표기를 따라 '야훼'로 표기한다.

지요. 르네상스 시대 사람들은 자신들이 라틴어로 유피테르Jupiter라고 부르던 그리스 신들의 왕을 아무 거리낌 없이 야훼와 같은 존재로 여겼습니다. 오늘날 우리에게는 깜짝 놀랄 만한 일인데요, 그 한 예를 이탈리아 르네상스의 문을 연 시인 알리기에리 단테Alighieri Dante, 1265-1321의 『신곡』에서 찾아볼 수 있습니다.

1부 "지옥편"에 나오는 다음 구절들은 단테와 그를 인도하는 고대 로마의 시인 베르길리우스Publius Vergilius Maro, 기원전 70-19의 영혼이 제7지옥에서 카파네우스의 영혼을 만나는 장면을 묘사한 것입니다. 카파네우스는 테베를 공략한 전투에서* 유피테르(제우스)를 모독한 죄로 벼락에 맞아 죽어 지옥에서 벌을 받고 있지요. 그럼에도 그는 여전히 다음과 같이 반항합니다.

…나는 죽어서도 살아 있을 때와 다르지 않나니,

유피테르가 대장장이를 녹초로 만들면서까지
그에게서 성난 번갯불을 얻어 내어
나의 마지막 날에 나를 때려눕혔던,

---

* 테베 왕 오이디푸스의 쌍둥이 아들인 에테오클레스와 폴리네이케스는 아버지가 죽자 한 해씩 번갈아 가며 테베를 다스리기로 약속했지만, 형이 약속을 어기자 동생의 장인이며 아르고스 왕인 아드라스토스가 사위의 왕권을 찾기 위하여 군대를 일으켜 테베를 공격했다. 이때 아르고스의 군대를 지휘한 장수들을 '테베공략 7왕'이라고 하는데, 이들은 테베의 일곱 성문을 하나씩 맡아 공격했다.

플레그라의 싸움에서와 마찬가지로

착한 불카누스여, 도와 다오, 도와 다오 하고

외치며, 몬지벨로의 새까만 대장간에서*

대장장이들을 피곤하게 하여

나에게 힘껏 번개화살을 당길지라도

만족할 만한 복수는 하지 못하리라.[6]

그러자 베르길리우스가 "일찍이 들어 본 일이 없는 격한 목소리로" 일단 카파네우스를 꾸짖은 다음, 단테에게 그 사연을 설명합니다.

…오, 카파네우스여. 너의 자만이 수그러지지 않는 한

더욱 큰 형벌을 받으리니,

네 음울한 자만에 가장 합당한 형벌은

오직 너 자신의 분노이리라.

그러고 나서 부드러운 얼굴로 나[단테]를 돌아보고

말했다. 저자는 테베를 공략하던

- 시칠리아에 있는 에트나 화산을 이탈리아인들은 '몬지벨로'(Mongibello)라고 부른다. 단테는 이 화산을 '불의 신' 불카누스(헤파이스토스)의 대장간으로 묘사한 것이다.

일곱 왕 중 하나로, 살아서와 마찬가지로

지금도 하나님[야훼]을 경멸하고 섬기지 않는구나.[7]

이처럼 단테는 『신곡』에서 로마인들의 신인 유피테르와 히브리인들의 신인 야훼를 아무런 구분 없이, 그때그때 문맥이나 비유에 맞게 사용했지요. 오늘날 우리로서는 유피테르를 모독한 카파네우스가 왜 그리스인들의 저승인 하데스Hades에 있지 않고 기독교에서 말하는 지옥hell에서 벌을 받는지, 또 왜 베르길리우스가 그리스 신인 유피테르에게 반항하는 카파네우스에게 아직도 하나님[야훼]을 경멸한다고 꾸짖는지 이해하기가 무척 어렵습니다. 하지만 르네상스 시대 사람들은 이런 것을 당연하게 받아들였지요. 도대체 왜 그랬을까요? 그럴 만한 이유가 있었습니다.

당신도 알다시피, 르네상스Renaissance란 '재탄생' 또는 '부활'이라는 뜻입니다. 그런데 무엇의 재탄생이고 부활이란 말일까요? 그것은 신-중심의 중세 문화를 깨트리고 인간-중심의 고대 그리스·로마의 정신과 문화를 되살리자는 것이었지요. 따라서 이 시대 예술가들은 신보다는 인간을, 신앙보다는 이성을, 종교보다는 학문과 예술을 숭상하던 고대 그리스·로마의 정신을 그들 작품 속에 재현했습니다. 이것이 르네상스 시대의 예술 양식이 드러내는 특징이지요. 그래서 단테는 『신곡』에서 그리스도인들의 신인 야훼를 로마인들의 신인 유피테르라는 이름으로 등장시켰고, 미켈란젤로는 성 시스티나 성당의 천장에 천지창조라는 히브리인들의 이야기를 그리스·로마인들의 정신과 기법으로 재현한 것입니다.

고대 그리스·로마인들에게 신은 인간을 이상화하거나 그 능력을 극대화한 존재였습니다. 일종의 초인적 영웅이었던 셈이지요. 대부분의 경우에 그들은 인간의 모습을 하고 있었고, 그래서 그리스·로마의 예술가들은 그림이나 조각을 통해 자기네 신들을 인간의 모습으로 형상화했지요. 왜 그랬을까요? 그들이 신들을 인간처럼 하찮은 존재로 여겨서 그랬을까요? 아니지요! 고대 그리스·로마 사람들이 신에게 인간의 육체를 부여한 것은 신들을 폄하했다기보다 인간의 육체를 그만큼 신성시했다고 보아야 합니다. 남아 있는 그리스 조각품들이 증명하듯이, 그들은 인간의 몸을 최상의 아름다움으로 여기고 그것에 열광한 사람들이었습니다. 정말이냐고요? 그럼요! 이를 증명할 만한 매우 인상적인 증거들이 남아 있습니다.

엉덩이를 내보이는 처녀들

우선 그리스의 서정시인 핀다로스$^{Pindaros,\ 기원전\ 518-438}$가 지은 "올림픽 경기 찬가"를 볼까요? 핀다로스는 기원전 6세기에 신들과 이상적 인간상을 찬미한 뛰어난 시들을 남겨 후세에 '핀다로스풍' 축송시^{ode}의 시조가 된 사람입니다.

같은 종족이어서

인간과 신들은 하나라네.
하나의 어머니에게서 우리는 똑같이 숨을 이끌어 내었지.
모든 것 중에서 단지 힘의 차이가 우리를 구분하나니
그것은 사실 아무것도 아닌 듯한데,
놋쇠처럼 단단한 하늘이 영원히 정해진 인간과 신의 주거지를
　갈라놓는다네.
하지만 우리도 이 심성의 위대함 혹은 육체의 위대함에서
불멸하는 이들과 같을 수 있으리라.[8]

핀다로스는 신과 인간이 크기와 힘에서 차이가 있을 뿐 같은 종족임을 주장했습니다. 이것은 고대 그리스 사람들의 공통된 생각이기도 했지요. 인간이 신과 같은 불멸의 존재가 될 수는 없어도 심성과 육체를 단련하여 신처럼 위대해질 수는 있다고 믿은 것입니다. 이렇듯 대담한 생각을 갖고 있었기에 그리스인들은 어려서부터 체조와 운동경기를 통해 군더더기 없는 아름다운 육체를 만들려고 애썼습니다.

특히 스파르타의 청년들은 피타고라스 Pythagoras, 기원전 ?580-?500 의 계율에 따라 몸에 군살을 붙여선 안 되었지요. 그들은 열흘에 한 번씩 행정감독관 앞에서 의무적으로 나체를 검사받았는데, 군살이 있는 사람은 금식을 해야 했습니다. 또한 학교이자 체육관이라 할 수 있는 아테네의 김나지움 Gymnasium* 에서는 모두들 나체로 체조를 해야

---

* 그리스어 gymnós(김노스)는 나체를 의미한다. Gymnasium(김나지움)은 나체 체육관이

했어요. 소녀들도 수치심과 연약함을 없애기 위해 집 밖을 나체로 활보하도록 허락했고, 축제 기간에는 무대에 올라 소년들 앞에서 나체로 춤추고 노래하게 했습니다. 그 덕에 대부분이 철학자이기도 했던 당시의 예술가들에게 축제일은 젊고 아름다운 육체를 마음껏 감상하고 예찬할 수 있는 기회였지요.[9]

그뿐만이 아닙니다. 그리스인들은 청소년들이 평소 입는 옷에도 신경을 썼습니다. 옷이 몸의 발육이나 아름다움을 방해하지 않도록 조이는 곳이 없게 만들었을 뿐만 아니라, 요즘의 비키니처럼 더 많이 노출되도록 디자인했지요. 특히 소녀들은 가볍고 짧은 옷을 즐겨 입었고, 그래서 당시 사람들은 그들을 "엉덩이를 내보이는 처녀들"* 이라고 불렀습니다.[10]

또한 페플로스^{Peplos}라는 옷은 몸을 움직이거나 바람이 불면 피부에 착 달라붙어 육체의 윤곽이 잘 드러나도록 베일처럼 얇고 하늘거리는 천으로 만들었습니다.[11] 고대 그리스 여인의 조각상들이 대개 치렁거리는 주름을 드리우면서도 몸매를 그대로 드러내는 옷을 걸치고 있는 것은 그래서지요. 이런 조각들은 그리스인들이 일상생활에서도 페플로스를 걸치고 다니지는 않았더라도, 축제일 같은 특별한

었다. 그리스가 전성기를 구가하던 기원전 5세기에는 모든 도시에 반드시 극장과 김나지움이 있었다. 그러나 용병이 출현하는 기원전 3세기 무렵부터 점차 체육의 중요성이 줄어 김나지움도 보통 학교처럼 되었다.

• 기원전 6세기경의 시인 이비스코의 기록에는 "허리와 허벅지를 내보이는 것"으로 되어 있고, 기원전 5세기경의 비극시인 에우리피데스의 기술에는 "허리와 허벅지를 노출하는 것"으로 표현되어 있다.

때는 그런 옷을 즐겨 입었다는 것을 말해 줍니다.

 이 모든 일이 인간 육체의 아름다움을 극대화하려던 그리스인들의 열망에서 나왔지요. 인류 역사를 두고 인간의 육체를 이처럼 신성화한 적은 없었습니다. 이렇듯 건강하고 아름다운 정신을 미켈란젤로가 그대로 이어받았지요. 그리고 바로 그 정신으로 자신의 작품에 등장하는 인물들의 육체를 다듬었습니다. 미켈란젤로가 얼마나 그리스 정신에 충실했는지는 그의 그림 〈천지창조〉가 그리스인들의 신화가 아닌, 히브리인들의 성서를 바탕으로 하고 있다는 점을 감안하면 더욱 분명해집니다. 무슨 말이냐고요? 무슨 말인지 좀더 자세히 살펴볼까요?

 히브리인들은 전통적으로 옷 벗는 것을 두려워했습니다. 이런 관습은 "내가 벗었으므로 두려워하여 숨었나이다"(창세기 3:10)라는 아담의 말에서도 드러나지요. 인간이 처음 창조되었을 때 무슨 의복이 있었겠어요? 그런데도 아담이 이렇게 말한 것은 히브리인들의 의식이 그대로 반영된 결과입니다. 초기 유대교 문헌에 나오는 히브리인들의 기본 예법 중 하나가 옷을 벗지 말라는 것이지요. 극단적인 경우이지만, '사해사본'Dead Sea Scroll으로 우리에게 잘 알려진 유대교 분파 에세네Essenes 공동체에서는 이웃 앞에서 이유 없이 옷을 벗고 걸으면 6개월 동안 벌을 받고, 심지어 자기 옷 밑으로 손을 내놓기만 해도 30일간 벌을 받았다고 합니다.[12]

 그 전통이 암암리에 기독교에도 이어졌지요. 고대나 중세 기독교

랭부르 형제, <에덴 동산>, 1415-1416.

에서 인간의 육체는 언제나 욕정과 죄의 온상이기 때문에 숨기고 가려야 하는 것이었습니다. 당시에도 물론 나체화가 있었지만, 그것을 그린 목적은 육체의 아름다움을 표현하기 위함이 아니라 악마의 거처로서 추함을 드러내기 위함이었지요. 그래서 일부러 혐오스럽게 묘사했답니다. 예컨대 15세기 초에 활동한 랭부르Limbourg 형제*의 화집에 실린 작품 〈에덴 동산〉을 보면, 나체의 여인들이 골반은 넓고 복부는 튀어나왔지만 가슴은 좁고 작게, 밋밋한 몸통으로 그려져 마치 콩나물 줄기를 보는 것 같지요.[13]

하지만 미켈란젤로의 나체들은 전혀 다릅니다. 그가 그린 육체들은 그리스의 조각 작품이 그렇듯 모두 건장하고 빼어난 균형과 아름다움을 자랑하지요. 〈천지창조〉를 완성한 후 거의 30년이 지났을 때, 미켈란젤로는 또다시 성 시스티나 성당에 거대한 나체 성화를 그렸습니다. 이번에는 천장이 아니라 성당 정면의 벽이었지요. 신도들이 미사를 드릴 때마다 마주하고 앉는 가로 12미터 세로 13미터의 공간을 벌거벗은 인물들로 가득 채웠습니다. 1541년에 완성된 〈최후의 심판〉이 바로 그것이지요.

이후 수정을 거쳐 지금은 인물들의 성기 부분이 교묘히 가려졌지만, 원래는 성모와 예수님을 제외하곤 실오라기 하나 걸치지 않은 나

---

* 네덜란드의 필사본 화가인 랭부르 3형제(Paul, Herman, Jean)는 1370-1380년 사이에 태어나 모두 1416년에 죽었는데, 교회나 귀족들의 장식품과 필사본을 그리는 작업을 함께했다. 당시 프랑스의 권력자였던 베리 공작(Jean de France, duc de Berry)의 후원으로 그린 필사본 그림책 『베리 공작의 기도서』가 특히 유명하다.

미켈란젤로, <최후의 심판>, 1535-1541.

체들의 천국이었답니다. 로마가 발칵 뒤집혔지요. 항의와 소동이 끊이지 않자, 결국 1563년 '트리엔트 공의회'에서 이 문제가 논의되었습니다. 그리고 이듬해, 이 외설적인(?) 작품을 '약간' 수정하라는 명이 내려졌지요. 당연히 미켈란젤로는 완강히 거부했습니다. 결국 그가 죽은 후에야 제자인 다니엘레 다 볼테라 Daniele da Volterra, 1509-1566 가 오늘날 우리가 보는 것처럼 수정했지요. 이처럼 미켈란젤로는 고대 그리스의 정신을 가진 중세 이탈리아의 예술가였습니다.

에로스의 날개

그런데 잠깐, 여기서 우리가 놓치지 말아야 할 중요한 사실이 하나 더 있습니다. 뭐냐고요? 그리스인들이 인간의 육체를 신성화했다고는 해도, 그것이 단순히 육체의 자연적 아름다움에만 매혹되었기 때문이라고 생각해서는 안 된다는 것입니다. 그리스인들은 일찍이 플라톤 Platon, 기원전 427-347이 언급한 '이데아 idea의 미', 곧 우리의 정신에 선천적으로 아로새겨진 이상적 아름다움도 열렬히 추구했습니다. 이데아의 미란 눈으로 파악되는 可視的 자연의 아름다움이 아니라, 인간의 정신에 의해 파악되는 可知的 자연의 아름다움이지요. 빙켈만의 뛰어난 표현을 빌리자면 "오성에 새겨진 정신적 자연"[14]에서 나오는 미를 말합니다.

따라서 엄밀하게 말하자면 고대 그리스인들은 자연에서는 감성의 미를, 정신에서는 지성의 미를 찾아내 조화시키려고 애썼습니다. 감성의 미는 그들 작품에 자연스러움을 심어 주었고, 지성의 미는 숭고함을 보탰지요. 요컨대 그들은 인체를 조각할 때 자연스러움을 추구하면서도 수학적 비례, 조화, 균형을 엄격히 따졌습니다.* 또한 이마와 코를 일직선으로 만들어 우리가 보기에는 뭔가 부자연스러울 정도지요. 한마디로 "인간답게 묘사하되 동시에 이상화하는 것"[15]이 고대 그리스 예술가들이 견지한 최고의 규칙이었습니다. 르네상스 시대 예술가들이 이러한 그리스인의 정신과 규칙을 애써 물려받았지요.

예를 들어 레오나르도 다 빈치 Leonardo da Vinci, 1452-1519는 『회화론』에서 이렇게 썼습니다. "회화는 정신의 노동 cosa mentale이다. 이성을 사용하지 않고 손재주와 눈가늠에 기대어 그리는 화가는, 앞에 놓인 모든 물체를 고스란히 재현하지만 그 정체에 대해서는 아무것도 모르는 거울과 같다." 또 라파엘로 Sanzio Raffaello, 1483-1520는 부유한 은행가 아고스티노 키지의 로마 별장인 '빌라 파르네시나'Villa Farnesina의 방 벽에 프레스코화 〈갈라테이아의 승리〉를 그릴 때 이렇게 고백했지요. "참으로 여성들에게는 묘사하고 싶은 미가 드물기 때문에 나는 상상 속에 있는 어떤 이념 idea을 이용한다."[16]

르네상스 시대의 예술가들이 이데아의 미를 얼마나 중요하게 생

---

* 미술사학자들에 의하면, 예컨대 〈벨베데레의 아폴론〉이나 〈밀로의 비너스〉는 상반신과 하반신의 비율이 0.382:0.618로 황금비율(φ=1.6180339887…)에 맞춰져 있다. 물론 근래에는 이에 대한 반론이 있어 논란이 되고 있다. 미국의 천문학자 마리오 리비오(Mario Livio)의 『황금비율의 진실』(공존, 2011)이 대표적 사례다. 그럼에도 불구하고 그리스인들이 예술품을 만들 때 수학적 비례, 조화, 균형을 중요시했다는 사실을 의심하는 미술사학자는 아무도 없다.

라파엘로, <갈라테이아의 승리>, 16세기.

각했는가를 잘 보여 주는 대목이지요. 그런데 단테의 진지한 추종자이자, 당시 이탈리아 북부에 번진 신플라톤주의$^{Neo\ Platonism}$*의 숭배자이기도 한 미켈란젤로는 여기서 한 걸음 더 나아갔어요. 그는 그리스인들이 추구하던 이데아의 미가 작품에서 물질성을 소멸시키고 인간의 영혼을 초월적 세계로 이끈다고 굳게 믿었습니다. 다분히 신플라톤주의적인 생각이지요. 무슨 이야기냐고요? 설명하자면 이렇습니다.

플라톤은 아름다움이란 여인의 얼굴이나 신체와 같은 감각적 대상에서 나오는 게 아니라고 생각했습니다. 그것들은 단지 매개체일 뿐이라는 것이지요. 아름다움은 오직 우리가 감각적 대상을 통해 상기^{anamnesis}**하게 되는[17] 지고한 신적 형상의 아름다움, 곧 '이데아의 미'에서 나옵니다. 그런데 일단 우리의 눈이 아름다운 여인과 같은 감각적 대상들을 통해 이데아의 미를 받아들이면, 영혼에서는 "이를

---

* 신플라톤주의란 플라톤 철학을 주축으로 하고, 아리스토텔레스, 스토아 철학 등을 융합시켜 만든 플라톤 철학의 종교적 형태라고 할 수 있다. 그래서 우리는 그들을 신플라톤주의자(Neo Platonist)라고 부르지만, 정작 그들은 자신들을 '플라톤주의자'(Platonici)라고 불렀다. 신플라톤주의의 창시자는 암모니오스 사카스(Ammonios Sakkas, 175-242)라고 할 수 있지만 그의 제자인 플로티노스(Plotinos, ?205-270)에 의해 확립되고 알려졌다.
** 플라톤에 의하면 우리의 영혼 속에는 이 세상에 존재하는 모든 것의 이데아가 이미 존재한다. 즉 그 모든 이데아에 대한 기억이 있다. 그런데 이 세상에 태어날 때 망각(Lethe)의 강을 건너며 그 강물을 마심으로써 이데아에 대한 기억들을 잊었다. 그렇지만 그 기억들은 완전히 사라진 것은 아니어서, 우리가 어떤 사물을 보면 그 사물 안에 깃든 이데아를 상기(anamnesis), 즉 '다시 기억해 냄'으로써 그것이 무엇인지를 안다.

가는 아이들에게 이가 나기 시작할 때처럼 열이 나고 근지러움과 불편함이 느껴지면서"[18] 날개가 돋기 시작하지요. 이것이 이른바 영혼의 상승을 이끄는 '에로스^{Eros}의 날개'입니다.

당신도 아마 로마 미술이나 르네상스 미술에서 양 어깨에 날개를 단 나체 소년을 자주 보았을 겁니다. 그 조그만 소년이 라틴어로 큐피드^{cupid} 또는 아모르^{amor}라고 불리는 에로스지요. 플라톤에 의하면, 이 소년에게 달린 날개가 우리의 영혼이 단순히 감각적 대상에 머물지 않고 이데아의 미를 거쳐 궁극적으로는 신에게로 상승하게 합니다. 즉 에로스는 우리의 영혼을 지상의 것에서 천상의 것으로 향하게 하는 '혼의 전향'$^{psychēs\ periagōgē}$을 가져오고, 감각에 의해서 알 수 있는 영역$^{ho\ horatos\ topos}$에서 지성에 의해서 알 수 있는 영역$^{ho\ noētos\ topos}$을 향한 등정^{anodos}을 하게 하지요.[19]

예수님이 태어나기 조금 전 시기에 살았던 로마 시인 섹스투스 프로페르티우스$^{Sextus\ Propertius,\ 기원전\ ?48-?16}$의 유명한 『애가』는 에로스를 다음과 같이 묘사합니다.

소년들 가운데 아모르로 묘사된 자가 누구였든
그대는 그 소년이 경이로운 손길을 가졌다고 생각하지 않는가?
이 세상에서 처음으로 사랑에 빠진 사람들이 넋 놓고 살아가는 것을
또 눈먼 욕정으로 선하고 위대한 일을 무너뜨리는 것을 보았노라.
그[아모르]가 바람을 가르는 날개를 달고 있음은, 아무 이유 없이
　그러는 게 아니라

인간의 마음이 신에게 날아가도록 만들기 위함이라.[20]

보세요! 이렇듯 플라톤에게 에로스는 – 흔히 알려진 것과는 달리 – 감각적이거나 육체적인 사랑을 뜻하는 게 아닙니다. 에로스는 우리 영혼을 본향인 '이데아 세계'로 귀환시키기 위한 '혼의 날갯짓'이고 '상승적 창조자'입니다. 또한 우리를 참되고 선하며 아름다운 천상의 이데아 세계로 이끄는 열정이자, 신에게 인도하는 안내자이기도 하지요. 그럼으로써 에로스 자신도 신적 존재'가 되는데,[21] 바로 이것이 우리가 흔히 '플라토닉 러브'Platonic love라고 부르는 사랑의 본질입니다.

르네상스 시대의 예술가들은 신플라톤주의를 통해 받아들인, 사랑에 관한 플라톤의 사유를 신봉했지요. 대표적인 예로 단테의 사랑을 말할 수 있습니다. 단테는 『신곡』에서 자기 영혼을 천국으로 이끄는 여인으로 등장하는 베아트리체를 그녀가 소녀일 때부터 사랑했는데, '베아트리체의 아름다움'이라는 부제가 붙은 그의 "소네트"에는 이런 구절이 있습니다.

여성들 중에서도 베아트리체를 보는 이는
더할 수 없는 행복을 느끼지요.

- 신플라톤주의자 플로티노스는 이 말을 "그러므로 이 에로스가 우리를 신의 본성으로 이끈다는 점에서 저 위에 머무르는 영혼의 에로스를 우리는 신이라고도 부를 수 있을 것이다"라고 표현했다.

그녀와 함께하는 사람은 그 행복 때문에
신의 은혜에 감사하게 되지요.
그녀의 아름다움에는 이상스러운 힘이 깃들어 있어
사람들은 그것을 시샘하지 않지요.
우아함과 사랑과 믿음의 옷을 입고
그녀와 함께 가게 됩니다.[22]

"그녀와 함께" 어디로 간다는 말일까요? 신에게로 간다는 말입니다. 단테가 베아트리체에게 그랬던 것처럼 미켈란젤로도 비토리아 콜론나Vittoria Colonna, 1492-1547*라는 여류시인의 아름다움 안에서 바로 그 천상의 미를 발견했고, 그래서 그녀를 사랑했지요. 미켈란젤로의 "소네트"에는 그녀에게 깃든 이데아의 미가 다음과 같이 묘사되어 있습니다.

그대의 백옥 같은 얼굴에 나타난 완전한 평화,
그대, 갈구하는 눈빛은 유한한 이 세상을 초월해 있소.

• 비토리아 콜론나는 로마의 부유한 귀족 베스파시아노 콜론나의 누이로, 역시 이탈리아 르네상스의 천재이며 당시 자신의 책을 출간한 몇 안 되는 여성 시인 가운데 하나였다. 남편이 전사한 후 시(詩)에 몸을 바친 그녀를 향한 열렬한 애찬가들이 있었는데, 그녀는 그들을 중심으로 바티칸을 내부에서 개혁해 보려는 비밀결사 '영적인 사람들'(Spirituali)을 조직하여 이끌기도 했다. 미켈란젤로와는 장문의 편지와 시를 주고받는 사이였는데, 이들의 애정은 서로의 지적 영혼을 사랑한 것으로 오늘날 우리가 '플라토닉 러브'라고 부르는 것이었다.

그러나 그 거룩한 심연, 그 깊숙한 곳에서
내 영혼은 천상에 있는 그녀의 벗, 사랑을 느꼈소.[23]

자, 이제 정리할까요. 르네상스 시대 예술가들은 이같이 다원적이고 심층적인 이유에서 고대 그리스의 정신과 규칙을 부지런히 연구하고 모방했습니다. 미켈란젤로는 신플라톤주의 철학을 탐구했고,[24] 라파엘로는 제자들을 그리스로 보내 고대미술품들을 모사해 오게 했지요.[25] 그 결과 성서 이야기를 다룬 이들의 작품에도 그리스 문화가 자연스레 혼합되었습니다. 미켈란젤로의 〈아담의 창조〉에서 하나님이 제우스의 모습을, 아담이 아폴론의 모습을 하고 있는 것이나 라파엘로의 〈성모자상〉에서 성모가 아테나의 모습을 하고 있는 것은 바로 그런 이유에서지요. 미켈란젤로는 말년의 대작 〈최후의 심판〉에서는 심지어 심판을 주재하는 예수님까지 아폴론의 모습으로 묘사했습니다.* 〈아담의 창조〉에서 아담의 모습과 〈최후의 심판〉에서 예수님의 모습이 같은 것도 그 때문이지요.

---

* 예수님의 머리는 바티칸에 있는 〈벨베데레의 아폴론〉을 그대로 모사했고, 몸통은 당시 '벨베데레의 헤라클레스'라고 불린 〈벨베데레의 토르소〉를 똑같이 베꼈다. 미켈란젤로는 이 조각을 아주 좋아해서 거의 눈이 보이지 않게 된 말년에는 남에게 부축을 받으면서까지 교황청에 들어가 그것을 어루만지며 감탄하곤 했다. 그래서 이 조각은 '미켈란젤로의 토르소'라고도 불린다.

미켈란젤로, <최후의 심판> 중 '예수와 마리아', 1535-1541.

신인동형설

신과 인간이 같은 모습을 하고 있다는 생각을 신인동형설 anthropomorphism 이라고 합니다. 또 신과 인간이 같은 감정을 갖고 있다는 주장은 신인동감설 anthropopathism 이라고 하지요. 보통의 경우 신인동형이면 신인동감이기 때문에 이 둘은 자연스레 붙어 다닙니다. 고대종교에서는 이런 형태의 신에 관한 이야기가 흔하게 등장하는데, 인도 신화와 그리스 신화가 대표적인 예지요. 여기에 등장하는 신들은 외모만이 아니라 내면까지도 인간보다 더 인간적입니다.

그리스인들은 아리스토텔레스 Aristoteles, 기원전 384-322 의 시대에 와서야 신인동형설과 신인동감설에서 벗어났습니다. 일찍이 떨기나무에 붙은 불꽃을 통해 하나님을 인식한 히브리인 모세*로부터 따져도 1,000년 가까이 지난 시기였지요. 아리스토텔레스의 『시학』에는 다음과 같은 흥미로운 구절이 있습니다.

> 그러나 아마도 신들을 그와 같이—즉 일반적으로 생각하고 전설에 상응하듯이—묘사하는 것은 좋지 않을 뿐 아니라 진리에도 맞지 않는다. 사실은 크세노파네스가 말한 것과 같다.[26]

---

* "여호와의 사자가 떨기나무 가운데로부터 나오는 불꽃 안에서 그에게 나타나시니라. 그가 보니 떨기나무에 불이 붙었으나 그 떨기나무가 사라지지 아니하는지라"(출애굽기 3:2).

여기에서 "사실은 크세노파네스가 말한 것과 같다"는 게 무슨 의미일까요? 크세노파네스^{Xenophanes}는 기원전 6세기경 현재의 터키 이즈미르에 해당하는 콜로폰에 살던 사람인데요. 그가 호메로스$^{Homeros,\ 기원전\ 8세기경}$의 작품들에 나타난 신인동형적·신인동감적 의인법을 거세게 비난했습니다. 2세기 후반에 주로 활동한 교부, 알렉산드리아의 클레멘스$^{Titus\ Flavius\ Clemens,\ ?150-215}$*의 『학설집』에는 다음과 같은 크세노파네스의 잠언들이 실려 있습니다.

…그러나 가사자^{可死者}들은 신들도 태어나고
자신들처럼 옷과 목소리와 형체를 갖는다고 생각한다네.
신들과 인간 가운데서 가장 위대한 하나인 신은
형체도 생각도 가사자들과 조금도 비슷하지 않다네.
…만일 소들, 말들 그리고 사자들이 손을 갖는다면
그래서 사람처럼 그림을 그리고 작품을 만들 수 있다면
말들은 말들과, 소들은 소들과 유사한 신의 모습을 그릴 것이고
각기 자기 모양대로 신의 형체를 만들 것이네.
…신에 대해 그리고 내가 지금 말하는 것을
확실히 아는 사람은 이제껏 없었고 앞으로도 그럴 것이라네.

* 사도교부인 로마의 클레멘스와 구분하기 위해 보통 '알렉산드리아의 클레멘스'라고 부르는 티투스 플라비우스 클레멘스는 당시의 교리문답파 수장으로, 그리스도인이면서도 그리스 고전에 관심이 있어 많은 고대철학자들의 잠언을 수집했다. 그의 『학설집』에는 소크라테스 이전의 그리스 시인과 철학자의 말이 많이 인용되어 있다.

심지어 누가 그런 것들에 대해 완벽하게 옳은 말을 했다 해도
그 자신은 그것을 모르리라. 그저 추측으로 짜인 거미줄일 뿐.[27]

아리스토텔레스는 크세노파네스의 말에 전적으로 동의했고, 거기서 한 걸음 더 나아가 "추측으로 짜인 거미줄"을 뛰어넘는 사유를 함으로써 그리스의 신들을 올림포스산과 인간의 형상으로부터 해방시켰지요. 아리스토텔레스는 『형이상학』에서 신을 "자신은 움직이지 않고 다른 것을 움직이는 자"라고 규정했습니다.[28] 오늘날 우리는 이 말을 축약해서 보통 '부동의 원동자'unmoved prime mover 또는 '원동자'primim movens라고 하지요. 그런데 이 말은 정확히 무슨 뜻일까요? 설명하자면 이렇습니다.

아리스토텔레스를 비롯한 고대 그리스인들에게 '운동'kinēsis이라는 말은 장소의 변화뿐 아니라 질적·양적·실재적 변화를 동시에 의미했습니다.** 예컨대 뜨거운 것이 식거나, 많은 것이 적어지거나, 있었던 것이 없어지거나 하는 변화를 모두 뜻했지요. 아리스토텔레스 이후에도 오랫동안 이런 의미로 전승이 되었으므로 만일 당신이 토마스 아퀴나스 같은 중세신학자는 물론, 서양 근대철학자나 신학자의 글에서도 '운동'이라는 말을 발견한다면 그것을 단순한 장소의 이동이

- "그렇기 때문에 자신은 움직이지 않고 다른 것을 움직이는 자가 있는데, 이것은 영원한 자이며, 실체이자 발휘·실현 상태인 자다"(아리스토텔레스, 『형이상학』, 1072b).
- 아리스토텔레스가 말하는 '키네시스'(kinēsis)는 1) 실재의 변화, 2) 질의 변화, 3) 양의 변화, 4) 장소의 변화라는 다양한 의미를 갖는다. 따라서 그것을 오늘날의 언어로 단지 '운동'이라고 번역하는 것은 부자연스럽게 축소한 번역이다.

아니라 일체의 '변화'라는 뜻으로 이해하는 것이 좋습니다. 이런 관점에서 다시 풀어 보면 '부동의 원동자'라는 아리스토텔레스의 말에는 '자기는 질적·양적·실재적·장소적 변화를 하지 않으면서 다른 모든 질적·양적·실재적·장소적 변화의 근원이 되는 자'라는 의미가 들어 있지요. 예를 들어 설명해 볼까요?

출생은 없었던 어떤 것이 있게 된다는 의미에서 분명 하나의 운동[변화]입니다. 그런데 누구든 부모 없이는 태어날 수 없지요. 그의 부모와 부모의 부모 역시 그렇습니다. 따라서 이런 상황이 무한히 소급되지요. 이 무한소급infinite regress이 끝나려면 모든 출생의 최종 원인인 그 누군가가 필연적으로 있어야만 하는데, 그 자신은 부모를 갖지 않아야만 합니다. 그래야 자신이 최종 원인이 될 수 있지요. 즉 최종 원인인 그는 '부모 없는 부모'여야 한다는 말입니다.

바로 이러한 사변적 논리에서 아리스토텔레스는 세계의 궁극적 바탕으로서 자신은 탄생하지도 않고 변화하지도 않으면서 모든 탄생과 변화의 원인이 되는 무형의 원리를 가정해 '부동의 원동자'라고 이름 짓고 그것을 신이라고 했지요.

어떠세요? 그럴듯한가요? 적어도 서양 사람들은 그렇다고 생각했습니다. 그로부터 1,500년이 훌쩍 지나 단테는 『신곡』에서, 주로 토마스 아퀴나스 같은 중세신학자들에 의해 기독교의 신 개념에 흡수된 아리스토텔레스의 '부동의 원동자'라는 관념을 다음과 같이 노래했습니다.

나는 오직 하나의 신을 믿습니다. 유일하고 영원한 그분은
사랑과 소망을 통해 모든 천체를 움직이시되
당신 스스로는 전혀 움직이지 않는답니다.²⁹

아리스토텔레스에 의해 제우스나 아폴론과 같은 유형有形의 그리스적 신 개념이 처음으로 '부동의 원동자'라는 무형無形의 자연 원리로 바뀐 겁니다. 이는 아리스토텔레스의 스승 플라톤이 별다른 설명 없이 다분히 종교적으로 설정한 창조주 데미우르고스 dēmiurgos˙를 철학적으로 설명한 것으로, 무형의 신 개념을 그리스 철학 안에 최초로 확정한 계기였지요. 이 천재적 발상의 전환에 대해 20세기 프랑스 출신의 탁월한 중세철학 연구자 에티엔 질송 Étienne Gilson, 1884-1978은 이렇게 평가했습니다. "이때 옛날의 올림포스 신들이 형상으로부터 발을 내디딘 것은 손실이라기보다는 오히려 이익이었다. 그리고 비단 철학에 대해서만이 아니라 종교에 대해서도 이익이었다."³⁰

그렇지만 구약성서는 처음부터 하나님에게서 인간의 형상을 철저하게 지웠습니다. 유대교는 물론이고, 기독교나 이슬람교처럼 구약성

• 데미우르고스(dēmiurgos)는 '제작자'라는 뜻을 가진 그리스어다. 호메로스의 서사시에서는 금속세공사·도공(陶工) 등의 직공이나 사자(使者)·의사를 뜻하는 말로 사용되었다. 또 솔론 이전의 아테네에서는 귀족 및 농민 이외의 자유시민 전체를 가리켰다. 그러나 이 용어가 플라톤 철학에서는 '우주의 창조주'를 이르는 말로 쓰였다. 데미우르고스는 혼돈 상태에 있는 질료(質料)에 만물의 원형인 이데아를 부여하여 질서를 지닌 존재자로 만들어 낸다.

서를 경전으로 삼는 모든 종교에서 신은 무형의 존재입니다. 따라서 신이 인간의 모습을 하고 있다고 생각하는 한, 이들 종교의 가르침을 크게 오해할 수밖에 없지요. 이런 이유에서, 르네상스 시대의 천재적 예술가들을 통해 무형의 기독교 신이 그리스 신화에 나오는 유형의 신으로 다시 탈바꿈해 일반인들에게 널리 알려진 것은 철학적으로나 종교적으로나 하나의 커다란 불행한 사건이 아닐 수 없습니다.

그런데 혹시 당신은 방금 그럴듯한 반론을 떠올리지 않았나요? 왜 구약성서에는 "우리의 형상을 따라 우리의 모양대로 우리가 사람을 만들고"(창세기 1:26)라는 구절이 있는 걸까 하고 말입니다. 맞습니다! 구약성서에는 분명 그 구절이 있지요. 그런데 우리는 여기에 사용된 '형상'과 '모양'이라는 두 단어에 주목해야 합니다. '형상'을 뜻하는 히브리어 첼렘^{selem}은 원래 '그림자'(시편 39:6)라는 뜻이지요. 또한 '모양'을 의미하는 데무트$^{d^emût}$는 보통 '어떤 것과 닮은 상태'(역대하 4:3; 이사야 40:18)를 가리킵니다. 그리고 이 둘 모두 하나님의 '외적 형태'를 말하는 게 아니라 '내적 본성'을 뜻한다는 것이 기독교 신학자들의 공통된 해석이지요.

혹시 믿기 어렵나요? 그렇다면 당신의 의심을 덜기 위해, 기독교의 세 종파인 가톨릭, 동방정교, 프로테스탄트의 대표적 신학자들이 내놓은 해석을 하나씩 뽑아 소개하지요.

먼저 가톨릭에서 볼까요? 중세에 가장 탁월한 신학자였던 토마스 아퀴나스$^{Thomas\ Aquinas,\ ?1225-1274}$는 『신학대전』에서 "사람이 하나님의 형상을 따라 존재하는 것은 비물질적 지성과 이성에 의한 것이다"[31]

라고 교훈했습니다. 이 말은 그가 인간의 외적 형태가 아니라 내적 본성인 지성과 이성을 인간이 가진 하나님의 형상으로 지목했다는 뜻이지요.

그리고 동방정교의 위대한 신학자인 니사의 감독 그레고리우스 Gregorius Nyssenus, ?335-?394는 "인간이 하나님의 형상으로 지음을 받았다는 포괄적 표현 안에는 모든 것이 포함된다. 그것은 인간의 본성이 모든 선에 참여하는 자가 되도록 인간의 본성을 지으셨다는 뜻이다."32라고 주장했습니다. 카파도키아의 위대한 세 교부 Three Great Cappadocians 가운데 하나로 동방정교회에 삼위일체론을 정립하는 데 크게 공헌한 이 신학자는 하나님의 형상으로 인간의 '선성'善性을 강조한 것이지요.

또한 종교개혁자 요한 칼빈Jean Calvin, 1509-1564*은 『기독교 강요』에서 이렇게 썼습니다. "하나님의 형상은 모든 존엄성에까지 확대된다. 이 말에는 아담이 창조될 때 의로운 마음을 향유하면서 스스로 감정을 잘 통제하고 자신의 감각이나 모든 내면적 사상을 잘 조절하며, 창조주의 영광을 아름답게 나타내는 완전한 순결성을 부여받았다는 의미가 내포되어 있다."33 이는 칼빈은 인간이 가진 하나님의 형상으로 '순결성'을 내세웠다는 의미지요.

---

* 종교개혁자 'Jean Calvin'의 이름은 라틴어 발음을 따라서 '요한 칼빈'으로 일관되게 표기하기로 한다. 근래에 불어식 발음인 '장 칼뱅'이 흔히 사용되지만, 이것은 그의 라틴어 이름을 다시 불어로 읽어 표기한 것이다. 그의 원래 불어식 이름은 'Jean Cauvin'(장 코뱅)이다. 이 때문에 세계칼빈학회에서도 요한 칼빈으로 통용하고 있다.

이처럼 본디 외적 형태를 의미하던 히브리어 '첼렘'과 '데무트'를 기독교 신학자들은 어떤 내적 본성을—지성과 이성이건, 선성이건 또는 순결성이건—뜻하는 신학적 용어로 해석했습니다. 이는 마치 그리스어 이데아^{idea}나 에이도스^{eidos}가 본래는 어떤 사물이 '눈에 보이는 모양', 곧 '형상'이라는 단순한 뜻을 갖고 있었지만, 플라톤과 아리스토텔레스에 의해 '세상의 모든 사물 안에 깃들어 있어 그것이 그것으로 존재하게끔 하는 실체'라는 매우 특별한 철학적 뜻을 갖게 된 것과 매우 흡사하지요.*

신론과 존재론 그리고 서양문명

이제 적어도 한 가지는 분명해졌습니다. 성서에서 자신을 계시한 하나님이 인간의 모습을 하고 있지는 않다는 것이지요. 짐작건대, 여기서 당신이 가질 수 있는 의문은 대강 이런 것이 아닐까요? 그렇다면 하나님은 어떻게 생겼고 도대체 무엇 또는 누구인가? 하나님이 어떻게 생겼는가를 모르고야 설사 그가 항상 우리와 함께한다고 해도 어찌 알아볼 수 있으며, 하나님이 무엇이거나 누구인지를 알지 못하고야 어떻게 그를 믿고 의지할 수 있겠는가?

옳은 말입니다. 그러니 이제부터 하나님이 어떻게 생겼으며, 도대

---

* 플라톤이 이데아(idea)나 에이도스(eidos)를 철학적 의미로 쓰기 시작한 것은 『파이돈』이며, 여기서도 각각 104b와 102b에서 그렇게 사용되었을 뿐 그 외에는 곳곳에서 여전히 일반적 의미로도 사용된다.

체 무엇인지 또는 누구인지를 함께 알아보도록 하지요.˙ 그런데 이 일이 매우 흥미롭기는 해도 결코 단순한 작업은 아닙니다. 모세오경을 통해 계시되었고 히브리 선지자와 예언자들이 계승했으며, 그리스 철학의 영향을 받은 초기 기독교 사상가들이 정리했고 중세신학자들이 발전시킨 '하나님에 관한 이론'神論은 장구한 역사적 산물인 데다 견줄 예를 찾을 수 없을 만큼 아주 독특하기 때문이지요.

기독교의 신 개념은 히브리인들의 '종교적 신 개념'만을 계승한 것도 아니고, 그렇다고 그리스인들의 '존재론적 신 개념'만으로 이루어진 것도 아닙니다. 이 둘을 종합한 것이지요. 그런데 알고 보면 그건 신앙과 이성이라는 그 이상 간데없이 뻗은 양극을 휘어 하나로 결합하는 것 같은 극적인 종합이었습니다. 그 결과 다분히 종교적이면서도 분명 존재론적이고, 여전히 히브리적이면서도 여실히 그리스적인 기독교적 신 개념이 나왔습니다. "성서의 종교에는 존재론적 사상이 없다. 그러나 성서의 그 어떤 상징도 그 어떤 신학 개념도 존재론적 함축성을 갖지 않은 것이 없다"[34]라는 독일 출신 현대신학자 파울 틸리히Paul Tillich, 1886-1965의 말에도 바로 그런 의미가 담겨 있습니다.

이런 이유로 오늘날 우리가 접하는 '하나님'이라는 개념은 복잡하

• 흔히 신의 존재성을 규정할 때는 '신은 무엇인가?'라고 묻고, 신의 인격성을 규정할 때는 '신은 누구인가?'라고 묻는다. 이제 곧 밝혀지겠지만, 신의 존재성은 태초부터 종말까지 영원불변할 뿐 아니라 생성·작용하는 존재로서 신의 자기동일성을 뜻하고(2부 "하나님은 존재다"를 보라), 신의 인격성은 자신의 약속과 그것의 신실한 수행을 통해 확립되는 신의 참여와 인도의 연속성을 말한다(3권 『하나님은 인격적인가』의 2장 "하나님의 인격성이란 무엇인가"를 보라).

고 난해할 수밖에 없으며, 그것을 설명하는 일 또한 어느 정도 장황할 수밖에 없습니다. 그런데 어쩌지요? 우리 중 그 누구도 복잡·난해·장황한 것을 좋아하지 않을 테니 말입니다. 그래서 다소 참을성 없어 보일지 모르겠지만, 미리 그 핵심만 간단히 귀띔하자면 이렇습니다.

하나님은 모든 존재물이 존재하는 바탕입니다. 즉 모든 존재물은 하나님 안에서 존재를 부여받아 존재하지요. '하나님은 존재다'라는 말이 여기서 나온 겁니다. 따라서 하나님은 우주마저 자기 안에 포괄하며, 무소부재無所不在, omnipresence하고, 오직 하나님만이 존재할 뿐 하나님의 바깥에는 아무것도 없습니다. '하나님은 유일자다'라는 말은 바로 여기서 나왔습니다. 그런데 이 존재는 또한 자신의 내적 법칙인 '말씀'으로 모든 존재물을 자기 안에 창조하지요. '하나님은 창조주다'라는 말이 여기서 나왔습니다. 그뿐만 아니라 부단히 자신의 피조물들과 관계하며 그들을 오직 자신의 의지대로 이끌어 가지요. '하나님은 인격적이다'라는 말은 여기서 나왔습니다.

이처럼 매우 독특한 신론에서—그에 의해서 창조되고, 그 안에 존재하며, 그에 의해 인도되는 피조물로서—모든 인간은 당연히 그의 말과 의지를 따라야 한다는 교리가 자연스레 파생된 것이지요. 그래야만 인간은 자신의 모든 것이 궁극적으로 선하게 이루어져, 그것을 복福으로 체험할 수 있게 됩니다. 그러나 그를 거역하면 반드시 파멸할 수밖에 없는데, 이러한 자기파멸을 인간은 벌罰이라는 형태로 경험하게 되지요. 자세히 살펴보면 구약성서와 신약성서는 이러한 주장, 오직 이러한 존재론적 주장의 부단한 반복입니다. 과연 그런지 몇 가지 예를 들어 볼까요?

구약성서에는 하나님의 말씀과 뜻을 따르는 복 있는 사람은 "시냇가에 심은 나무가 철을 따라 열매를 맺으며 그 잎사귀가 마르지 아니함 같으니 그가 하는 모든 일이 다 형통"(시편 1:3)하며, 말씀과 뜻을 따르지 않는 악인은 "그렇지 아니함이여, 오직 바람에 나는 겨"(시편 1:4)와 같아서 망한다고 기록되어 있습니다. 그런데 신약성서는 같은 말을 이런 식으로 표현했지요. "나는 포도나무요 너희는 가지라. 그가 내 안에, 내가 그 안에 거하면 사람이 열매를 많이 맺나니, 나를 떠나서는 너희가 아무것도 할 수 없음이라"(요한복음 15:5). 물론 비유입니다. 그렇지만 "그가 내 안에, 내가 그 안에 거하면"과 같은 탁월한 '존재론적 표현'이 담긴 종교적 비유지요. 우리가 앞으로 계속 관심을 가져야 할 것은—틸리히가 이미 갈파했듯이—이 같은 존재론적 내용을 지닌 비유들이 구약과 신약에 일관되게 나타난다는 것입니다. 정말일까요? 그렇습니다!

무엇보다 구약성서의 서두부터가 그렇지요. 아담과 하와가 선악과를 따 먹는 죄를 지었을 때, "네가 먹는 날에는 반드시 죽으리라"(창세기 2:17)던 하나님이 결국 그들에게 내린 벌은 죽음이 아니라 추방(에덴동산을 떠나게 함)이었습니다. 하나님은 왜 자신의 선포를 스스로 어기고 아담과 하와를 즉각 죽이지 않았을까요? 성서는 처음부터 하나님의 거짓말로 시작한 것일까요? 아니지요! 이에 대해서는 나중에

마사초(Masaccio), 〈낙원 추방〉, 1427.

죄^{罪}와 구원을 다루면서 자세히 설명하겠지만, 하나님이 곧 '존재'라는 가르침에서 하나님을 '떠난다'는 것은 그 자체가 존재상실^{存在喪失}, 곧 죽음을 의미하는 것입니다. 단지 그것이 육체적 죽음이 아닌 영적 죽음일 뿐이지요. 하나님은 존재이자 영이니까요. 이런 관점에서 보면, 하나님은 자신의 약속을 어김없이 지킨 겁니다. 이처럼 성서는 낙원 추방의 이야기에서부터 존재론적 표현과 내용을 이미 내포하고 있습니다.

예를 하나 더 들까요? 선지자 예레미야의 다음과 같은 선포들 역시 마찬가지입니다.

"내가 다시 말하기를 너희가 나를 나의 아버지라 하고 나를 떠나지 말 것이라 하였노라. 그런데 이스라엘 족속아, 마치 아내가 그의 남편을 속이고 떠나감같이 너희가 확실히 나를 속였느니라"(예레미야 3:19-20).

"그들의 등을 내게로 돌리고 그들의 얼굴은 내게로 향하지 아니하다가 그들이 환난을 당할 때에는 이르기를 일어나 우리를 구원하소서 하리라"(예레미야 2:27).

"여호와여, 우리를 주께로 돌이키소서. 그리하시면 우리가 주께로 돌아가겠사오니 우리의 날들을 다시 새롭게 하사 옛적 같게 하옵소서"(예레미야애가 5:21).

"나를 떠나지 말 것", "등을 내게로 돌리고", "주께로 돌아가겠사오니" 같은 표현들을 한번 보세요. 여기에 사용된 '떠남', '등 돌림', '돌아감'이라는 개념들이 바로 존재론적 함축성을 지녔다는 이야기입니다. 물고기는 물 안에서만 살 수 있고 물을 떠나면 죽을 수밖에 없지 않겠습니까! 새가 공기 없이 어찌 날 수 있겠어요! 요컨대 모든 존재물은 존재 안에서만 존재도 할 수 있고 활동도 할 수 있다는 뜻이지요. 이렇듯 다분히 존재론적이며 동시에 종교적이기도 한 이유에서 하나님은 인간이 도무지 벗어나거나 떠날 수 없는 대상이며, 그의 '말씀'은 순종하면 필히 복을 받지만 거역하면 부득불 벌을 받을 수밖에 없는 영원불변의 법칙이라는 것이 기독교의 근본 가르침입니다.

여기서 우리가 또한 놓치지 말아야 할 것이 하나 있습니다. 서양 문명이 기독교에 의해 이루어져 왔다는 사실을 감안하면 당연한 일이지만, 꼭 성서가 아니더라도 서양의 뛰어난 문학작품들에는 이같이 종교적이기도 하고 존재론적이기도 한 축복과 징벌에 관한 체험들이 끊임없이 등장한다는 사실이지요. 비록 그것들이 겉으로 드러나지 않아서 우리가 눈치채지 못하고 놓치기 십상이지만 말입니다. 예를 몇 개만 들어 볼까요?

종교적이지만, 존재론적이기도 한

19세기, 거의 같은 시기에 활동한 두 시인 조지 매더슨George Matheson, 1842-1906과 프랜시스 톰슨Francis Thompson, 1859-1907의 시구를 잠시 살펴보지요. 얼핏 보면 둘 모두 평범한 종교시입니다. 하지만 좀 더 자세히 들여다보면 존재론적 함축성을 지닌 표현이 곳곳에 깔려 있습니다. 우선, 스코틀랜드의 성직자이자 대표적 시인이기도 한 매더슨은 하나님에게 자신의 모든 것을 맡기고 그 안에 머무는 자가 누리는 복을 다음과 같이 노래했지요.

나를 떠나는 일이 없는 '사랑'이여,
내 지친 영혼을 당신의 초원 안에서 쉬게 하소서.
당신께서 주신 나의 생을 당신께 도로 바치나이다.
바다와 같은 그 깊음 속에서
내 생이 보다 풍요로워지기 위해서입니다.

나의 길을 비추는 '빛'이시여,
꺼진 내 등불을 당신에게 바치나이다.
내 마음이 당신으로부터 다시금 빛을 받아
그 찬란한 빛에 의해
더욱 밝고 아름다워지기 위해서입니다.[35]

이 시에서 "나를 떠나는 일이 없는", "당신의 초원 안에서", "바다와 같은 그 깊음 속에서", "그 찬란한 빛에 의해" 같은 구절들을 눈여겨보세요. '떠나는', '안에서', '속에서'와 같은 표현이 보이잖아요. 예수님이 "그가 내 안에, 내가 그 안에 거하면"이라고 존재론적으로 표현한 가르침과 같은 내용을 묘사한 표현들이지요. 그러니까 "사람이 열매를 많이" 맺을 수밖에 없다는 말입니다.

반대로 영국의 시인 톰슨은 자신의 뜻과 의지에 따라 하나님을 떠난 자가 받는 징벌을 "하늘의 사냥개"라는 시로 묘사했는데요. 영문학사에서 가장 훌륭한 축송시 가운데 하나로 꼽히는 이 시는 다음과 같이 읊습니다.

> 나는 그에게서 도망쳤노라, 밤과 낮의 비탈길 아래로;
> 나는 그에게서 도망쳤노라, 세월의 아치 저편으로;
> 나는 그에게서 도망쳤노라, 내 마음의 미로를 통해;
> 그리고 눈물의 안갯속으로 그를 피해 숨었노라.
> 그리고 흐르는 웃음의 시냇물 속에
> 전망이 툭 트인 희망의 가로수로 달려갔노라.
> 그러다가 거대한 공포의 심연 속으로
> 떠밀려서 쏜살같이 거꾸로 추락했노라.
> 쫓고 또 쫓는 저 힘찬 발을 피해,
> 그러나 서두르지 않는 추적으로,
> 흐트러지지 않는 걸음걸이로, 위협하는 긴박감으로,
> 그 발소리가 들렸노라. …아니, 그보다
> 애통하는 목소리가 들렸노라.
> "네가 나를 배반했기에 만물이 너를 배반하느니라."[36]

이 시에서는 "그에게서 도망쳤노라", "그를 피해 숨었노라", "가로수로 달려갔노라" 같은 구절들이 '하나님에게서 떠남'이라는 존재론적 함축성을 지닌 표현임을 알 수 있지요. 그러니 "만물이 너를 배반하느니라"라고 표현된 참담한 결과는 "나를 떠나서는 너희가 아무것도 할 수 없음이라"라는 예수님의 존재론적 가르침을 되뇐 셈입니다.

어떤가요? 19세기 시인들도 하나님으로부터 받는 축복과 징벌을 묘사하는 데 '안에 있음', '속에 있음', '떠남', '도망침', '피해서 숨음' 같은 존재론적 표현을 사용했다는 사실이 꽤 흥미롭지 않나요? 만일 아직도 별로 그런 생각이 들지 않는다면, 그리스 신화 『일리아스』나 『오디세이아』와 한번 비교해 보세요. 호메로스가 남긴 이 작품들에 나타난 축복과 징벌은 각각 신들의 개별적 총애와 분노에서 나온 것이잖아요. 그리스 신화의 신들은 인간과 똑같은 형상과 감정을 가졌기 때문인데요, 그러니까 그들은 자신들이 개별적으로 좋아하는 인간에게는 아낌없는 축복을 베풀지만 미워하는 인간에게는 무자비한 징벌을 내립니다.

정말 그런지, 이야기가 나온 김에 잠시 『일리아스』를 살펴볼까요? 멀리 갈 것도 없습니다. 1권 서두를 봅시다. 아폴론이 아흐레 동안이나 화살을 쏘아 "시신들을 태우는 수많은 장작더미가 쉼 없이" 타오를 정도로 아카이오족을 죽이잖아요. 그런데 왜지요? 이유는 단순합니다. 아가멤논이 아폴론을 모시는 사제司祭의 딸을 잡아가 돌려주지 않은 데 대한 매우 사적인 분노 때문이었지요. 이 정황을 호메로스는 다음과 같이 묘사했습니다.

…포이보스 아폴론이 그의 사제의 기도를 듣고

마음속으로 노하여 활과 양쪽에 뚜껑이 닫힌 화살 통을
어깨에 메고 올림포스 정상에서 달려 내려갔다. 그가
움직일 때 성난 그의 어깨 위에서는 화살들이 [부딪는 소리가]
   요란하게 울렸다.
그가 다가가는 모습은 마치 밤이 다가가는 것 같았다.
그가 함선들에서 떨어진 곳에 앉아 화살을 날려 보내자
그의 은궁銀弓에서 무시무시한 소리가 일었다.
그는 처음에 노새들과 날랜 개들을 공격했고
다음에는 사람들을 향해 날카로운 화살들을 쏘아 댔다.
그리하자 시신들을 태우는 수많은 장작더미가 쉼 없이 타올랐다.[37]

그런가 하면, 아킬레우스가 자신의 전리품인 "볼이 예쁜 브리세이스"를 빼앗은 아가멤논을 죽이려 하자, "빛나는 눈의 여신 아테나"가 뒤에서 그의 머리를 낚아채고는 귓속말로 다음과 같이 말립니다.

나는 그대의 분노를 가라앉히려고 하늘에서 내려왔다. 그대가
내 말에 복종하겠다면 말이다. 그대들 두 사람을 똑같이 마음속으로
사랑하고 염려해 주시는 흰 팔의 여신 헤라가 보내셨다.
그러니 자, 말다툼을 중지하고 칼을 빼지 말도록 하라.
오직 앞으로 일어날 일들에 관해 말로 그를 꾸짖도록 하라.
내가 지금 그대에게 하는 말은 반드시 이루어질 것인즉,
지금 이 모욕으로 말미암아 빼어난 선물들이 세 배로 그대에게

돌아가게 되리라.[38]

무슨 말인가요? 헤라와 아테나가 단순히 아가멤논과 아킬레우스를 사랑하기 때문에 돕고 축복하겠다는 이야기입니다. 그리스 신들의 이러한 개인적 애증이나 개별적 청탁에 의한—다시 말해 보편타당한 이유가 없는—편애偏愛와 편증偏憎의 경향은 이후에도 계속됩니다. 아테나 여신은 판다로스가 쏜 화살을 "마치 어머니가 단잠이 든 아이에게서 파리를 쫓아 버리듯" 메넬라오스의 몸에서 빗나가게 하는가 하면, 트로이의 용사 헥토르를 유인해 아킬레우스의 창에 찔려 죽게도 만들지요.

이처럼 그리스 신화 속의 신들은 구약성서의 하나님처럼 공의公義를 내세우지도 않고, 게다가 인간보다 도덕적이지도 않습니다. 애정과 증오에 대한 일정한 기준이나 원칙도 없지요. 그러니 언제 어떻게 변할지 알 수 없지요. 마치 우리 인간의 감정이 그렇듯 말입니다. 그 결과 그리스 신들의 축복과 징벌을 묘사한 글 안에는 애정이나 증오와 같은 신인동감적 요소와 묘사가 넘칠지언정, 공의, 곧 하나님 안에 있는 자가 복을 받고 하나님으로부터 떠난 자가 벌을 받는 것 같은 원칙을 함축한 표현들은 찾아보기 어렵지요.

반면 기독교에서 말하는 하나님의 축복과 징벌을 묘사한 작품에는—앞에서 본 것처럼 설사 그것이 은폐되었을지라도—존재론적 함축성을 지닌 종교적 상징과 표현이 반드시 포함됩니다. 비록 구약성서와 일부 서양 문학작품에서도 하나님은 종종 그리스 신화에서처럼 의인화되고, 그 행위가 신인동감적 표현으로 묘사되었다고 해도 내용에 있어서는 마찬가지입니다.* 무엇 때문일까요? 여기에는 분명한 이유가 있습니다. 이제 곧 설명하겠지만, 이 종교의 신이 스스로 나타나 "나는 존재다"ehyeh asher ehyeh(출애굽기 3:14, 저자 사역)라고 계시했고, 이 종교를 믿는 사람들이—앞에서 본 매더슨과 톰슨의 시에 나타난 것처럼—자신들이 섬기는 신을 "공의의 하나님"이라는 표현과 함께 그렇게 존재론적으로 파악하고 경험해 왔기 때문이지요. 바로 이것이 우리가 다음 장에서 기독교적 신 개념을 존재론적으로 풀어 가며 서양문명을 읽는 코드로 사용하려는 이유입니다.

그럼 본격적으로 시작해 볼까요? 물론 당신이 이제부터 우리가 함께 할 이야기들을 믿느냐 믿지 않느냐 하는 것은 별개의 문제입니다. 안다는 것과 믿는다는 것이 같지 않기도 하고, 게다가 그 관계도 분명치는 않으니까요. '알면 믿는다'는 입장도 있고 '믿으면 안다'는 관점도 있습니다. 기독교 신학은 당연히 후자를 견지합니다만, 이 문제는 우선 차치해 두고 일단 알아봅시다.

---

* 서양의 문학작품은 물론이고 심지어 구약성서에도 하나님이 손, 눈, 귀, 얼굴 같은 인간 신체부위를 통해 표현되었고(사무엘상 5:11; 시편 8:4; 이사야 52:10; 열왕기하 19:16; 민수기 11:1; 창세기 3:8; 32:31 등), 웃고, 냄새를 맡고, 휘파람을 불며(시편 2:4; 37:13; 창세기 8:21; 이사야 7:18 등), 또한 후회도 하고(창세기 6:6이하; 출애굽기 32:14; 사무엘상 15:11, 35; 아모스 7:3 등) 탄식도 하며(예레미야 8:5; 12:7-13; 15:5-9; 18:13-17 등), 기쁨, 노함, 증오, 분노, 복수 등의 감정을 느끼는 것으로 묘사된다(신명기 16:22; 30:9; 32:35; 이사야 61:18; 62:5; 출애굽기 22:24; 창세기 6:6; 9:5 등).

이제부터 우리는 기독교에서 말하는 '존재로서의 하나님', '창조주로서의 하나님', '인격자로서의 하나님', '유일자로서의 하나님'에 대해 차례로 살펴보면서, 그 개념들이 서양문명 안에서 어떻게 뿌리내렸고, 또 어떤 영향을 끼쳤는지를 조명해 볼 겁니다.*

---

* 혹시 그리스도인이라면, 하나님에 대해 이야기하면서 하나님의 결정적 자기 계시인 그리스도에 대해서는 왜 다루지 않는가 하는 의문이 들 수 있다. 우리는 신학에서 그리스도론이라고 부르는 그 주제를, 다른 책에서 죄와 구원에 대해 살펴볼 때 자세히 다룰 것이다. 여기서는 신학에서 신론(神論)이라고 부르는 주제들을 우선 다룬다.

II 하나님은 존재다

"'있는 자'(Qui est)라는 이 명칭은 신의 가장 고유한 이름이다."
- 토마스 아퀴나스, 『신학대전』

중세의 황금기였습니다. 이탈리아 나폴리 왕국의 아퀴노^{Aquino}라는 마을에 롬바르디아 왕조의 혈통을 이어받은 란둘프^{Landulph} 백작 가문이 있었지요. 어느 화창한 봄날, 그 집안의 한 소년이 초등교육을 받기 위해 몬테카시노의 베네딕투스회 수도원에 입학했습니다. 때는 1230년이었고 소년의 나이는 다섯 살이었지요. 용맹한 십자군 지도자 탕크레드의 손녀인 백작부인은 어린 아들을 떼어 놓아야 하는 슬픔에 엉엉 울었습니다. 하지만 소년은 오히려 방긋 웃었다지요. 그리고 자신을 맞으러 나온 수도사에게 물었습니다. "하나님은 무엇입니까?" 늙은 수도사는 당황했답니다.

1239년의 나폴리는 아름답고 진보적이었지요. 그때 막 열네 살이 된 이 영특한 소년은 대학에 입학하기 위해 이 도시로 갔습니다. 그곳에서 그는 자신의 생애를 바꾸어 놓을 두 가지 중요한 만남을 가졌는데요, 하나는 아리스토텔레스 철학이었고 다른 하나는 도미니쿠스 수도회였습니다. 나폴리 대학은 당시 많은 대학에서 금지한 아리스토텔레스 철학을 정식 교과목으로 채택했고, 더욱이 새로 생긴 탁발수도회인 도미니쿠스회가 왕성하게 활동 중이었습니다. 이 도미니쿠스 수도회 안에서 그는 평생 동안 한 손으로는 성서를 붙들고, 다른 한 손으로는 아리스토텔레스의 『형이상학』을 붙잡고 살았습니다.

신플라톤주의를 통해 초기 기독교 교리에 이미 깊숙이 관여한 플라톤 철학과 달리 아리스토텔레스의 철학은 적어도 12세기까지는 기독교와 별 관련이 없었습니다. 논리학 저서인 『오르가논』을 제외하면 아리스토텔레스의 저술들이 서구에 알려지지도 않았지요. 왜 그랬냐고요? 그의 철학이 아직 기독교와 손잡기 전인 6세기 초, 유스티니아누스 황제가 칙령으로 아테네에서 모든 철학학교를 폐쇄했기 때문이지요. 그 후 아리스토텔레스 철학은 시리아와 페르시아, 이집트와 모로코 같은 변방을 떠돌아다녔습니다. 그러다가 십자군 전쟁이 지속되던 12세기 말경 이븐 시나^{Ibn Sina, 980-1037; Abicenna}, 이븐 루시드^{Ibn Rushd, 1126-1198; Averroes} 같은 아랍 철학자들의 저서를 통해 서구에 전해졌어요.

그러자 도미니쿠스 수도회를 중심으로 젊은 신학자들이 아리스토텔레스의 사상과 언어로 성서를 해석하기 시작했습니다. 하지만 플라톤과 아우구스티누스 사상에 근거한 교부신학을 고수하던 로마 교황청은 물론이고, 베네딕투스 수도회와 프란체스코 수도회 그리고 대부분의 대학들에서는 이 새로운 철학을 경계했지요. 중세 기독교 사상사에서 '프란체스코 수도회와 도미니쿠스 수도회의 대립'으로 불리는, 신구^{新舊} 두 신학적 입장 사이의 갈등은 이때부터 시작되었습니다. 영화로도 만들어진 움베르토 에코^{Umberto Eco, 1932-2016}의 소설 『장미의 이름』은 이 갈등이 정점에 이른 14세기를 배경으로 하지요.

1243년, 소년은 어느덧 청년이 되었습니다. 나폴리 대학에서 이미 아리스토텔레스 철학에 매료되었던 청년은 어려서부터 부단히 던진 '하나님은 무엇인가?'라는 질문의 답을 얻기 위해 도미니쿠스 수도

조반 프란체스코 제시(Giovan Francesco Gessi), <성 토마스 아퀴나스의 유혹>, 17세기.

회의 수도사가 되기로 결심했습니다. 그러나 어머니 란둘프 백작부인은 사랑하는 아들이 평생 탁발수도사로 쓸쓸히 살아가는 것을 생각만 해도 견딜 수 없었습니다. 그해 가을, 그녀는 자신의 다른 아들들과 함께 모의해 낙엽이 쌓여 있는 아퀴노성의 밀실에 강제로 청년을 가두었지요. 그리고 아들의 마음을 돌려 보려고 온갖 노력을 다했습니다.

눈이 내리는 어느 겨울밤이었어요. 백작부인은 무척 아름답지만 아주 바람둥이인 여인을 남몰래 아들 방에 들여보냈습니다. 아들에게 세속적 쾌락의 달콤함을 알려 주려 한 것이었지요. 방에 들어선 여인은 젖가슴을 열어젖히고 청년을 유혹하기 시작했습니다. 하지만 청년은 벌겋게 불에 달궈진 쇠꼬챙이를 벽난로에서 꺼내 들이대며 여자를 몰아붙여 끝내는 그녀가 비명을 지르고 달아나게 만들었답니다. 결국 아들을 환속還俗시키려는 백작부인의 계획은 무위로 끝나고 말았지요. 그런 가운데서도 마음씨 고운 청년의 누이가 성서와 아리스토텔레스의 『형이상학』 그리고 당시의 저명한 신학자 페트루스 롬바르두스Petrus Lombardus, ?1100-1160의 『명제집』 사본 등을 몰래 넣어 주어 청년의 공부를 도왔습니다.

1245년 가을이 되자, 거의 2년이 지나도록 아들의 마음을 꺾지 못한 백작부인은 하는 수 없이 청년이 도미니쿠스 수도회에 가입하는 것을 허락했습니다. 청년의 나이 스무 살 때였지요. 청년은 곧바로 파리로 가서 너무도 박학다식하다 해서 '보편 박사'universal doctor라고 불리던 당시의 석학 알베르투스 마그누스Albertus Magnus, 1193-1280 밑에서 공부를 시작했습니다. 이 청년은 1256년에 신학박사가 되었고, 얼마 안 가서 파리 대학에 신학교수로 임명되어 이름을 날렸지요. 타고난 경건함과 탁월한 지적 능력을 갖춘 그였기에 프랑스와 이탈리아에 있는 수도회와 대학에서 강연 초청장이 줄지어 날아왔습니다.

1259년, 이탈리아로 돌아온 그는 1268년까지 교황청 소속 여러 학교에서 강의를 했습니다. 그러던 중 대주교를 맡아 달라는 제안도 받았지만 정중히 거절했지요. 그리고 1268년 다시 파리로 건너가 강의를 하며 어린 시절부터 갈망하던 하나님에 대한 연구와 저술에 몰

두했습니다. 그는 누구보다 뛰어난 학자였지만 항상 겸손해서 논쟁을 할 때조차 평온함과 객관적 태도를 유지했지요. 그래서 그와 다른 의견을 가진 사람들조차 그의 학식에 대한 찬사와 칭송을 아끼지 않았습니다. 게다가 무척 유쾌한 성품이어서 사람들은 그를 '천사적 박사'Doctor Angelicus라고 이름 지어 불렀습니다.

한번은 프랑스의 루이 9세Louis IX, 1226-1270 재위가 이 저명한 신학자를 만찬에 초대했습니다. 초췌하고 금욕적인 탁발수도사를 예상했던 국왕은 커다란 몸집을 한 이 학자가 유쾌하게 떠들며 열심히 음식을 먹는 모습을 보고 무척 재미있어 했다고 합니다. 남아 있는 초상화들을 통해서도 짐작이 가는 그의 왕성한 식욕과 과중한 체중은 결국 그의 건강을 해쳤지요. 그는 리옹에서 열리는 공의회에 참석하러 가던 도중 갑자기 쓰러져 나폴리와 리옹 사이에 위치한 포사노바의 시토회 수도원에서 숨을 거두었습니다. 그의 나이는 겨우 49세, 때는 1274년 3월 7일이었어요.

반세기쯤이 지난 1323년, 교황 요한 22세는 그를 성인聖人으로 추대했습니다. 이때 교황은 가톨릭교회가 성인을 추대할 때마다 관례적으로 행하는 기적사문奇蹟査問을 시행하지 않았는데요. "왜?"냐고 묻는 물음에 "그가 남긴 저작이야말로 분명한 기적이기 때문"이라고 대답했답니다. 이렇게 성인이 된 뚱뚱하고 경건하며 유쾌한 천사 같은 신학자가 바로 토마스 아퀴나스입니다. 그리고 교황 요한 22세가 기적이라 여긴 그 저서는 『신학대전』이지요.

하나님은 거대한 바다와도 같이

이탈리아 피사에 있는 성 카타리나 성당 제단 뒤에는 토마스 아퀴나스와 관련된 의미심장한 그림이 하나 걸려 있습니다. 14세기의 뛰어난 화가 프란체스코 트라이니^Francesco Traini가 1341년에 그린 〈성 토마스 아퀴나스의 승리〉지요.

이 그림에서 토마스 아퀴나스는 앞에 『신학대전』을 펴 놓은 채 그림의 맨 중앙에 앉아 있습니다. 그 상단 중앙에는 그리스도가 앉아 있고, 한쪽 옆에는 마태, 누가, 바울이, 다른 쪽 옆에는 모세, 요한, 마가가 자리하고 있지요. 토마스 아퀴나스가 앉은 왼편에는 아리스토텔레스가 책을 펴 든 채 서서 토마스 아퀴나스를 올려다보고 있고, 오른편에는 플라톤 역시 같은 자세로 그를 쳐다보고 있습니다. 그들 하단에는 한 무리의 수사와 학자들이 그려져 있는데 그 중앙에는 아리스토텔레스 철학을 유럽에 전한 아랍 철학자 이븐 루시드(아베로에스)도 있지요.

비슷한 시기에 저술된 단테의 『신곡』에도 나타나 있는 이 같은 위치 설정*은 우선 토마스 아퀴나스가 중세 스콜라 학자들의 제왕이자

---

* 『신곡』에서 플라톤, 아리스토텔레스, 아베로에스는 철학자로서 그 영혼은 훌륭하지만 그리스도를 몰랐기 때문에 천국에 들어가지 못하고 그 밑인 '림보'(limbo)에 있다. 토마스 아퀴나스의 영혼은 천국의 열 개 하늘 가운데 제4천인 태양천(太陽天)에 있다. 이곳은 세상의 그림자가 닿지 않는 진정한 하늘로서, 보나벤투라 같은 훌륭한 신학자와 프란체스코나 도미니쿠스처럼 수도회를 창립한 인물이 함께 있는데 토마스 아퀴나스가 그들을 대변한다. 그 위 천국에는 성인들과 베드로, 요한 같은 사도들 그리고 성모와 그리스도가 있고 성부는 맨 마지막 하늘인 지고천(至高天)에 있다.

프란체스코 트라이니, <성 토마스 아퀴나스의 승리>, 1341.

라틴 교회가 낳은 가장 위대한 교부로 인정받았다는 것을 증명해 줍니다. 그뿐만이 아니지요. 이 그림은 상단에 예수님과 사도들을 배치하고 그 밑에 플라톤과 아리스토텔레스를 배치함으로써, 철학이 '신학의 시녀'ancilla theologiae로 봉사한 중세 사상의 구조와 그 대표적 결과물인 『신학대전』의 성격을 한눈에 보여 줍니다.

1880년 교황 레오 13세는 토마스 아퀴나스를 "신앙과 이성의 권위를 각각 높이면서도 둘을 친밀하게 결합함으로써 신앙과 이성 사이에 존재하는 모든 불화를 일거에 해소했다"며 칭송하고 가톨릭학교들의 '수호성인'으로 공포했습니다. 그렇지만 그것은 19세기에야 내려진 아퀴나스에 대한 새로운 평가는 아니었습니다. 그로부터 이미 500여 년 전부터 피사의 성 카타리나 성당에서 트라이니의 그림이 줄곧 외쳐 대던 바로 그 칭송을 재확인한 것이었지요! 오늘날에도 토마스 아퀴나스는 아우구스티누스, 칼빈과 함께 기독교 사상사에서 가장 위대한 업적을 남긴 신학자들 가운데 한 사람으로 평가받고 있습니다.

토마스 아퀴나스는 『신학대전』에서 자신이 어릴 적부터 해 오던 질문, 즉 "하나님은 무엇입니까?"에 답을 찾기 위해 스스로 몇 가지 원칙을 세웠습니다. "첫째로는 하나님이 어떤 식으로 있지 않은지, 둘째로는 하나님이 어떤 식으로 우리에게 인식되는지, 셋째로는 하나님이 어떤 식으로 이름 불리는지를 고찰해야 한다"[1]라는 것이지요. 그리고 그 원칙에 따라 자신이 사랑하는 하나님에 대해 하나하나 꼼꼼히 살펴 나갔는데, 그가 내린 최종 결론은 하나님은 '있는 자'$^{Qui\ est}$ 또는 '존재 자체'$^{ipsum\ esse}$라는 것이었습니다.[2] 토마스 아퀴나스는 8세기의 가장 뛰어난 신학자 다마스쿠스의 요한네스$^{Johannes\ Damascenus,\ ?675-749}$가 한 다음과 같은 말을 인용해서 자신의 뜻을 더욱 분명히 했습니다.

> 하나님을 가리키는 어떤 명칭보다 더 근원적 명칭은 '있는 자'다. 이 명칭, 즉 '있는 자'는 그 자체 안에 전체를 내포하며 무한하고 무규정적인 실체의 거대한 바다와도 같이 존재 자체를 갖고 있다.[3]

멋진 말이지요. 하지만 이해하기가 쉽지는 않은데, 염려할 건 없습니다. 우리는 곧 이에 대해 충분히 살펴볼 테니까요. 다만 당신이 여기서 기억할 것은 다마스쿠스의 요한네스나 토마스 아퀴나스와 같이 탁월한 중세신학자들도 하나님이 인간처럼 생긴 게 아니라 오히려 '거대한 바다'와 같이 생겼다고 인식했다는 사실입니다. 조금 생소하지요? 아니면 놀라운가요? 이제부터 이 생소하고 놀라운 이야기를 함께 나눌 것입니다.

존재란 무엇인가

하나님에게는 이름이 없다

영국의 문호 월리엄 셰익스피어William Shakespeare, 1564-1616의 사랑스러운 작품 『로미오와 줄리엣』에는 다음과 같은 구절이 나오지요.

> 나의 원수인 것은 다만 당신의 이름뿐;
> 아, 다른 이름이 되어 주세요.
> 하지만 이름에 무엇이 있다는 건가요?
> 다른 이름으로 불러도 장미는 여전히 향기로운걸.
> 로미오는 로미오로 불리지 않아도
> 그가 지닌 고결함은 그대로인걸.
> 오, 로미오,

그대의 이름을 버리고

대신 내 모든 것을 가져가세요.[1]

애틋하고 아름다운 글입니다. 20세기의 걸출한 평론가 해럴드 블룸Harold Bloom은 『돈키호테』를 쓴 세르반테스와 함께 셰익스피어를 역사상 가장 위대한 작가로 꼽았습니다. 이름은 헛되이 전해지지 않는다名不虛傳는 옛말이 있는데, 셰익스피어에게 딱 어울리는 말이지요. 하지만 줄리엣의 하소연대로 과연 이름에는 아무것도 들어 있지 않을까요? 당신의 생각은 어떤가요?

일단은 아주 단순하게 생각해 봅시다. 만일 당신이 먼 나라에 여행을 가서 이전에는 본 적 없는 어떤 대상을 보았다면, 그래서 그게 무엇인지 알고 싶다면 어떻게 할까요? 우선 "이것이 무엇입니까?" 또는 "이것을 무엇이라고 부릅니까?" 하고 그 이름을 물을 겁니다. 왜냐하면—예컨대 "이것은 자동차입니다" 또는 "이것은 과일입니다"라는 대답으로 알 수 있듯이—이름이란 일반적으로 개념을 대표하고, 그 사물과 다른 사물을 구별하는 칭호로서 어떤 것이 무엇인지를 지시해 주기 때문이지요. 이러한 이유로 우리는 '어떤 것이 무엇인지' 알아내기 위해 먼저 그것의 '이름'을 알아보는 것입니다.

지금도 그렇지만, 고대 중동에서는 더욱 그랬습니다. 그들은 심지어 사람 이름과 같은 고유명사까지 그 사람의 '무엇', 곧 본질을 나타내 주는 식으로 지었기 때문입니다. 예를 들어 구약성서에 나오는 아브라함이라는 이름에는 '많은 민족의 아버지'라는 뜻이 있고, 그의 아내 사라의 이름은 '여러 민족의 어머니'라는 의미입니다. 그 밖에도 다니엘은 '하나님은 나의 심판자', 나다나엘은 '하나님이 주심'이라는 의미이고요, 이사야는 '야훼의 구원', 예레미야는 '야훼가 세우다'라는 뜻이지요. 이처럼 성서에 나오는 인물들은 이름이 그 사람의 신분이나 특징 또는 삶의 목적을 나타냅니다.

따라서 이름을 바꾼다는 것은 곧 새로운 신분이나 새로운 삶의 목적을 얻는다는 의미를 갖고 있었습니다. 하나님이 '존귀한 아버지'라는 뜻의 아브람을 '많은 민족의 아버지'라는 뜻의 아브라함으로 바꾸어 준 것이 대표적이지요(창세기 17:5).* 하나님은 이름을 바꿈으로써 그가 한낱 소수 유목민의 족장에서 장차 많은 민족의 조상이 될 것이라는 점을 계시한 겁니다. 또한 본래는 '우두머리'를 뜻하던 사래를 '여러 민족의 어머니'라는 뜻의 사라로 바꾸어 준 것이나(창세기 17:15),** '발꿈치를 잡다'라는 뜻의 야곱을 '하나님이 싸운다/힘을 쓴다'라는 뜻의 이스라엘이라는 이름으로 바꾸어 준 것(창세기

---

* '아브람'은 두 개의 히브리어를 합성해서 만든 이름으로 '아브'는 '조상' 또는 '아버지'를 나타내고, '람'은 '존귀'를 의미한다. 하나님은 '람'을 '라함'으로 바꾸었는데, 히브리어 '라함'은 '다수'(多數)를 뜻한다.
** '사래'는 '우두머리' 또는 '다투다'를 뜻하는 히브리어 '사라이'에서 나온 이름인데, '사라'는 히브리어로 본디 '왕후', '귀부인'을 뜻한다. 그런데 하나님이 그녀의 이름을 바꿔 준 후 "내가 그[사라]에게 복을 주어 그를 여러 민족의 어머니가 되게 하리니 민족의 여러 왕이 그에게서 나리라"(창세기 17:16)라고 계시했기 때문에, '사라'라는 이름은 "여러 민족의 어머니"라는 의미를 갖게 되었다.

32:28)˙ 역시 그들에게 주어질 새로운 신분이나 삶의 목적을 나타내지요.

이처럼 고대사회에서 이름이 지닌 특별한 의미를 독일의 구약학자 발터 아이히로트 Walther Eichrodt, 1890-1978는 다음과 같이 요약했습니다.

> 고대인들에게 이름은 단순히 어떤 사람을 가리키는 수단이 아니라 그 사람의 존재 자체와 가장 밀접하게 관련되어 있기 때문에 이름은 사실상 일종의 **또 다른 자기**alter ego˙˙가 될 수 있었다.²

하나님의 이름도 예외가 아니었습니다. 하나님이 무엇인지 알려면 "하나님이 어떤 식으로 이름 불러지는지를 고찰해야 한다"는 토마스 아퀴나스의 말이 그래서 나온 겁니다. 벨기에 출신의 구약학자 앙드레 라콕 André LaCocque도 같은 맥락에서, "그러므로 '[하나님의] 이름이 무엇이냐?'는 질문은 단순히 하나님의 이름을 어떻게 쓰는지 알아보는 데 있지 않고, 이름의 의미가 무엇인지를 알아보는 데 목적이 있다"³고 주장했습니다. 그래서 우리도 하나님이 무엇인가를 알아내기 위해 우선 하나님의 이름에 대해 알아보려고 합니다.

• '야곱'은 '발꿈치'를 뜻하는 히브리어 '아케브'에서 나온 이름으로 쌍둥이 형 에서의 발꿈치를 잡고 태어났다고 해서 붙은 이름이다. 그런 그가 압복강에서 하나님과 만나 밤새 씨름을 하고 '이스라엘'이라는 새 이름을 얻었다. 예전에는 '이스라엘'을 '하나님과 싸워 이긴 자'라고 흔히 해석했지만, 근래에는 보통 '하나님이 힘을 쓴다'라는 의미로 해석한다.
•• 강조체 부분은 원문의 강조다.

구약성서에서 하나님을 가리키는 일반 명칭은 '엘'El입니다. 히브리어 엘은 신약에서는 그리스어 테오스Theos에 해당하는 말이지요. 우리말 가톨릭 성서에는 '하느님'으로, 프로테스탄트 성서에는 '하나님'이라는 이름으로 등장합니다. 하지만 이런 구분은 서양문명을 이해하는 코드로서 하나님에 관해 인문학적으로 알아보려는 우리의 이야기에서는 전혀 중요하지 않습니다. 따라서 우리는 이 모든 명칭을 하나로 통일해서 '하나님'으로 부르기로 하지요.

엘에서 엘욘Elyon, 엘 샷다이El Shaddai, 엘 올람El Olam, 엘로힘Elohim 등 하나님을 부르는 많은 이름이 파생되었습니다. 엘욘은 '지극히 높으신 하나님'(창세기 14:18; 시편 7:17)이라는 뜻이고, 엘 샷다이는 '전능하신 하나님'(창세기 17:1), 엘 올람은 '영원하신 하나님'(창세기 21:33), 엘로힘은 '하나님의 권능'을 가리키는 엘로아Eloah의 강조복수형으로, 강하고도 높은 '신적 권능 전체'를 나타내는 말로 사용되었지요.[4]

이 이름들은 모두 고대 히브리 사람들이 하나님에게 붙인 명칭입니다. 따라서 그것들은 각각 히브리인들에게 파악된 하나님의 그 '무엇'을 나타내지요. 다시 말해 고대 히브리인들은 자신들의 일상적 또는 종교적 삶에서 하나님을 '강한 자'나 '전능한 자' 또는 '영원한 자'로서 경험했고, 그래서 그렇게 부른 겁니다. 요컨대 이 이름들은 모두 히브리인들이 하나님에게 붙인 명칭일 뿐, 하나님이 자신에 대해 밝힌 이름은 아니지요. 이 때문에 그것들을 통해서는 고대 히브리인들이 경험한 하나님의 그 '무엇'은 알 수 있지만, 하나님이 자신에 대해 밝힌 그 '무엇'에 대해서는 전혀 알아낼 수 없습니다.

이러한 이유에서 우리가 정작 알고 싶은 것은 하나님이 스스로 밝힌 이름이지요. 그런데 구약성서를 보면 공교롭게도 하나님은 자신의 이름을 감추고 알려 주지 않습니다. 예컨대 창세기에서 "당신의 이름을 알려 주소서"라고 청하는 야곱에게 하나님은 "어찌하여 내 이름을 묻느냐?"라고 되물을 뿐 대답은 하지 않지요(창세기 32:29). 또 출애굽기에서 모세에게도 하나님은 "네 조상의 하나님" 또는 "아브라함의 하나님, 이삭의 하나님, 야곱의 하나님"(출애굽기 3:6, 15)이라고만 자신을 밝힐 뿐 정작 이름은 계시하지 않습니다. 이런 까닭에 이사야 선지자는 하나님을 "스스로 숨어 계시는 하나님"(이사야 45:15)이라고도 불렀지요.

대체 하나님은 왜 그랬을까요? 강하고 전능하며 영원한 하나님이 왜 당당히 자신의 이름을 밝히지 못한 것일까요? 성서에는 이에 대한 대답이 전혀 없습니다. 그러니 알 길이 없지요. 하지만 존재론적으로 따져 보면, 그 이유가 단순하고 분명하게 드러납니다. 하나님이 자기 이름을 감춘 것은, 사실인즉 하나님에게는 이름이 없기 때문입니다.

"뭐라고? 하나님에게는 이름이 없다고?" 아마 당신은 이렇게 되묻겠지요. 그렇습니다. 하나님에게는 이름이 없습니다! 이 말이 당신에게는 무척 낯설게 들릴지도 모르지만, 파르메니데스, 플라톤, 플로티노스로 이어지는 존재론 전통에 의하면 만물의 궁극적 근원인 신에게는 이름이 없고 또 당연히 없어야 합니다. 왜일까, 궁금하지요? 이제 그 이유를 알아봅시다.

네가 그분을 파악한다면, 그분은 하나님이 아니다

당신도 이미 알다시피, 세상의 모든 존재물은 '그저' 있는 것이 아니라 '무엇으로' 있습니다. 예컨대 사과는 사과로 있고 책상은 책상으로 있지요. 이때 사과를 사과이게 하는 그 어떤 성질, 책상을 책상이게 하는 그 어떤 성질이 존재론에서 말하는 그것의 본질本質입니다. 그리고 그것의 '있음'이 곧 존재存在이지요. 그렇다면 세상의 모든 존재물은 본질과 존재로 구성되었다고 할 수 있습니다. 다시 말하자면, 세상 만물은 모두 '무엇'이라는 본질을 가짐으로써 비로소 존재하며, 일반적으로 그 '무엇'이 우리가 부르는 그것의 '이름'입니다.

따라서 이름이란 어떤 것을 그것이게끔 하는 본질이 이미 규정되고 한정된 '존재물'에만 붙일 수 있지요. 예를 들어 우리가 어떤 것을 '사과'라고 부르는 것은 그것이 사과이게끔 하는 사과의 본질에 의해 규정되고 한정되었기에 가능하다는 말입니다. 그렇지 않은 것을 사과라고 부른다면 잘못이지요. 많은 사람이 어려워하는 존재론도 사실은 이처럼 아주 단순한 원리에서 시작합니다.

그런데 하나님은 만물의 궁극적 근원이라는 자신의 속성상 그 어떤 것으로도 규정할 수 없는 무규정자無規定者, 그 무엇으로도 한정할 수 없는 무한정자無限定者라야 합니다. 그렇지 않으면 그는 만물의 궁극적 근원이 될 수 없지요. 왜냐고요? 논리적으로 그래요. 설명하자면 이렇습니다.

여기 종이가 한 장 있고 그 위에 벤 다이어그램Venn diagram을 그린다고 생각해 볼까요? 중앙에 동그라미 하나를 그리고 그 한정된 동그라미를 A라고 규정하면 그와 동시에 동그라미 밖은 ~A가 됩니다. 이 경우 A는—설사 그것이 아무리 크다고 하더라도—만물을 포괄하는 궁극적 근거가 될 수 없지요. 만물의 궁극적 근거란 그 어떤 것도 제외하면 안 되는데, A는 이미 ~A를 제외했기 때문입니다.

더 일반적으로 이야기해 볼까요? 우리가 '어떤 것'을 예컨대 '사과'로 규정하고, 그래서 사과라고 이름 붙이면 그 순간 우리는 동시에 '사과가 아닌 것'을 이미 전제한 것입니다. 사과 바깥에 존재하는 다른 어떤 것들을 이미 인정했다는 말이지요. 우리의 사고 체계가 가진 이러한 독특한 논리적 구조 때문에, 설사 '어떤 것'이 예컨대 우주처럼 아무리 크다고 해도 그것을 '우주'(A)라고 규정하고 그렇게 이름 붙이면 우주는 동시에 '우주가 아닌 것'(~A)과 구분되어 최소한 둘 가운데 하나일 뿐, 만물의 궁극적 근원은 될 수 없습니다. 아리스토텔레스는 『자연학』에서 이 말을 다음과 같이 표현했습니다.

> 엄밀한 의미에서 전체^{holon}의 바깥에는 아무것도 없다. 무언가가 빠져 바깥에 있다면 빠진 것이 무엇이든 간에 그것은 전부^{pan}를 포함하는 것이 아니다.[5]

이 원칙은 자연학만이 아니라 형이상학에도 그대로 적용되지요. 따라서 만물의 궁극적 근원인 하나님은 무규정자, 무한정자여야 하며, 당연히 그에게는 그를 규정하거나 한정할 어떤 본질이 따로 없습니다.

그런데 앞에서 밝혔듯이, 어떤 것에게 본질이 없다는 것은 그것을 파악할 수도 없고 그것에 어떤 이름도 붙일 수도 없다는 이야기잖아요? 결국 우리는 하나님을 파악할 수도, 하나님에게 이름을 붙일 수도 없는 겁니다! 안타깝지요. 하지만 2,000년 기독교 역사상 가장 뛰어난 신학자로 평가되는 아우구스티누스Augustinus, 354-430는 다음과 같이 말합니다.

> 네가 하나님을 파악하지 못한다는 것이 뭐 그리 놀라운 일인가? 만일 네가 그분을 파악한다면, 그분은 하나님이 아니다.Qui mirum si non comprehendis? Si enim comprehendis, non est deus.6

그럼에도 하나님의 본질을 파악하고 이름 지어 부르고 싶어 하는 우리의 '안타까운' 열망은 멈추지 않았습니다. 그래서 모세가 하나님을 만나 어렵게, 어렵게 알아낸 이름이 '야훼'YHWH입니다. 이제 곧 자세히 살펴보겠지만, 이 이름이 의미하는 바가 바로 '존재'입니다. 이 말은 만일 하나님에게 본질이 있어야 한다면—따라서 하나님에게도 이름이 있어야 한다면—그것은 오직 '존재'뿐이라는 것을 알려 줍니다. 바로 이것이 다마스쿠스의 요하네스가 "하나님을 가리키는 그 어떤 명칭보다 더 근원적 명칭은 '있는 자'다"7라고 말한 이유이고, 토마스 아퀴나스가 모든 피조물은 본질과 존재가 구분되지만 "하나님의 본질은 그의 존재와 다른 것이 아니다"Quod Dei essentia non est aliud quam suum esse8라고 주장한 까닭입니다. 어때요? 흥미롭지요?

지성도 넘고, 신비도 넘어

서양에서 이러한 흥미로운 생각을 최초로 한 사람은 기원전 6세기경 밀레토스에 살았던 아낙시만드로스[Anaximandros, 기원전 610-546]입니다. 그는 우리가 앞에서 무규정자, 무한정자라고 부른 것을 아페이론[apeiron], 곧 '무한자'라고 불렀고,[9] 그것이 만물의 궁극적 근거이자 신이라고 했습니다.

탈레스[Thales]의 동료이자 최초의 지도地圖 제작자이기도 한 아낙시만드로스가 말하는 아페이론은 우선 시간적으로는 "변화를 통해 형성된 것도 아니고 사라지지도 않으며",[10] "죽음도 쇠퇴도 모르고",[11] 따라서 시작도 끝도 없는 영원한 것이지요. 동시에 공간적으로는 너무나 광대무변하여 크기를 측정할 수 없으며, "만물을 자신 안에 포괄하는"[12] 어떤 것입니다. 요컨대 아페이론은 "신적인 것으로서 만물을 포괄하고 횡단하며 보호하고 조종"[13]하지요. 이렇듯 아낙시만드로스는 아페이론 개념을 통해 시간과 공간, 그 무엇에도 제한을 받지 않는 신의 무한성을 처음으로 규정했습니다.

하지만 아낙시만드로스가 말하는 아페이론은 그것이 아무리 광대무변한 신적인 것이라 할지라도—마치 오늘날 양자물리학자들이 말하는 '소립자의 장[field]'이 그렇듯이—형태만 없을 뿐이지 어디까지나 물질의 속성을 지닌 존재이기 때문에 다분히 자연학적 개념이었습니다. 그런데 이 개념을 형이상학으로 끌어들여 '존재'라고 이름 붙인 사람이 바로 파르메니데스[Parmenides, 기원전 515-?445]였지요. 파르메니데스에게 '존재'는 비물질적 무한자이자 유일자입니다. 그의 잠언에는 아낙시만드로스의 아페이론 교설을 되뇐 다음과 같은 말이 있습니다.

> 존재는 생성되지 않고 소멸되지 않으며,
> 온전한 일자$^{oulon\ mounogenes}$이고 흔들림이 없으며 완결된 것이다.
> 그것은 과거에 있었던 것이 아니고, 미래에 있게 될 것도 아니다.
> 왜냐하면 지금 있으며, 전체가 하나로 연결되어 있기 때문이다.[14]

이 같은 파르메니데스의 존재 개념을, 이후 자신의 존재론 체계 안에서 모든 이데아의 근거인 '일자'一者, to hen 또는 '선 자체'善自體로 정립한 사람이 플라톤이었고,* 그 체계를 종교화한 사람이 플로티노스$^{Plotinos,\ ?205-270}$였습니다.

플라톤과 플로티노스도 '일자'를 신이라고 불렀는데, 그들이 말하는 일자는 규정할 수 없는 것이기에 모든 규정할 수 있는 것들의 바닥에 깔린 심연이며, 한정할 수 없는 것이기에 모든 한정할 수 있는 것의 바탕이지요. 당연히 일자는 어떤 존재물이 아니고 그 일자에게는 이름이 없습니다. 이에 대해 에티엔 질송은 이러한 철학적 설명을 덧붙였습니다.

• 4권 『하나님은 유일한가』의 1장 가운데 '플라톤의 일자'를 보라.

이 점은 심지어 일자 자체까지 없는 것은 아닐지라도, 일자에 대한 이름이 왜 없는가에 대한 정확한 이유다. 우리가 그것에 어떤 이름을 부여하든지 우리는 하나의 어떤 그것으로서의 일자에 관해 말하지 않을 수 없다. 그런데 일자는 하나의 그것It도, 그분He도 아니다. 왜냐하면 일자는 하나의 사물이 아니기 때문이다.[15]

같은 말을 독일의 현대신학자 에버하르트 융엘Eberhard Jüngel은 "하나님의 본질은 우리가 그에 관하여 말하고 부를 수 있는 모든 것 위에 있기 때문에 하나님은 모든 명칭 위에 머물러 있다"[16]라고, 보다 종교적으로 표현했지요. 이에 대해 당신도 잘 아는 독일의 문호 괴테는 걸작 『파우스트』에서 다음과 같이 문학적으로, 그러나 다분히 존재론적 언어로 묘사했습니다.

> 누가 하나님에게 이름을 붙일 수 있겠소?
> 누가 고백할 수 있겠소,
> 나는 그를 믿는다고!
> 마음속으로 느낀다고 해서
> 누가 감히 발설할 수 있겠소,
> 나는 하나님을 믿지 않는다고!
> 만물을 포괄하는 자,
> 만물을 보존하는 자,
> 그는 당신을, 나를, 그리고 자기 자신을

포괄하고 보존하고 있지 않소?[17]

어쨌든 이런 이유에서 하나님에게는 이름이 없고 또 당연히 없어야 합니다. 그런데—매우 놀랍지만 한편으로는 무척 다행스럽게도—구약성서에는 하나님이 스스로 자신의 이름을 밝힌 곳이 있습니다. 출애굽기 3장 14절입니다. 불가능한 것을 가능하게 했다는 뜻에서 실로 기적과 같은 이 특별한 사건을 아이히로트는 다음과 같이 해석했습니다.

스스로 자신에게 이름을 부여한 행위를 통해 하나님은 정의될 수 있는, 구별되는 개체로서 묘사되는 것을 스스로 선택했다. 이런 식으로 이스라엘의 신앙은 추상적인 신 개념과 무명의 '존재 근거'에 맞섰다. [그로써] 하나님을 지성주의나 신비주의로 잘못 이해하는 것들은 거부되었다.[18]

이게 무슨 뜻일까요? 이름을 붙일 수 없는 하나님이 스스로 자기 이름을 만들어 알린 것은, 예컨대 "지극히 높으신 하나님"(창세기 14:18; 시편 7:17)과 같이 추상적 신으로 표현하는 지성주의나 "스스로 숨어 계시는 하나님"(이사야 45:15)과 같이 이름 없는 신으로 나타내는 신비주의 같은 잘못된 신앙으로부터 자기 백성을 구하려는 일종의 은총이라는 말입니다. 멋진 해석이지요. 하지만—그리스도인이 아닌 일반인의 눈으로—사건의 전후 정황만 따져 보면, 하나님이 자기 이름을 계시한 것은 스스로 원해서 그런 것이라기보다는 마지못해 그런 것입니다. 무슨 엉뚱한 소리냐고요? 사연인즉 이러했습니다.

약삭빠른 계산, 놀라운 결과

구약성서에 의하면, 기원전 1700년경 가나안 땅에는 오랫동안 흉년이 들었습니다. 아브라함의 후손인 야곱과 그의 족속이 가나안 땅의 기근을 피해 이집트로 이주해 간 것이 이때였지요(창세기 46:7). 죽은 줄로만 알았던, 야곱의 아들 요셉이 그들을 초청했기 때문입니다. 요셉은 당시 이집트의 전권을 손에 쥔 총독이 되어 있었지요. 탁월한 위기관리 능력을 발휘해 온 국민의 신망을 얻고 있었던 터라 요셉은 자기 가족을 모두 초청할 수 있었습니다.

그렇다고 해도, 이때 이집트로 이주한 이스라엘 족속의 수효가 그리 많지는 않았습니다. 요셉과 그의 두 아들까지 포함해서 남자만 정확히 70명이었지요(창세기 46:27). 그들은 요셉 덕에 파라오를 예견하고 정착지를 제공받았습니다(창세기 47:11). 이후 야곱이 죽고 뒤이어 요셉마저 죽으면서 창세기가 끝나는데요, 이때가 대략 기원전 1650년입니다.

이어지는 출애굽기는 요셉과 그의 형제들이 모두 죽고 약 400년이 지난 다음에 시작합니다. 성서는 이때 이스라엘 족속이 자식을 많이 낳고 번성하여 무섭게 불어났다고 기록합니다(출애굽기 1:7). 그러자 요셉을 모르는 새로운 파라오들은 이스라엘 족속의 번창을 두려워하며 차츰 경계하지요. 그들은 이스라엘 족속을 차별해 노예화하기 시작했고, 날이 갈수록 더욱더 혹독하게 다루었습니다(출애굽기 1:14).

이즈음에 나타난 인물이 모세입니다. 모세의 출생과 사망 연대는 정확히 알 수 없습니다. 그동안은 일반적으로 기원전 1479-1425년경에 이집트를 통치한 투트모세 3세 때 태어나 살았던 것으로 보았지요. 그러나 성서고고학의 발달과 함께 여러 가지 새로운 증거가 나타나면서, 요즈음에는 그보다 훨씬 늦은 시기인 기원전 1350-1250년경에 살았던 것으로 보는 견해가 지배적입니다. 어쨌든 모세가 이스라엘 족속이 이집트에서 억압받던 시절에 태어난 건 분명합니다.

이때 이스라엘 족속의 번성을 염려한 파라오가 히브리 여인이 남자아이를 낳으면 강물에 던지라는 명령을 내렸습니다. 그 파라오가 람세스 2세였다고 보는 것이 일반적입니다. 그래서 모세는 태어나자마자 강물에 던져졌지요. 하지만 파라오의 딸이 이 아이를 건져 모세라 이름 짓고 길렀습니다(출애굽기 1:13-2:6). 히브리어 '모세'Mosheh는 '물에서 이끌어 낸 이'라는 뜻입니다(출애굽기 2:10). 이 아이가 자라 히브리인들을 이집트에서 다시 이끌고 나옵니다.

모세는 이집트 왕궁에서 다른 왕자들과 함께 훌륭한 교육을 받고 자랐습니다. 그러나 마흔 살이 되었을 때 자기 동족을 괴롭히는 이집트인을 죽이고 이집트를 떠나 미디안 광야로 도망갔습니다. 그러고는 그곳의 한 제사장 딸과 결혼해 그 후 40년을 양치기로 살지요. 그러던 어느 날 모세는 호렙산에서 불타는 떨기나무 가운데 나타난 하나님을 만나 히브리인들을 이집트에서 구해 내라는 명령을 받습니다(출애굽기 3:1-10).

하지만 모세는 그 일이 도통 내키지 않았지요. 그래서 굳이 자기를 이집트로 보내려는 하나님에게 다소 불손한 의도를 감춘 채 이런 질문을 던집니다. "내가 이스라엘 자손에게 가서 너희 조상의 하나님이 나를 보내셨다 하면 그들이 내게 묻기를 그의 이름이 무엇이냐 하리니 내가 무엇이라고 그들에게 말하리이까"(출애굽기 3:13). 하나님이 자기에게 맡기려는 사역을 빌미로 하나님의 이름을 물은 것입니다.

모세는 하나님이 자기 이름을 밝히지 않는다는 것을 이미 잘 알고 있었습니다. 그래서 그는 속으로, 하나님은 어쨌든 자기 이름을 밝히지 않을 것이고 그렇다면 더는 이집트로 가라는 소리도 못할 것이라는 약삭빠른 계산을 한 겁니다. 요컨대 그의 이 질문은 하나님에게 이름을 밝히든지 아니면 자기를 이집트로 보내는 명을 거두든지 간에 양자택일하라는 뜻이었지요. 그런데 뜻밖에도 하나님이 선뜻 자기 이름을 밝힌 겁니다. "에흐예 아세르 에흐예"ehyeh asher ehyeh라고 말이지요(출애굽기 3:14).

알고 보면 참으로 놀라운 뜻이 담긴 하나님의 대답, "에흐예 아세르 에흐예"는 그리스어로 된 최초의 구약성서 '70인역'*에서는 "나는 있는 자다"라고 번역되었습니다. 탁월한 번역이지요. 그러나 유감스럽게도 이때 존재와 존재물이 혼동될 수 있는—즉 존재가 곧 실체라

---

* '70인역'은 '70인의 장로들에 의한 해석'(Interpretatio secundum septuaginta seniores)의 약자로, 프톨레마이오스 왕조의 전성기를 이끈 프톨레마이오스 2세(Ptolemaios II, 기원전 285-246 재위)가 팔레스타인에서 이스라엘 각 지파당 6명씩 도합 72명의 장로를 초빙해서 유대인 율법을 그리스어로 번역하여 만든 구약성서다.

는˙―그리스 철학적 요소가 본의 아니게 스며들어 히브리어 표현의 근본적 의미를 변질시키는 계기가 되었습니다.[19] 단순히 '있음'을 나타내는 히브리어 '에흐예'가 '있는 자'라고 번역됨으로써, 하나님이 마치 하나의 존재물 같은 의미를 갖게 되었다는 말이지요.

모든 시원이 그렇듯, 출발에서 벌어진 미세한 틈새가 나중에는 돌이킬 수 없는 간격을 낳는 법입니다. 더구나 70인역은 후일 신약성서 저자들 대부분이 사용한 성서였고, 초기 기독교 사상가들이 맨 처음 알았던 경전이었기 때문에 그 영향이 더욱 지대했습니다.˙˙

하나님은 하늘에 있고, 너는 땅 위에 있다

고대와 중세는 물론이고 오늘날에 이르기까지 기독교 신학자들은 70인역에 기록된 "나는 있는 자다"라는 번역문을 근거로 하나님을 '있는

---

* 그리스 철학에서는 존재(to on, einai)가 곧 실체(ousia)다. 예컨대 플라톤의 존재인 이데아(idea)와 아리스토텔레스의 존재인 형상(eidos)은 개개의 사물들에게 그것을 그것이게끔 하는 그것의 '본질'을 부여함으로써 실제로 '존재'하게 하는 실체다. 그래서 플라톤·아리스토텔레스 이후 그리스 철학에서 존재라는 개념에는 항상 본질이 붙어 다니며, 그 결과 본질과 존재가 함께 있는 존재물과 혼동될 여지가 생겼다. 그러나 하나님은 존재한다는 점에서는 존재물과 같지만, 본질을 갖지 않는다는 점에서는 그와 다르다. 토마스 아퀴나스가 하나님을 단순히 존재라고 하지 않고 '존재 자체'(ipsum esse)라고 구분해서 부른 것은 그런 이유에서다.
** 기독교 교리(Chiristian Dogma)란 다른 이교도들의 사상과 내부 이단의 주장으로부터 기독교를 구별하려는 주장으로 이해할 수 있다. 따라서 교리는 그 발생부터가 이미 배타적이거나 방어적인 성격을 띤다. 이에 비해 기독교 사상(Christian Thought)이란 기독교 교리보다 폭넓은 의미로서 기독교적 삶의 표현으로 받아들여 온 모든 사상과 다양한 주장을 의미하며, 여기에는 신학과 교리의 발생·인정·진행 과정이 내포되어 있다.

자' 또는 '스스로 있는 자'라고 즐겨 해석하곤 합니다. 우리말 성서가 그것을 "나는 스스로 있는 자니라"(출애굽기 3:14)라고 번역한 것도 이 때문이지요. 그러나 그것은 70인역을 시원으로 해서, 이후 그리스 철학의 영향을 받은 기독교 신학자들, 예컨대 오리게네스, 아우구스티누스, 안셀무스, 특히 토마스 아퀴나스가 신학적으로 정리한 개념입니다.*

그런데 앞서 밝혔듯이 '있는 자'라는 말에는 '강한 자' 또는 '전능한 자'라는 말처럼 하나님이 하나의 '존재물'인 것처럼 오해될 소지가 알게 모르게 들어 있습니다. 그러나 고대 히브리 사람에게 "에흐예 아세르 에흐예"라는 말이 가진 의미의 핵심은 단순히 '나는 있다' 또는 '나는 (나로) 있다'라는 것이었습니다.** 요컨대 하나님은 이 말을 통해 자신이 '존재물'이 아니라 '존재'임을 알린 것이지요. 따라서 "에흐예 아세르 에흐예"라는 하나님의 자기계시를 히브리 원어가 가진

- * 그 과정에서 단순히 '있음'을 나타내는 히브리어 '하야'(hyh)의 의미론이 존재(to on)와 연관된 그리스어 '에이나이'(einai)의 의미론으로 연결되었고, 다시금 보다 실체에 가까운 라틴어 '에세'(esse)의 의미론으로 변천하는 일이 일어났다.
- ** 히브리어 "에흐예 아세르 에흐예"(ehyeh asher ehyeh)는 많은 상상력을 불러일으키는 말로, 이에 대한 해석은 학자마다 다르다. 70인역의 해석 외에도, '나는 나다'처럼 자신의 이름을 여전히 감추는 하나님을 강조하는 해석(예: O. Eissfeldt, B. Couroyer), '나는 창조물들을 창조하는 자다'처럼 하나님의 창조성을 강조하는 해석(예: W. F. Albright), '나는 미래의 나를 보여 줄 자로서 나다'라고 하나님의 활동성과 영원성을 강조하는 해석(예: H. Gese), 또 '내가 너와 함께 있을 것이다'처럼 하나님의 인격성을 강조하는 해석(예: M. Buber)이 그 대표적 예들이다. 이들은 모두 하나님의 자기 이름 계시가—그것이 무명성이든, 창조성이든, 영원성이든, 인격성이든—그의 어떤 성격(본질)을 나타낸다는 데 초점을 맞추고 있다. 오직 70인역만이 하나님의 이름이 곧바로 그의 존재를 계시한다고 본 것이다.

의미에 좀더 가깝게 번역하자면 '나는 있는 자다'가 아니라 '나는 있음이다'여야 하고, 설사 철학 용어를 사용한다고 해도 '나는 존재자다'가 아니라 '나는 존재다'가 되어야 합니다.'

성서에 '여호와'Jehovah로 표기되는 '야훼'YHWH라는 '네 철자 이름'이 바로 이 문장 "에흐예 아세르 에흐예"와 관련됩니다. 모세에게 '나는 존재다'라고 밝힌 직후 하나님은 야훼가 자신의 "영원한 이름"이며 "칭호"(출애굽기 3:15)라고 선포했지요. 구약학자들에 의하면, 구약성서에 6,823회나 쓰인 '야훼'에 대한 가장 일반적이고도 자연스러운 해석은 '그는 있다'He is, '그는 존재한다'He exists, 또는 '그는 현존한다'He is present입니다.[20]

그렇다면 야훼도, 엄밀히 말해 우리가 사용하는 의미에서의 이름은 아닌 것이지요. 그렇다면 하나님은 이름을 묻는 모세에게 그의 '이름'을 계시한 것이 아니라, 단지 자신의 '존재'와 '현현'을 계시한 것입니다. 그래서 독일의 신학자 하르트무트 게제Hartmut Gese도 야훼라는 이름을 통해 "하나님은 그 자신을 어떤 본질로 나타내지 않고 자신을 직접 보이신"[21] 것이라고 주장했지요. 그도 당연한 것이, 앞에

- 이러한 해석에는 "나는 있는 자다"라는 70인역을 따라 하나님의 존재와 자기현현(스스로 나타냄)의 성격은 살리되, '있는 자'라는 용어 안에 잠재된 그리스 철학적 요소, 곧 존재물로 오인될 위험은 제거하자는 뜻이 들어 있다. 한마디로 하나님은 그 어떤 '무엇'으로 있지 않고 '그저' 또는 '그저 그로' 있다는 것이다. 이렇게 해석해야만 히브리어 원어에도 합당할 뿐 아니라, 기독교 신학에도 적합하다. 그래야만 하나님은 그 어떤 본질에도 제한을 받지 않는다는 무규정성, 무제약성이 드러나며, 또한 하나님이 가진 절대적 독립성, 궁극적 포괄성, 유일성 등이 보존되기 때문이다.

서 말했듯이 이름이란 본디 '존재'가 아니라 '존재물'에게 속한 것인데, 하나님은 그 어떤 존재물이 아니기 때문입니다. 그런데도 어쨌든 하나님이 자신의 존재를 야훼라는 이름으로 계시했기 때문에, 하나님은 이름을 갖게 되었고—좋든 싫든—우리에게는 하나님이 하나의 존재물처럼 인식되는 부당한 일이 불가피하게 일어난 것입니다.

내 손을 그 옆구리에 넣어 보지 않고는

18세기 영국 시인인 크리스토퍼 스마트 Christopher Smart, 1722-1771 의 "다윗에게 부치는 노래"에는 하나님이 모세에게 자신의 이름을 알리는 장면이 다음과 같이 묘사되어 있지요.

이 사람은 하나님을 노래했다, 만물의 크나큰 근원
모든 힘의 원동력
그 놀라운 힘을.
하나님의 오른손에서 나와 하나님의 눈앞에서
시대가 시작되고 권력이 지배되고
계획하는 바가 이뤄지나니.
야훼는 모세에게 말씀하셨다.
'내가 있다'고 그들에게 말하라고.
대지는 듣고 두려워하고
위에서나 아래에서나 주위에서나 대답했다.
마음속까지 감동하여 오직 소리도 없이

"오오, 주여 스스로 계신 분이여" 하고.[22]

종교시이면서도 18세기 영국시의 최대 걸작으로 꼽히는 이 시를 ─우리의 이야기와 연관해서─ 살펴보면 매우 흥미롭습니다. 이 시에서 하나님은 모세에게 "내가 있다"라고 자신의 '존재'를 알립니다. 그런데도 시인은, 분명 모세도 포함되었을 만물이 하나님을 "오오, 주여 스스로 계신 분이여"라고 의인화하여 부르는 것으로 묘사함으로써, 하나님이 다분히 하나의 '존재물'로 오해되도록 표현했지요. 시인이 의도적으로 그렇게 표현했는지 아니면 우연이었는지는 알 수 없습니다. 어쨌든 실제로는 이런 바람직하지 못한 일, 곧 하나님은 자신을 존재로서 계시하고 우리는 그를 존재물로서 이해하는 일이 성서와 신학 사이에서 일어나고 말았지요.

어쩌면 이런 현상이야말로 인간의 한계를 나타내는지도 모릅니다. 그러니까 이건 우리로서는 영원히 뛰어넘기 어려운 벽인지도 모른다는 겁니다. "인간 정신은 그가 적당한 개념을 설정할 수 없는 실체 앞에서는 망설여지는 법이다"라는 질송의 말처럼, 보이지 않고 사고할 수도 없으며 이름조차 부를 수 없는 대상 앞에서 우리의 이성은 절망할 수밖에 없기 때문이지요.

알고 보면 바로 이것이 우리가 부단히 '존재'를 망각하고 '존재물'에 집착하게 되는 근본적 이유이며, '하나님'에게서 돌아서서 '세상'으로 향하게 되는 원초적 까닭인 것입니다. "내가 그 손의 못 자국을 보며 내 손가락을 그 못 자국에 넣으며 내 손을 그 옆구리에 넣어 보지 않고는 믿지 아니하겠노라"(요한복음 20:25)라고 말한 '의심 많은 도마'의 애달픈 고백을 보세요. 도마에게서 우리는 볼 수도 없고 만질 수도 없는 존재보다는 볼 수도 있고 만질 수도 있는 존재물을, 다시 말해 하나님보다는 세상을 더 믿고 의지할 수밖에 없는 우리 자신의 가련한 모습을 언제나 반복해서 확인할 수 있습니다. 기독교에서는 이 같은 우리의 성향을 죄성罪性이라고 부르지만, 아, 우리는 얼마나 자주, 또 얼마나 간절히 "내 손을 그 옆구리에" 넣어 보고 싶어 하는지요! 나는 그런데, 당신은 그렇지 않은가요?

그 사이에 눈얼음 계곡이 있다

"에흐예 아세르 에흐예"라는 하나님의 대답은 그것이 우리가 통상적으로 생각하는 이름이 아닌데도 불구하고—또는 아니기 때문에—하나님과 관련된 가장 뚜렷하고 중요한 정보를 담고 있습니다. 그래서 라콕과 같은 신학자들은 이 말을 "계시 중의 계시"[23]라고 드높입니다.

"아니 뭐라고? 그 간단한 문장이 계시 중의 계시라고? 정말? 만일 신학자들의 말이 맞다면, 거기에 담긴 '중요한 정보'란 대체 뭐란 말인가?" 혹, 이런 의문이 생기지 않나요? 누구나 품을 만한 이런 의문들에 대한 답을 찾으려면 사람들이 흔히 간과하는 논리적 추론 하나를 놓치지 말아야 합니다. 그것은 이름을 묻는 질문에 "나는 존재다"라고 대답한 이가 진정으로 의도한 바가 무엇이냐 하는 것이지요.

일반적으로 생각해 볼까요? 우리가 보통 자신의 이름이나 지위를 묻는 상대에게 '나는 무엇(A)이다'라고 대답하는 것은 '너는 그 무엇(A)이 아니다'라는 전제를 갖습니다. 그래야만 적합한 대답이 되기 때문이지요. 예를 들어 "당신 누구요?"라는 질문을 한 사람에게 "나는 사람이오"라는 대답은 적합하지 않습니다. 질문자 역시 사람이니까요. 따라서 이 질문에 합당한 대답은 최소한 "나는 한국 사람이오"처럼 질문자와 뭔가 구분되는 것이어야 합니다. 물론 이때 질문자는 한국 사람이 아니어야 하고요.

하나님이 모세에게 자신을 밝힌 경우도 이와 마찬가지로 이해되어야 합니다. 이름을 묻는 모세의 질문에 하나님이 "나는 존재다"라고 한 대답에는 '너는 존재가 아니다'라는 의미가 함축되어 있습니다. 즉 "너는 흙이니 흙으로 돌아갈"(창세기 3:19) 존재물이라는 것입니다. 이것이 "에흐예 아세르 에흐예"라는 하나님의 대답이 가진 진정한 의미입니다! 하나님을 '존재'로 그리고 인간을 '존재물'로 파악한 것, 바로 이것이 모세가 이룬 신 개념의 핵심이라는 말입니다. 또한 바로 이것이 "에흐예 아세르 에흐예"라는 하나님의 대답을 신학자들이 "계시 중의 계시"라고 높이 평가하는 이유이기도 하지요.

히브리 선지자와 예언자들이 입을 모아 "모든 육체는 풀이요 그의 모든 아름다움은 들의 꽃과 같으니…풀은 마르고 꽃은 시드나 우리 하나님의 말씀은 영원히 서리라"(이사야 40:6, 8)라고 한 하나님과 인간의 구분이 모두 여기서 나왔습니다. '거룩하다'는 뜻의 히브리어 '카도쉬'qadosch는 본디 '갈라서다' 또는 '분리되다'라는 뜻을 갖고 있지요. 거기에는 하나님은 거룩한 '존재'이고, 인간을 포함한 그 밖의 만물은 거룩하지 않은 '존재물'로서 하나님과 갈라서 있다는 의미가 들어 있습니다. 토마스 아퀴나스가 하나님을 단순히 '존재'라고 부르지 않고 '존재 자체'$^{\text{ipsum esse}}$라는 용어로 표현했을 때도 바로 이런 구분을 염두에 둔 것이지요. 요컨대 "하나님은 존재물일 수 없다"$^{\text{Quod impossibile est Deum esse corpus}}$[24]는 이야기입니다.

이런 관점에서 보면, 모세는 서양철학에서 존재론의 기반을 닦은 그리스인 파르메니데스보다 적어도 700년이나 일찍 존재와 존재물을 확연히 구분한 인류 최초의 '존재철학자'였습니다. 그가 '존재'로 정립한 하나님에 관한 사유들이 키르케고르나 하이데거와 같은 현대철학자들이 다룬 인간의 실존 문제까지 천착한다는 점을 평가한다면, 실로 '탁월한' 존재철학자라고 해야겠지요.

그로부터 3,000년쯤 지나 덴마크의 철학자 쇠렌 키르케고르$^{\text{Søren A. Kierkegaard, 1813-1855}}$는 일찍이 모세가 구분한 존재와 존재물 사이의 엄연한 차이를 "하나님과 인간 사이의 절대적 상이성" 또는 "시간과 영원의 무한한 질적 차이"라고 표현했습니다. 그리고 그것을 자신의 실존철학을 쌓아 올리는 초석으로 삼았지요. 또한 현대신학자 칼 바르트$^{\text{Karl Barth, 1886-1968}}$는 같은 말을 "하나님은 하늘에 있고 너는 땅 위에 있다"라고 선포하고, 그 사이에는 도저히 건널 수 없는 "눈얼음 계곡", "극지역"^{極地域}, "황폐지대"가 놓여 있다고 비유했습니다.[25] 그리고 그 역시 이를 자신의 초기 신학이 발 디딜 기반으로 삼았지요. 같은 맥락에서 바르트는 하나님을 다음과 같이 묘사하기도 했습니다.

모든 인간적인 것에 무한한 질적 차이로 대립하고 있으며 우리가 신이라고 부르고 알고 체험하고 경배하는 것과 결코 일치하지 않는 (분), 모든 인간적 불안정에 대한 무조건적 정지! 모든 인간적 안정에 대한 무조건적 정지! 우리의 부정 속의 긍정! 우리의 긍정 속의 부정! 처음 그리고 나중, 그 자체로서 알려지지 않은 분, 결코 우리에게 알려진 여러 것 가운데 큰 것이 아닌 분, 주, 창조자, 구원자 하나님―살아 계시는 하나님이다.[26]

한마디로 인간과는 전혀 달라 인간으로서는 상상조차 할 수 없는 존재라는 말입니다. 당연히 하나님은 세상의 모든 존재물이 존재하는 것과 같은 의미로 존재하지도 않지요. 하나님은 '무엇'으로 존재하지 않고 '그저' 존재합니다. 어디에 존재하지 않고 어디에나 존재하지요. 언제 존재하지 않고 언제나 존재합니다. 따라서 엄밀하게 말하면 하나님에게는 우리가 사용하는 '…는 존재한다'라는 술어를 사용할 수 없습니다. 이 술어는 우리가 '사과'나 '책상'과 같은 존재물들에 사용하는 말인데, 하나님은 전혀 그런 방식으로 존재하지 않기 때문입니다.

바로 이 같은 의미에서 현대신학자 파울 틸리히는 "하나님의 실존 문제는 물어질 수도 대답될 수도 없다. 만일 물어진다면, 그 성질상 실존을 초월한 것에 대한 물음이며, 그렇기 때문에 그 대답은―부정이건 긍정이건―하나님의 성질을 몰래 부정한다. 하나님의 존재를 부정하는 것이 무신론인 것처럼 긍정하는 것도 무신론이다"

라고 단언했습니다. 놀라운 말이지요? 왜 이렇게 말했을까요? 틸리히가 제시한 이유는 다음과 같습니다.

> 하나님의 존재는 존재 자체다. 하나님의 존재는 다른 것들과 나란히 있는, 또는 다른 것들의 위에 있는, 한 존재의 실존으로 이해될 수 없다. 만일 하나님이 '한' 존재^{a being}라면 하나님은 유한성 특히 공간과 실체의 범주에 속한다. 비록 하나님이 가장 완전하거나 가장 힘 있는 존재라는 의미로 가장 높은 자라고 불린다고 해도 이 같은 상황은 변하지 않는다.[27]

정리할까요? 하나님은 강하고 전능하고 영원하지만 어떤 하나의 존재물이 아니기 때문에, 존재물들 가운데 '가장 강한 자', '가장 능력 있는 자', '가장 지속적인 자', 곧 '최고의 존재물'은 결코 아닙니다. 만물의 궁극적 근거로서 무규정자이자 무한정자이며, 원칙적으로는 이름조차 붙일 수 없는 대상인 하나님은 그가 모세에게 스스로 밝힌 대로 단지 '존재'이지요.

그렇다면 도대체 '존재'란 무엇일까요? '존재물'과는 과연 어떻게 또 얼마나 다르며, 이들은 서로 어떤 관계를 맺고 있을까요? 매우 평범한 질문인 것 같지만, 신구약성서에서 자신을 계시한 하나님을 이해하는 데 가장 근본적이고도 중요한 내용이 모두 여기에 포함됩니다. 이에 대한 이해 없이는 기독교에서 말하는 하나님과 그 계시들을 결코 올바로 이해할 수 없지요. 이제 차츰 확인하겠지만, 이에 기초한 서양문명을 전혀 이해할 수 없는 것도 물론입니다.

그럼 지금부터 존재란 도대체 무엇인지 좀더 자세히 알아볼까요? 편의상 그리스적(또는 철학적) 존재 개념과 히브리적(또는 종교적) 존재 개념으로 나누어 살펴보려고 합니다. 왜냐하면 앞에서 이미 밝혔듯이, 기독교에서 말하는 하나님이라는 개념은 이 두 존재 개념이 조화롭게 융합한 결과물이기 때문입니다.

여기서 한 가지 조심스레 제안을 하고 싶습니다. 토마스 아퀴나스와 마찬가지로 우리도 이젠 하나님이 스스로 자신을 계시한 이름에 근거해서 하나님을 '존재'로 이해하게 되었습니다. 따라서 이후부터 우리의 이야기에서 '존재'라는 말이 나올 때는—늘 그러라는 것은 아니지만, 특히 명사로 사용되었을 경우에는—그곳에 '하나님'이라는 말을 대입해서 이중적 의미로 생각해 보았으면 합니다. 거꾸로 '하나님'이라는 용어가 나오면 '존재'라는 용어로 바꾸어서 생각해 보기를 권합니다. 그러면 앞으로 전개될 우리들의 이야기를 훨씬 풍성하게 이해할 수 있을 것입니다.

예컨대 '존재는 불변한다'라는 (존재론적) 문장은 '하나님은 불변한다'라는 (기독교적) 문장과 함께, '존재는 진리의 근거다'라는 말은 '하나님은 진리의 근거다'라는 말과 함께 이해해 보길 바랍니다. 마찬가지로 '하나님은 창조주다'라는 문장에서는 '존재는 창조주다'라는 문장을, '하나님은 유일하다'라는 말에서는 '존재는 유일하다'라는 말을 떠올려 보라는 것이지요. 왜냐하면 그리스 철학을 받아들여 기독교 교리를 정립한 초기 기독교 사상가들이 바로 이 같은 방법—즉 '하나님'을 '존재'로 그리고 '존재'를 '하나님'으로 이해하고 설명하는 방식—을 사용했고 이후 기독교 신학이 그것을 계승했기 때문입니다. 물론 '존재하다'나 '존재하는'과 같이 동사나 형용사로 쓰인 경우, 그리고 문맥상 또는 관습상 전혀 다른 의미로 쓰인 특별한 경우는 제외하고 말이지요.

그리스인들과 존재

당신도 알다시피, 기원전 5세기쯤 그리스인들은 '세상 모든 존재물의 근거가 되는 것이 무엇일까' 하는 물음으로 철학을 시작했습니다. 그들은 그러한 궁극적 근거를 '아르케'archē라고 불렀지요. 탈레스는 물, 아낙시만드로스는 무한자, 아낙시메네스Anaximenes, 기원전 585-528는 공기가 아르케라고 생각했습니다. 피타고라스는 수와 질서를, 헤라클레이토스Heracleitos, 기원전 535-475는 로고스를 내세웠지요. 그런데 그중에 엘레아 출신 파르메니데스는 만물의 궁극적 요소가 '존재'라고 주장했습니다.

소박하게 생각하면, 다양한 모든 존재물이 근원적으로 가진 공통 요소가 '있음' 곧 그것의 '존재'라는 사실은 의심할 여지가 없습니다. 그러나 이 단순한 생각이 서양철학사를 획기적으로 바꾸어 놓았지요. 파르메니데스는 모든 형이상학적 사변의 근본적 두 주제인 '본질'과 '존재' 중 하나인 존재를 간파함으로써 오늘날 우리가 존재론

ontology이라고 부르는 형이상학metaphysics으로 단번에 뛰어든 것입니다.* 그 덕에 만물의 근거를 탐구하던 아르케에 대한 물음이 자연철학에서 존재론으로 도약할 수 있었던 거지요. 그렇다면 그는 존재라는 말을 어떻게 또는 무엇이라고 이해했을까요?

존재는 불변한다

파르메니데스가 모든 존재물의 궁극적 요소가 '존재'to on, einai라고 주장했을 때 그가 이해한 존재의 속성은 '불변성'이었습니다. 그에게는 불변하는 것만이 존재하며 변하는 것은 존재하지 않지요. 6세기에 살았던 신플라톤주의자인 심플리키오스Simplikios의 『아리스토텔레스의 「자연학」 주석』에 의하면, 파르메니데스는 이 말을 "오직 존재가 있고 비존재는 없다"**라고 표현했습니다.²⁸ 이 말을 그가 전하려

---

* 아리스토텔레스는 이처럼 모든 '존재자들의 존재'(to ti he einai)를 탐구하는 학문을 '제일철학'(philosophia prima)이라 불렀다. 이때 그가 말하는 존재자는 '존재하는 모든 것'으로서 존재물만 뜻하는 게 아니라, 신과 같이 존재물이 아닌 것도 포함한다. 그런데 헬레니즘 시대의 주석가 안드로니코스(Andronichos, 기원전 1세기경)가 아리스토텔레스 사후 그의 저작물들을 편집하는 과정에서, 제일철학 부분을 순서상 자연학 뒤에 놓고 '자연학(physika) 다음에'라는 뜻의 그리스어 '메타 타 피지카'(meta ta physika)라는 이름을 붙였다. 그것이 계기가 되어 우리말로는 형체가 없는 것들에 대해 연구하는 학문이라는 뜻으로 '형이상학'(形而上學)이라고 부르게 되었다. 그런데 1613년 독일의 철학자 루돌프 고클레니우스(Rudolph Goclenius, 1547-1628)가 자신의 『철학사전』에서 전통적 형이상학에서 신(神)에 관한 부분을 제외하고 '존재의 보다 일반적 속성을 탐구하는 이론'이라는 뜻으로 '존재론'(ontologia)이라는 이름을 만들어 붙였다. 근대가 시작하면서 '신학의 시녀'에서 독립한 철학이 독자적 영역을 구축하고자 시도한 것들 가운데 하나였다. 이후 오늘날에는 형이상학이라 하면 일반적으로 '존재론'과 '신론' 두 가지로 나누어 생각한다.
** 원문은 "오직 존재가 있고, 비존재가 없다고 인식하고 말해야 한다"이다.

던 의미 그대로 풀어 쓰면 "오직 변하지 않는 것만 있는 것이고 변하는 것은 없는 것이다"가 되지요. 이 같은 사유가 플라톤과 플로티노스를 거쳐, 후일 기독교 안으로 들어가 "하나님은 불변한다"$^{Quod\ Deus\ est\ immobilis}$[29]라는 선포를 낳았습니다.

또한 파르메니데스는 존재에 대한 인식과 언급만이 진리라고 주장했습니다. 존재는 변하지 않기 때문이라는 것입니다. 이건 무슨 뜻인가요? 어려운 이야기는 아닙니다. 예를 들어 설명해 보지요. 만일 어떤 사물이 붉었다가 이내 푸르게 변했다면, 그것에 대해 "이것은 붉다"라고 인식하거나 언급한 것은 더 이상 진리가 될 수 없지요. 이미 변해 버렸으니까요. 따라서 변하는 존재물들에 대한 인식과 언급은 파르메니데스에게는 당연히 진리가 아니고 '거짓'입니다. 한마디로 정리하자면, 파르메니데스의 생각은 다음과 같이 전개되었습니다. 존재는 변하지 않는 것이고, 변하지 않는 것이 진리다. 그러므로 존재에 대한 인식만이 진리다. 그런데 세상의 모든 존재물은 변한다. 그러므로 존재물들에 대한 모든 인식은 거짓이다. 그는 이런 논리를 바탕으로 "인식과 존재는 동일하다"[30]라고도 주장했지요.

이처럼 '존재'와 '비존재' 그리고 '진리'와 '거짓'을 이분법적으로 날카롭게 구분한 일, 이것이 파르메니데스가 서양철학사에 남긴 공적입니다. 물론 앞에서 이미 밝혔듯이 그의 작업은 모세로부터 적어도 700년이나 뒤진 것이었지만 말입니다. 2세기에 활동한 아카데미아의 철학자이자 전기작가이기도 한 플루타르코스$^{Plutarchos,\ ?46-?125}$의 『콜로테스에 대한 반박』에는 다음과 같은 글이 실려 있습니다.

> 파르메니데스는 두 부류 가운데 어느 쪽도 제거하지 않는다. 일자인 존재에는(영원하고 불멸이라는 이유에서 '존재'라고 불렀고, 자기 자신과 동일하며 차이를 받아들이지 않는다는 점에서 '일자'라고도 불렀는데) 사유되는 것$^{to\ noēton}$을 놓고, 질서 없이 움직이는 부류에는 감각되는 것$^{to\ aisthēton}$을 놓는다.[31]

파르메니데스의 이분법적 사고는 존재론만이 아니라 인식론과 논리학의 터전을 닦은 '시원적 사유'$^{anfängliches\ Denken}$였습니다. 뒤에서 다시 자세히 살펴보겠지만, 예컨대 플라톤이 '온토스 온'$^{ontos\ on}$ 곧 '참으로 있는 것'은 변하지 않는 이데아^{idea}뿐이라고 했을 때도, 이 세상에 있는 모든 존재물은 '참으로 있는 것이 아니라는 것'을 의미했지요. 따라서 플라톤에게도 존재인 이데아에 대한 인식만이 진리고, 존재물들에 대한 인식은 진리가 아닌 '사견'^{doxa}일 뿐입니다.[32]

어디 그뿐인가요. 논리학자들은 오늘날까지 변하지 않고 내려오는 아리스토텔레스의 논리학이 오직 '참'과 '거짓'만을 인정하는 이치 논리$^{two-valued\ logic}$인 것도 파르메니데스의 영향이라고 생각합니다. "있는 것은 있고 없는 것은 없다는 것이다"라는 그의 말에서 기호논리학이 'A=A, ~A=~A'라고 표기하는 동일률이 나왔고, 또 "없는 것을 있다고 하는 것"을 부인하는 그의 말에서 'A≠~A'라는 모순율이 나왔다고 생각하기 때문이지요.* 이런 이유로 플라톤은 파르메니데스를 "가장 존경할 만한 그러나 동시에 두려운 사람"[33]이라고 높여 불렀고, 하이데거는 "철학자들을 능가하는 시인"으로 평가했습니다.

그런데 잠깐! 뭔가 이상하지요? 무엇인가 뒤바뀐 것 같지 않은가요? 세상에 있는 만물들이 사실상 '없는 것'이라니요? 그럴 리가 있나요? 상식적으로 보면 사과나 책상처럼 결국 변화하면서 우리가 보고 만질 수도 있는 '가시적 세계'$^{ho\ horatos\ topos}$가 실제로 있는 것이 아닌가요? '존재'니 '이데아'니 하는 것들처럼 결코 변하지 않고 우리가 단지 정신을 통해서만 알 수 있는 '가지적 세계'$^{ho\ noētos\ topos}$야말로 오히려 실제로는 없는 것이 아닌가요?

그렇습니다! 완전히 뒤바뀌었지요. 하지만 여기서 우리는 현기증나는 이 '뒤바뀜'을 과감하게 받아들여야 합니다. 그러지 않으면 서양철학은 물론 신학조차 이해하기가 아예 불가능해지기 때문입니다. 왜냐고요? 그 이유를 질송은 『존재란 무엇인가』에서 다음과 같이 적절히 설명했습니다.

플라톤에 의해 이렇게 그 실재성이 부정된 것들이 사실상 우리에게는

- "자, 이제 말할 테니, 그대는 이야기(mythos)를 듣고 명심하라. 그리고 인간들에게 전하라. 탐구의 어떤 길이 사유를 위해 있는지를. 첫째, 있는 것은 있고 없는 것은 없다는 것이다. 이것이 믿을 수 있는 길이다. 왜냐하면 이 길은 진리를 따르기 때문이다. 둘째, 없는 것이 있다는 것이나 있을 수밖에 없다는 것이다. 이 길은, 내가 그대에게 지적하겠는데, 전혀 탐구될 수 없다. 왜냐하면 그대는 없는 것에 대해서는 인식할 수도, 말할 수도 없기 때문이다"[Proklos in Tim., 1, p. 345, 18f.f(DK 28 B2)].

바로 현실적 실재의 유형이라면서 그에게 맞서 논쟁하는 것은 어리석은 일일 것이다. 플라톤은 철학자가 되기를 원하는 사람에게 그런 일은 제거되어야 할 기본적 환영이라고 분명하게 말할 것이다.…이런 경우에 만약 우리가 헛되이 플라톤에게서 어떤 대답을 구하고 있다면, 아마도 그것은 우리가 잘못된 질문을 그에게 던지고 있기 때문인 것이다. 그가 '있다는 것'[영원불변하게 있는 것]이 무엇인지를 우리에게 말한 반면, 우리는 그에게 '현존한다는 것'[세상에 가시적으로 있는 것]이 무엇인지를 계속해서 묻고 있는 것이다.[34]•

존재에 대한 플라톤의 이러한 철학적 사변이 후일 신플라톤주의를 통해 기독교 안으로 흘러들었습니다. 아니, 정확히 말하자면 플라톤의 철학이 기독교에서 말하는 '하나님 나라'天國와 이 세상을 구분해 설명하는 데 쓰였습니다. 그래서 그리스도인에게도 진실하고 참된 세상은 우리의 관점에서 현존現存하는 이 세상이 아니라 저 어떤 다른 세상인 '하나님 나라'지요. 곧 플라톤에게 '이데아의 세계'였던 것이 그리스도인에게는 '하나님 나라'입니다. 그곳에서는 모든 것이 영원불변하게 존재하며, 그렇기에 참되다는 것이지요. 반면 우리가 사는 이곳은 끊임없이 변화하며, 그렇기에 헛되다는 것입니다. 어때요?

• 정은해는 이 인용 단락 끝부분을 "…우리는 그에게 '실존한다는 것'이 무엇인지를 계속해서 묻고 있는 것이다"라고 번역했다. 그런데 키르케고르 이후 사르트르, 하이데거, 야스퍼스 같은 20세기 실존주의자들이 '실존'(實存)이라는 용어를 '스스로 선택하고 결단해서 산다'라는 특별한 의미로 사용하기 때문에 혼란을 피하기 위해 '현존'(現存)으로 바꾸었다. 또 [ ] 안의 내용은 이해를 돕기 위해 필자가 추가했다.

그럴듯한가요? 설령 그렇다 해도 수긍하기가 쉽지는 않지요?

하지만 파르메니데스, 플라톤, 플로티노스로 이어져 내려온 이런 사유가 기독교로 흘러들어 왔고, 이후 그것이 서양문명의 기반이 된 것만은 분명합니다. 그 또렷한 흔적을 우리는 파르메니데스 사후 1,700년도 더 지나 태어난 단테의 『신곡』에서도 찾아볼 수 있습니다. 천국에서 단테를 인도하던 아름다운 여인 베아트리체의 영혼은 그에게 다음과 같이 설명합니다.

당신은 이렇게 생각하고 있어요.
"나는 물과 불과 공기와 흙을 본다.
그것들의 혼합물은 모두 썩어 오래가지 못한다.
그렇지만 그것들도 분명 하나님이 지으신 것,
이 말들이 사실이라면
그것들도 썩어서는 안 될 것이다"라고.
하지만 아니랍니다. 들으시오. 천사와 그대가 있는 이곳,
진실한 천국은 지금 있는 그 상태대로
완전한 존재로 창조되었답니다.
그러나 지금 그대가 말한 원소들과
그 혼합물들은 하나님이 창조한
힘에 의해 불완전한 존재로 형성되었지요.[35]

이 시구들은 영원불변한 천상의 세계와 썩어 오래가지 못하는 지

단테 게이브리얼 로세티(Dante Gabriel Rossetti), <천국에서 만난 단테와 베아트리체>, 1853-1854.

상의 세계를 이분법적으로 구분하고, 그 이유를 다분히 신플라톤주의적으로 밝힙니다. 천상세계와 지상세계는 그 출처부터 다르며, 하나는 완전한 존재이지만 다른 하나는 불완전한 존재라는 것이지요.

존재는 진리의 근거다

플라톤의 이데아론은 서양문명을 이해하는 데 매우 유익하고 흥미롭습니다. 파르메니데스의 이론을 계승한 플라톤은 불변하는 실체 ousia인 존재를 '이데아'idea라고 불렀고,* 파르메니데스의 이론을 확장했지요. 플라톤의 주장에 의하면, 개개의 사물 안에는 이데아가 들어 있습니다.** 이 '들어 있음'을 통해 개개의 사물들은 그것을 그것이게끔 하는 그것의 '본질'은 물론, 있음이라는 '존재'를 부여받게 되지요. 그뿐 아니라 자신의 '이름'epōnymia까지 얻습니다.[36] 한마디로 플라톤의 이데아는 사물에 본질과 존재, 그리고 이름을 부여하는 실체입니다. 어떤 사물이 '책상'으로 존재하고 그 이름이 '책상'인 것은 그 사물 안에 '책상의 이데아'가 들어 있기 때문이라는 말이지요. 플라톤은 이를 다음과 같이 표현했습니다.

- 플라톤은 파르메니데스의 존재 개념을 계승했다. 하지만 플라톤이 존재라고 여긴 '이데아'(idea)는 파르메니데스의 존재가 가진 '불변성'과 '진리성'은 갖지만 '일자성'은 갖지 못한다. 다시 말해 이데아는 만물의 궁극적 근원이 아니라는 의미다. 플라톤에게 만물의 궁극적 근거인 일자는 '선의 이데아'다(이에 대해서는 4권 『하나님은 유일한가』의 1장 가운데 '플라톤의 일자'를 보라).
- 플라톤은 이데아가 개별적 사물에 '부분적으로 들어 있는 것', 곧 분여(分與, methexis)를 현전(parousia), 관여(koinōmia), 거주(eneinai) 등으로도 표현했다(참고. 『파이돈』, 100-104).

만일 아름다움 자체auto to kalon 이외에 어떤 아름다운 것이 있다면, 그것은 다름 아닌 아름다움 자체를 부분적으로 갖고 있기 때문이며, 그 밖의 다른 어느 것 때문도 아닌 것이라네. 또한 모든 것이 다 그렇다고 나는 말하겠네.[37]

여기서 플라톤이 말하는 "아름다움 자체"는 '아름다움의 이데아'를 가리킵니다. 따라서 플라톤이 한 말은 세상에 존재하는 모든 아름다운 것은 그 안에 아름다움의 이데아가 부분적으로 들어 있기 때문이며, 이 같은 원리가 세상의 만물에 적용된다는 뜻이지요. 어떤 것이 둥글다면 그 안에 '원의 이데아'가 부분적으로 들어 있어서이고, 어떤 것이 빨갛다면 그 안에 '빨강의 이데아'가 부분적으로 들어 있어서 그렇다는 겁니다. 사실상 이데아는 만물이 '그렇게' 존재하게 하는—곧 플라톤이 나중에 『티마이오스』에서 언급한—창조주dēmiurgos인 셈이지요.

그런데 플라톤의 말 가운데 우리가 주목해서 볼 곳이 있습니다. 바로 "이데아를 부분적으로 갖고 있기 때문이며"라는 대목이지요. 플라톤에 의하면, 이데아는 사물들에 '완전히' 들어 있는 것이 아닙니다. 단지 '부분적으로만' 들어 있지요. 그래서 개개의 사물은 이데아처럼 완전하지도 영원불변하지도 않습니다. 이런 이유로 이데아론을 '분여分與, methexis 이론**'이라고도 부르는데, 그 결과 개개의 사물은

• 'methexis'라는 표현은 이데아 입장에서 볼 때는 '부분적으로 나누어 준다'는 뜻으로 분

본질과 존재가 모두 불완전하지요.

사물의 존재가 불완전하다는 것은 사물들은 이데아처럼 영원할 수 없음을 뜻합니다. 예컨대 세상의 모든 아름다운 것에는 '아름다움의 이데아'가 들어 있지만 단지 부분적으로만 들어 있기 때문에 그것이 영원히 아름답지 않고 일시적으로 아름다울 뿐이며 언젠가는 추해진다는 말입니다.

또 본질이 불완전하다는 것은 이데아가 사물들에 부분적으로 들어 있으며 사물에 따라 '많이 또는 적게' 들어 있다는 것이고, 그래서 같은 종류의 사물들 사이에도 언제나 '더 또는 덜' 같은 질적 차이가 '단계적으로' 생깁니다.[38] 다시 예를 들자면 같은 빨간 옷감들 사이에도 '빨강의 이데아'가 얼마나 들었느냐에 따라 더 빨갛거나 덜 빨가며, 같은 아름다운 여인들 사이에도 '아름다움의 이데아'가 들어 있는 정도에 따라 더 아름답거나 덜 아름답다는 것이지요.

단테는 『신곡』에서 이 같은 플라톤의 분여 이론을 시인의 감성으로 다음과 같이 묘사했습니다.

이러한 수동적 밀랍蜜蠟과 이 밀랍에 형태를
능동적으로 부여하는 작용이 각각 다르기 때문에,
이데아의 각인을 받아 스스로 빛나는 정도에 차이가 있으니

여(分與)가 되지만, 사물들의 입장에서는 '부분적으로 나누어 가진다'는 의미에서 분유(分有)가 되기 때문에 '분유 이론'이라고도 한다.

그 때문에 같은 종류의 나무들이라도
더 좋거나 나쁘거나 하는 열매가 생기고
같은 인간이지만 각기 다른 [선한] 품성을 타고 태어나지요.[39]

그리스 철학이 파르메니데스의 존재 개념이 가진 이분법적 경직성과 한계를 뛰어넘을 수 있었던 것은 순전히 플라톤의 분여 이론이 가진 탁월함 덕분입니다. 플라톤은 파르메니데스를 계승하면서도 질적으로 다양한 현실세계와 가치세계를 설명할 수 있는, 이처럼 유용하고도 흥미로운 이론을 고대사회에 제공한 것입니다. 분여 이론을 통해 사람들은 비로소 자연에 외형적으로 나타나는 질적 차이가 왜 생겼는지, 예컨대 왜 어떤 사물이 다른 사물보다 더 빨갛거나 덜 빨간지를 이해할 수 있게 되었고, 또 인간 세상에 왜 가치의 차이가 있는지, 예컨대 왜 어떤 것이 더 선하거나 덜 선한지를 설명할 수 있게 되었지요.

우리의 이야기와 연관해서 더욱 중요한 것은 플라톤의 분여 이론에 의해서 '존재와 존재물' 간의 차이와 상호관계가 분명해졌다는 점입니다. 존재(이데아)는 단일하고 영원불변하며 존재물(사물)들에게 '본질'과 '존재' 그리고 '이름'을 주는 완전한 자입니다. 그리고 존재물들은 다양하고 일시적이며 끊임없이 변하는 불완전한 자이지요. 그렇기 때문에 존재만이 진리의 근거입니다. 하지만 존재물들도 부분적으로나마 존재를 나누어 가졌기 때문에 이제 더는 파르메니데스의 말처럼 '없는 것'이 아닙니다. 단지 '불완전하게' 있을 뿐이지요. 따라서 그것에 대한 인식이나 언급도 완전히 '거짓'은 아니고 단지 불완전한 지식, 곧 플라톤이 말하는 '사견'^doxa인 것입니다.

그런데 여기서 만일 앞에서 내가 한 제안대로 '존재'라는 말 대신 '하나님'을 넣어 이중적 의미로 생각해 본다면 어떨까요? 그 결과는 대강 다음과 같을 것입니다. 하나님은 단일하고 영원불변하며 우주만물에 '본질'과 '존재' 그리고 '이름'을 주는 완전한 자다. 그리고 우주만물들은 다양하고 일시적이며 끊임없이 변하는 불완전한 자다. 따라서 하나님만이 진리의 근거이며, 우주만물에 대한 지식은 단지 불완전한 지식일 뿐이다.

뭔가 느껴지는 게 있지 않나요? 그렇습니다. 기독교에서 주장하는 내용과 흡사하지요? 초기 기독교 사상가들이 신플라톤주의를 통해 플라톤의 분여 이론을 접했을 때 그들은 아무런 의심의 여지 없이 곧장 이런 식으로 사유했습니다.

오늘날 우리가 보기에는 별로 대단한 것 같지 않을 수도 있습니다. 하지만 플라톤의 분여 이론이 서양문명에 미친 영향은 막대합니다. 엄밀히 말하자면, 지난 2,500년 동안 서양문명 전반에 이보다 더 크고 뚜렷한 족적을 남긴 철학 이론은 없습니다. 이 이론은 현실세계와 가치세계의 다양한 질적 차이를 설명할 수 있게 하는 데 그치지 않고, 한 걸음 더 나아가 '자연의 사다리' 또는 '존재의 사다리'라는 개념으로 발전해서 고대와 중세의 교회제도와 사회제도를 확립하는 데도 결정적 영향을 미쳤습니다. 그럼으로써 사실상 서양문명을 일구고 지탱해 온 등뼈^中樞가 된 것이지요. 무슨 이야기냐고요?

이게 무슨 이야기인지, 이제부터 함께 살펴보지요.

자연의 사다리에서 존재의 사다리로

플라톤은 『국가』에서 자신의 분여 이론을 바탕으로 우리가 인식하는 대상들과 그에 대응하는 우리의 지식들을 각각 네 종류로 구분하고 하나의 선線 위에 차례로 나열해서 일목요연하게 정리했습니다.[40] 보통 '선분의 비유'라고 부르는 그의 설명을 학자들이 인정하는 모범적 해석을 따라 도식으로 그리면 대강 다음과 같습니다.

어쩌면 지금 당신은, 도식이 나오니까 왠지 어렵고 복잡한 것처럼 느껴져 건너뛰고 싶은 심정인지도 모릅니다. 하지만 전혀 그렇지 않

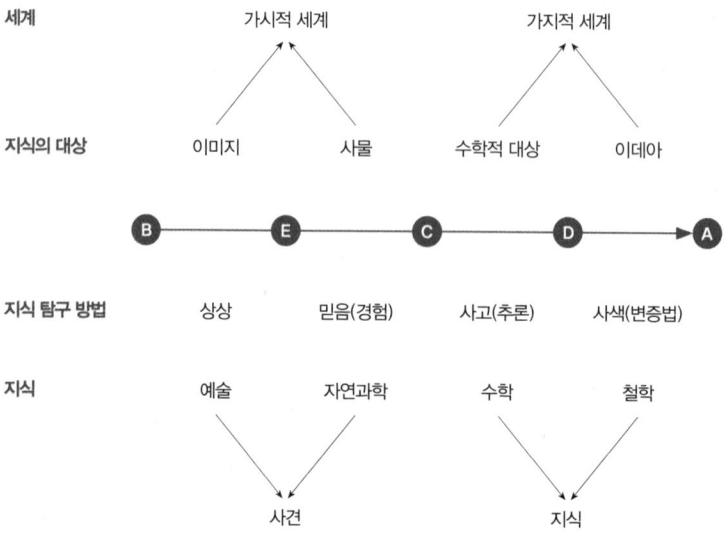

습니다. 알고 보면 어렵거나 복잡하지 않습니다. 이 도식을 이해하는 핵심은 중앙을 가로지르는 '화살표 모양'의 선분線分에 있습니다. 왼쪽에서 오른쪽으로 그어진 이 화살표의 왼쪽 맨 끝에는 수시로 변하는 이미지의 세계, 곧 거짓의 세계가 놓여 있고, 오른쪽 맨 끝에는 영원불변하는 이데아의 세계, 즉 진리의 세계가 놓여 있지요. 그 때문에 이 선분은 왼쪽으로 갈수록 이데아가 더 적게, 오른쪽으로 갈수록 이데아가 더 많이 분유되어 들어 있다는 것을 나타냅니다.

앞에서 이미 설명했듯이 플라톤 철학에서 어떤 사물이 더 많은 이데아를 분유해서 갖는다는 것은 그만큼 더 변하지 않는다는 것, 더 완전하다는 것, 덜 다양하다는 것을 의미하지요. 당연히 그에 대한 지식도 더 많은 진리를 포함하게 됩니다. 즉, 이미지→사물→수학적 대상→이데아의 순서로 올라갈수록 더 변함이 없고, 더 완전하며 덜 다양하지요. 따라서 이들 각각에 대한 지식도 예술→자연과학→수학→철학의 순서로 올라갈수록 더 변함이 없고 더 완전하며 덜 다양한 진리에 가까워집니다.

플라톤은 『향연』에서 이렇게 이데아를 향해 올라가는 길을 '층계길'이라고 표현하기도 했습니다. 층계길이라니, 얼핏 별로 특별하게 들리지 않아 학자들에게조차 별로 주목받지 못했지만, 그것은 사실상 인류 문명에 뚜렷한 족적을 남긴 탁월한 은유적 표현입니다! 왜 그런지 볼까요? 플라톤이 말하는 층계길은 위로 올라갈수록 질적質的으로 더욱더 참되고 선하고 아름답지요. 하지만 양적量的으로는 그만큼 더 적어져서 맨 나중에는 단일한 것이 됩니다.[41] 때문에 후세 사람들—특히 플로티노스—은 '층계길'이라는 플라톤의 은유를 통해 자연스레 아래가 넓고 위가 좁은 '피라미드형 계층구조'를 떠올릴 수 있었습니다.

그런데요, 바로 이런 관점에서 보면 '선분의 비유'에는 많은 사람이 간과하는—그렇지만 매우 중요한—사실이 하나 숨어 있는 것을 발견하게 됩니다. 그것은 플라톤이 『국가』에서 선분의 각 부분을 나눌 때, 앞서 소개한 도식처럼 같은 비례(1:1)의 균등한 길이로 분할하지 않고, 서로 다른 비례(예컨대 1:3)를 통해 "같지 않은 두 부분"으로 반복해서 분할했다는 것이에요.

이것을 플라톤은 "더 나아가, 마치 같지 않은 두 부분으로 나뉜 하나의 선분을 취한 것처럼 하고서는 이 각각의 부분, 즉 가시적 세계의 부분과 가지적 세계의 부분을 다시 같은 비율로 나누게나"[42]라고 표현했지요. '선분의 비유'에서 플라톤은 선분을 "가지적 세계(AC):가시적 세계(CB)=사물(CE):이미지(EB)=이데아(AD):수학적 대상(DC)"으로 나누되 "같지 않은 두 부분"(예컨대 1:3)으로 나누었다는 겁니다. 그로써 이미지→사물→수학적 대상→이데아로 올라갈수록 질적인 면은 점점 좋아지지만 양적으로는 점점 적어진다는 것을 표시했습니다.

이것은 플라톤이 이미 '선분의 비유'에서 후일 플로티노스가 물질→영혼→정신→일자(신)와 같이 체계화한 '히에라르키아'hierarchia, 곧 존재의 '피라미드식 계층구조'를 암암리에 제시했다는 것을 의미합니다. 바꿔 말하자면 우리가 흔히 플로티노스가 고안한 것으로 알고 있는 존재의 계층구조는 사실인즉 플라톤의 선분의 비유에 이미 나타나 있고, '층계길'은 그 구조를 은유적으로 표현한 것이라고 할 수 있습니다. 그리고 그것이 이후 서양문명에 끼친 사회적 영향은 실로 광대하고도 장구합니다. 따라서 누구든 이 모형과 그 의미를 이해하지 못하고는 서양문명의 핵심을 간파할 수 없지요. 정말이냐고요? 그럼요! 한번 간략하게 살펴볼까요?

플라톤이 순수하게 형이상학적으로 제공한 피라미드형 층계길은 우선 아리스토텔레스가 "자연의 사다리"scala naturae라는 말로 표현하면서 자연학으로 들어갔습니다. 다시 말해 플라톤의 층계길은 아리스토텔레스가 『영혼론』에서 식물→동물→인간이라는 '존재물의 계층구조'를 떠올리는 데 기여했습니다.[43] 또한 앞에서 이미 밝혔듯 신플라톤주의자 플로티노스가 물질→영혼→정신→일자(신)라는 '존재의 계층구조'를 구성할 때도 근간이 되었습니다. 어디 그뿐인가요? 플라톤의 층계길은 플로티노스의 형이상학을 받아들여 교리를 만든 초기 기독교 사상가들이 '창조주'와 '피조물'의 관계를 설명하는 데, 그리고 중세 스콜라 신학자들이 자연까지 이르는 위계적 질서를 설명하는 데도 혁혁한 공헌을 했습니다.

예컨대 아우구스티누스는 플라톤이 말하는 이데아의 분여가 어떻게 자연의 계층적 질서를 구성했는지를 『신국론』에서 다음과 같이 기독교 언어로 설명했습니다.

라몬 유이(Ramon Llull), <자연의 사다리>, 1304.

하나님은 무로부터 창조한 사물들에게 존재를 부여했다. 그러나 하나님 당신이 존재하듯 최고의 존재로서 부여한 것은 아니다. 어떤 사물에게는 더 큰 존재를 부여하고 어떤 사물에게는 더 작은 존재를 부여했다. 그리하여 존재들의 자연 본성을 계층으로 질서지어 놓았다.[44]

그뿐 아닙니다. 자연에 대한 남다른 관찰력으로 '자연의 사다리'라는 존재물의 계층구조를 발견한 아리스토텔레스의 충실한 추종자 토마스 아퀴나스는 같은 말을 이렇게 표현했습니다.

여러 사물의 본성을 살펴보면 당장 이런 점을 알 수 있다. 정확히 관찰해 보면 우리는 여러 사물이 계층적으로 구분된다는 것을 알게 된다. 즉 생명이 없는 물체들 위에 식물이 있고, 식물들 위에는 이성이 없는 생물들이 있고, 또 이성이 없는 생물들 위에는 이성이 있는 존재가 있다는 것을 알게 된다. 그리고 이 모든 것은 그 완전성의 정도에 따라 차이가 난다.[45]

물론 아우구스티누스나 토마스 아퀴나스가 말한 계층적 질서가 아리스토텔레스가 말한 '자연의 사다리'와 완전히 같은 개념은 아니었습니다. 아리스토텔레스가 자연의 사다리는 "아마도 인간보다 더 우월한 또 다른 종류"[46]에까지 이어질 것이라고 모호하게 언급하긴 했지만, 어쨌든 그것은 분명 세계 안에서 존재하는 '존재물의 계층구조'였고 그 정상에 인간이 자리하고 있습니다. 이 같은 사유가 19세기에 찰스 다윈Charles Darwin, 1809-1882에 의해 '진화의 사다리'라는 매우 의미 있는 개념으로 연결되었지요.* 다윈은 '진화의 사다리' 대신 "생명의 나무"라는 용어를 사용했고 모양도 판연하게 다르지만, 결국 말하고자 하는 내용은 같습니다.** 하나의 뿌리에서 나온 모든 생물이 단계적인 진화에 의해 연결되어 있으며 그 정점에는 인간이 자리하고 있다는 것입니다.

그러나 아우구스티누스와 토마스 아퀴나스를 비롯한 스콜라 신학자들에게는 이 사다리가 초월적 세계로까지 연장된 '존재의 계층구조'를 의미합니다. 그것은 물질세계로부터 비물질적 세계까지, 곧 지상세계에서 천상세계까지 이어진 '존재의 사다리', 즉 중세신학자들이 즐겨 입에 올렸던 이른바 "존재의 대연쇄"The Great Chain of Being 입니다. 그리고 그 정상에는 하나님이 있지요. 존재물의 계층구조 정상에는 인간이 있고, 존재의 계층구조 정상에는 하나님이 있다는 것이 중세 기독교 신학자들의 흔들리지 않는 믿음이었습니다. 이런 믿음을 바탕으로 그들은 구약성서에 나오는 '야곱의 사다리'를 존재의 사다리로 이해했습니다.

갑자기 웬 야곱의 사다리냐고요? 그럼, 이에 대해 잠시 이야기하

---

* 이에 대한 보다 자세한 내용은 2권 『하나님은 창조주인가』의 3장 가운데 '다윈과 기독교'를 보라.
** 생명의 나무에서는 곤충이든 백합이든 살아 있는 모든 것은 하나의 줄기(조상)에서 갈라진 다양한 가지다. 그리고 인간도—물론 최고 위치에 자리하고 있긴 하지만—생존하는 잔가지들 가운데 하나일 뿐이다. 이것은 아리스토텔레스식 피라미드형 계층구조의 근대적 변형이라 할 수 있다.

윌리엄 블레이크(William Blake), <야곱의 사다리>, 1808.

고 넘어가지요. 창세기에는 브엘세바에서 하란으로 가던 야곱이 들에서 돌베개를 베고 노숙하는 장면이 나옵니다. 야곱은 "꿈에 본즉 사닥다리가 땅 위에 서 있는데 그 꼭대기가 하늘에 닿았고 또 본즉 하나님의 사자들이 그 위에서 오르락내리락하고"(창세기 28:12)라면서 자신의 경험을 이야기합니다. '야곱의 사다리'scala di Jacob라는 말은 바로 여기서 나왔지요. 엄밀히 말하자면 '존재의 사다리'와는 상당히 거리가 있는 개념이지만, 중세 서양 사람들은 그것이 지상에서 천상으로 연결되어 있고 또한 그것을 따라 올라가면 하나님에게 도달할 수 있다는 점에서 둘을 동일하게 생각한 것입니다. 그로써 구약성서에서 나온 '야곱의 사다리'라는 개념이 그리스 존재론적인 해석을 가질 수 있게 된 것입니다.

둘 사이에 존재하는 이 같은 현격한 차이에도 불구하고 플로티노스가 설파한 존재의 계층적 구조와 함께, 그리고 그것을 받아들인 기독교와 함께 '자연의 사다리'가 '존재의 사다리'로 연장되었고, 이후 서양문명에서 이 두 개념은 사실상 같은 의미로 사용되었습니다. 정말 그런지, 다시 한번 밀턴의 『실낙원』을 예로 들어 살펴볼까요?

대천사 라파엘은 하나님이 창조한 '자연의 사다리'를 통해 인간도 하나님에게 다가갈 수 있다고 아담에게 알립니다. 그렇다면 이때 라파엘이 말한 '자연의 사다리'는 사실상 '존재의 사다리'인 것이지요. 이 말을 들은 아담 역시 대천사 라파엘에게 다음과 같이 화답합니다.

아, 은혜로운 천사, 친절한 손님이여,

당신은 우리의 지식이 나아가야 할 방향을 훌륭히
  가르쳐 주셨고, 또 중심에서 주위로
  자연의 사다리를 놓으셨으니, 이로써
  [우리는] 창조된 사물들을 관조하면서
  한 단 한 단 하나님에게로 올라갈 수 있겠나이다."[47]

 요약하자면 하나님이 계층적 질서를 통해 자연의 사다리를 만들어 놓고 그에 맞춰 우리의 지식이 나아가야 할 방향도 단계적으로 설정했으니까, 그 지식을 따르면 하나님에게 다가갈 수 있다는 것입니다. 사실 플라톤이 '선분의 비유'를 통해, 그리고 플로티노스가 존재의 계층구조를 통해 진정으로 하고 싶어 한 말이 바로 이거 아닌가요? 결국 밀턴은 아담의 입을 빌려 플라톤과 그의 추종자들의 주장을 기독교적으로, 간단하지만 탁월하게 묘사한 셈입니다.

 신플라톤주의의 영향을 받은 고대와 중세의 신학자들이 인간을 정점으로 하는 아리스토텔레스의 '자연의 사다리'를 하나님을 정점으로 하는 '존재의 사다리'로 변용함으로써 얻은 것은 밀턴이 노래했듯이 우리가 지식을 통해, 다시 말해 우리 자신의 능력으로 자연을 관찰함으로써 "한 단 한 단 하나님에게로 올라갈 수 있겠"다는 생각입니다. 16세기 이탈리아의 벨라르미노 추기경 Roberto Francesco Romelo Bellarmino, 1542-1621 은 바로 이 '기특한' 생각을 "피조물의 사다리를 통한 정신의 신을 향한 상승" De ascensione mentis in Deum per scalas creaturarum

존재란 무엇인가

이라고 다분히 신플라톤주의적으로 표현하고 자신의 논문 제목으로 채택해 명성을 떨치기도 했습니다.

그러나 세상에는 얻는 것이 있으면 잃는 것도 있는 법이지요. 얼핏 생각하면 이것이 무슨 문제가 되겠는가 싶겠지만, 그렇지 않습니다. 왜냐고요? '한 단 한 단 하나님에게로 올라간다'는 것이 무엇을 의미하는가를 곰곰이 다시 생각해 보세요. 구원이지요! 그렇다면 이 말은 인간이 자신의 지적 능력(이성)을 통해 점차적으로 구원을 성취할 수 있다는 의미가 됩니다. 그러나 그것은 다분히 신플라톤주의적 발상으로 기독교 교리를 정면으로 부정하는 것이지요! 왜냐하면 기독교에서 구원은 전적으로 하나님의 '은총'에 의해서만 가능하기 때문입니다. 살짝 눈감고 넘어갈 문제가 결코 아닙니다.

초기 기독교 신학자들이 교리를 확정하는 도구로 신플라톤주의 형이상학을 사용한 탓에 기독교 신학은 지난 2,000년 동안 자신 안에 들어와 있는 이질적 요소를 제거하기 위해 싸워야 했습니다. 이 문제 역시 그 가운데 하나입니다. 이에 대해서는 3권 『하나님은 인격적인가』의 1장 가운데 '눈얼음 계곡 건너가기'에서 자세히 살펴볼 것입니다. '존재 유비'analogia entis라는 용어와 함께 아직도 가톨릭 교리에 남아 있는 이 문제는 20세기에 들어와 개신교에서도 칼 바르트와 에밀 브루너Emil Brunner라는 두 걸출한 현대신학자들의 충돌을 낳았기 때문입니다.

그뿐 아닙니다! 고대와 중세의 사람들에게 피라미드식 존재의 계층구조는 단순히 세계의 구조를 설명하는 체계에 지나지 않는 게 아니라, 동시에 엄격한 가치체계이기도 했습니다. 플로티노스가 플라톤을 따라 존재의 체계를 가치의 체계로 가르쳤기 때문이지요. 그는 일자(신)는 참됨, 선함, 아름다움, 생명, 예지, 능력 등 모든 가치에서 최정상이지만 거기서 유출되어 나온 존재들은 계층구조의 밑으로 갈수록—마치 빛에서 멀어질수록 어두워지듯이—점차 결핍된다고 교훈했습니다.[48]

이러한 사유를 기독교 신학자들이 고스란히 계승했지요. 그래서 아우구스티누스와 토마스 아퀴나스를 비롯한 고대와 중세의 신학자들이 하나님을 존재 자체ipsum esse, 진리 자체ipsa veritas, 선 자체ipsa bonitas, 아름다움 자체ipsa pulchritudo라고 표현했을 때, 그것은 다른 뜻이 아니라 하나님이 이 모든 가치의 정점頂點에 있다는 의미였지요. 또한 그들이 존재물들을 존재의 결핍privatio esse으로, 거짓을 진리의 결핍privatio veritas으로, 악을 선의 결핍privatio bonitas으로, 추함을 아름다움의 결핍privatio pulchritudo으로 설명할 때도 마찬가지였습니다. 예컨대 캔터베리 대주교 안셀무스는 『프로슬로기온』에서 이 같은 사유를 전제로 다음과 같이 하나님을 찬양했지요.

창조된 생명이 선한 것이라면
창조주의 생명은 얼마나 선할까?
만들어진 평안이 유쾌하다면
모든 평안을 만드는 평안은 얼마나 유쾌할까?

피조물에 대한 지식에서 얻은 지혜가 사랑스럽고 가치 있다면
무로부터 모든 것을 창조한 지혜는 얼마나 사랑스럽고 가치 있을까?
마침내, 즐겁게 해 주는 사물들 안에 있는 즐거움이 많고 크다면
그 즐겁게 해 주는 것을 만든 분 안에 있는 즐거움은 또 얼마나 많고
클까?[49]

한마디로 피조물은 선함, 평안함, 지혜, 즐거움이라는 측면에서 부족하지만, 하나님은 그 모든 것에서 정점이라는 말이지요. 그래서 안셀무스는 『모놀로기온』에서 하나님을 "최고 본질, 최고 생명, 최고 이성, 최고 행복, 최고 정의, 최고 지혜, 최고 진리, 최고 선성, 최고 위대, 최고 미, 최고 불사성, 최고 불변성, 최고 복락, 최고 영원성, 최고 권능, 최고 일자성一者性"[50]으로 규정하기도 했습니다.

여기에서 우리가 알아야 할 중요한 사실은 고대와 중세의 그리스도인들이 하나님을 안셀무스처럼 부를 때 그것이 단순히 자신들이 믿는 신에게 바치는 '공허한' 찬사가 아니라는 것이지요. 그들은 하나님을—최고 생명, 최고 이성, 최고 행복, 최고 정의, 최고 지혜, 최고 진리 등등으로—어떠어떠한 가치들의 정점으로 부르면서 자신들이 바로 이 같은 가치들에 의해 인간으로 창조되었고, 그래서 이 같은 가치들을 추구하며, 이 같은 가치들에 의해 구원받을 것이라는 믿음을 선포한 것입니다. '하나님은 인간이 추구하는 가치들의 외연外延이자, 동시에 그것들의 정점頂點'이라는 말의 의미가 바로 이것입니다.

이제, 정리할까요? 플라톤이 선분의 비유에서 예시한 존재론적 계층구조라는 모호한 개념은 그의 영특한 제자 아리스토텔레스에 의해, '자연의 사다리'라는 좀더 이해하기 쉬운 생물학적 위계질서와 결합해 모습을 드러냈습니다. 이어 플로티노스에 의해 히에라르키아, 곧 물질에서 일자에 이르는 피라미드식 계층구조로 확정되었지요. 이것이 기독교로 유입되어 거의 무에 가까운 가장 미소한 존재물로부터, 모든 가능한 단계를 거쳐 '가장 완전한 존재'ens perfectissimum인 하나님에 이르는, 무한한 수의 고리로 연결된 '존재의 대연쇄'라는 신학적 개념으로 굳어졌습니다. 그것이 중세를 지나 적어도 18세기 후반까지는 철학자와 신학자만이 아니라 대부분의 과학자들과 교육받은 일반인들이 추호의 의심도 없이 받아들인 우주관이자 가치관이었습니다.

존재의 계층구조에서 사회적 계층구조로

피라미드식 계층구조를 하나님이 부여한 세계의 본성이자 가치체계로 인식한 고대와 중세의 사람들은 사회적 질서도 그것에 맞춰서 정립했습니다. 예컨대 교회에서는 크게 나누어 평신도→사제→주교→교황이라는 교회제도를 확립했고,* 사회에서는 농노→기사→

---

* 피라미드식 계층구조를 뜻하는 '히에라르키아'(hierarchia)는 중세 이후 교회용어로 '제사장에 의한 지배구조' 내지 '교회제도'라는 의미로 통용되었다.

영주→왕이라는 봉건제도를 구축했지요.* 이들 제도가 피라미드식 계층구조를 따른다는 것은 위로 올라갈수록 그 지위나 그 지위에 있는 사람이 더 참되고 선하고 아름답다는 것을 뜻합니다. 그뿐 아니라 그들은 존재의 사다리의 각 단계를 곧 '야곱의 사다리'의 가로장처럼 여겼기 때문에 위 단계로 올라갈수록 하나님에게 더 가까워집니다. 따라서 교황과 국왕의 권위가 신성하고 절대적이라는 것이 적어도 프랑스대혁명1789 전까지는 전혀 의심의 여지가 없는 진리였습니다.

대혁명 직전에 활동한 영국 신고전주의 시대 최고의 시인 알렉산더 포프Alexander Pope, 1688-1744의 시 "인간론"에는 그 흔적이 다음과 같이 남아 있습니다.

계층적 질서는 하늘 제일의 법이다.
그리고 이것이 인정된다면
어떤 것들은 다른 것들보다 위대하고 또 위대해야 하며
더 풍요롭고 더 현명하고 또 그래야 한다.[51]

이 같은 이유에서, 중세 이후부터는 자연의 사다리에서든 사회적 사다리에서든 하나님이 그 사람을 거기에 불러낸 인생의 지위에 따

---

* 사회유형으로서의 봉건제도(feudalism)는 국왕 또는 황제를 정점으로 영주, 기사, 농노 등이 계단식 서열제(階序制)를 이루고, 신분제 견지, 외적 권위 강조 또는 전통 고수라는 형태로 개인 역량 발휘와 내면적 권위 존중 등이 억압된 사회를 말한다.

라 주어진 자기 의무를 다해야 한다는 것이 기독교 교리이자 사회윤리였습니다. 이 질서를 파괴하고 평등을 요구하는 것은 자연과 하나님에 반대하는 일이었지요. 또한 그리스도인들은 이러한 불평등을 정당화하는 교리와 윤리의 성서적 근거를 "오직 주께서 각 사람에게 나눠 주신 대로 하나님이 각 사람을 부르신 그대로 행하라"(고린도전서 7:17)라는 바울의 가르침에서 찾았습니다.

단테의 『신곡』에는 르네상스 시대 사람들이 이러한 피라미드식 계층구조에 의한 사회질서를 어떻게 받아들였는지를 보여 주는 장면이 있습니다. 베아트리체와 함께 제5천인 '금성천'에 오른 단테에게 그곳에 있던 샤를 마르텔의 영혼이 이런 이야기를 들려줍니다.

스스로 완전한 하나님의 정신 속에
모든 자연의 다양한 유형과
그 각각의 선한 목적이 예견되어 있도다.

그러므로 이 왕국의 활을
당기면 화살은 미리 정해진
목표에 어김없이 날아가 박히나니

그렇지 않으면 지금 네가 오르는
이 하늘은 조화가 아닌
혼돈만 일으켰으리라.

...

"이 진리에 대해 더 명확히 듣고 싶은가?"

"아닙니다. 하나님의 완벽한 의도에 따라 창조되고 유지되는 자연에 어떤 결핍도 있을 수 없음을 이제 나는 알았습니다" 하고

내가 대답하자, 그가 다시 묻기를, "그러므로 지상의 인간들이 사회질서를 지키지 않으면 더욱 불행해지지 않을까?"
이에 내가 대답했다. "물론 입증할 필요도 없이 불행해질 것입니다."[52]

요컨대, 자연과 사회 안에 공통으로 들어 있는 존재의 계층적 질서가 하나님이 정한 진리라는 것, 그리고 그 때문에―마치 자연의 계층적 질서를 따라 자연이 조화를 이루듯이―인간이 사회의 계층적 질서를 따르는 것이 행복에 이르는 길이라는 주장이지요.

근대적 직업관의 근간이 된 종교개혁자 요한 칼빈의 '소명의식'召命意識 역시 이 같은 생각에서 나왔습니다. 소명의식이란 모든 인간은 하나님의 계획을 세상에서 실현하기 위한 도구로서 각각 특정한 부름^{klēsis}*을 받았으므로 자기에게 주어진 직업이 무엇이든―설사 그것이 아무리 비천한 것일지라도―그것에 충실한 것이 하나님에 대한

• 클레시스(klēsis)는 '부르다', '소환하다'를 뜻하는 동사 칼레오(kaleo)에서 나온 것으로 '부름', '소명'을 의미한다. 이 말의 독일어 번역은 베루프(Beruf)인데 이는 근대적 의미의 '직업'을 뜻한다.

인간의 의무라는 인식이지요.* 탁월한 천재였지만 프랑스대혁명 이전에 살았던 독일의 철학자 고트프리트 빌헬름 폰 라이프니츠Gottfried Wilhelm von Leibniz, 1646-1716의 『신정론』에는 다음과 같은 글도 있습니다.

조건의 불평등이 무질서로 생각되어서는 안 된다. 모든 사물이 동등하게 완벽하기를 바라는 사람들에게, 자클로Jaquelot 씨가, 왜 바위가 나뭇잎들로 장식되어 있지 않으며, 왜 개미가 공작이 아닌가 하고 반문하는 것은 마땅하다 하겠다. 만일 평등이 어느 곳에서나 요구된다면 가난한 사람들은 부유한 사람들에 대해, 시종은 주인에 대해 평등에 관한 자신의 주장을 내세우려 할 것이다.[53]

아마 당신은 조금 놀랄지 모르지만, 근대 계몽주의의 선구자로서 민주주의의 길을 닦은 장 자크 루소Jean-Jacques Rousseau, 1712-1778마저 같은 생각을 했습니다. "자연으로 돌아가라"고 외치기도 했던 그는 『에밀』에서 '존재의 대연쇄'를 근거로 이렇게 주장했지요.

오, 인간이여! 그대의 존재를 그대 안에 한정시켜라.

---

* 칼빈의 소명의식에는 칼빈주의적이거나 청교도적인 직업적 금욕의식이 내포되어 있다. 막스 베버(Max Weber)는 그의 『프로테스탄트 윤리와 자본주의 정신』에서 이에 대해 다음과 같이 언급했다. "저임금으로도 충실하게 노동하는 것이 하나님을 기쁘게 하는 것이라는 사상은 거의 모든 기독교 교파의 금욕주의적 문헌에 담겨져 있다.…노동은 소명이며 은총을 확인하는 가장 좋은, 그리고 궁극적으로는 유일한 방법이라고 생각함으로써 심리적 기동력을 가져온 것이다."

그리하면 결코 더는 비참해지지 않으리.
존재의 대연쇄에서 자연이 당신에게 할당한 자리에 머물러 있으라.
그리하면 아무도 당신에게 그곳에서 떠나라고 강요하지 않으리라.[54]

이처럼 고대와 중세 그리고 적어도 17-18세기 들어―계약, 곧 사회구성원들 사이에 맺어진 합의의 구속을 자연법 lex naturalis 으로 인정하는―사회계약설이 나오기까지, 서양의 '자연법 사상'自然法思想 안에는 플라톤과 플로티노스로부터 뻗어 나와 아우구스티누스와 토마스 아퀴나스로 이어지며 서양문명에 고착된 '존재의 대연쇄'라는 형이상학이 뿌리 깊게 들어 있었습니다.

그렇다고 해서 '존재의 대연쇄'가 한결같이 불평등과 억압을 정당화하는 무기로 해석된 것은 아닙니다. 특히 근대에 들어서면서는 사람에 따라 그것을 평등이나 존엄을 옹호하는 기반으로도 인식하기 시작했지요. 예컨대 '영국 근대소설의 아버지'로 불리는 새뮤얼 리처드슨 Samuel Richardson, 1689-1761 이 쓴, 18세기 당시 대중적 인기를 얻었던 소설 『파멜라』에서는 다음과 같은 구절이 발견됩니다.

부자는 최하위 노동자를 경멸하지 말지어다.
그도 자연의 연쇄 속에 있는 동등한 고리이니,
동일한 목적으로 노동하고 동일한 관점으로 합일되어
양자는 다 같이 하나님의 의지를 수행하고 있는 것이다.[55]

『파멜라』는 1740년에 나온 서간체 소설인데, 출간되자마자 큰 인기를 얻어 저자가 속편을 쓰기도 했습니다. 파멜라라는 이름은 16세기 영국의 시인이자 정치가인 필립 시드니$^{Philip\ Sidney}$의 유토피아를 그리는 작품 『아케이디아』*에 등장하는 왕녀 파멜라에게서 따온 것이지요.

　주인공 파멜라 앤드루는 아름답지만 순결하고 수줍은 열다섯 살 처녀로 어느 부잣집 과부의 하녀입니다. 그런데 미망인이 죽자 그녀의 방탕한 아들 B가 파멜라를 농락하려 하지요. 파멜라는 종복의 예의를 다하면서도 부정한 관계를 완고히 거부합니다. B는 감언, 읍소, 중상, 구타, 위협 등 온갖 수단을 다 쓰지만 뜻을 이루지 못하자 파멜라를 구금하지요. 그러나 마침내 파멜라의 덕 있고 청순한 언행에 감동해 그녀와 정식으로 결혼하게 된다는 내용입니다. 작가가 시적 행간을 맞춰 쓴 앞의 인용문에는 직업이나 사회적 신분의 차이에도 불구하고 인간은 누구나 존엄하다는 평등의식과 모든 노동은 신의 의지라는 소명의식이 잘 나타나 있습니다.

- '아케이디아'(Arcadia)는 천진하고 소박한 생활이 영위되는 이상향으로 흔히 '황금시대'(Golden Age)나 '지상낙원'(Paradise)으로 불리는 곳이다. 자연이 풍요롭고 인간의 욕망이 조화롭게 절제되는 휴식과 안식의 고향이다. 일반적으로 이집트 라(Ra) 시대, 중국 삼황오제 시대, 인도의 유가(Krita Yuga) 시대 등을 일컫는 말로 사용된다. 17-18세기 유럽에서는 계몽사상과 함께 지상낙원을 그리는 저술들이 쏟아져 나왔다. 예컨대 17세기에 나온 도니의 『신세계』, 안드레아의 『그리스도의 나라』, 캄파넬라의 『태양의 도시』, 맨더빌의 『꿀벌의 우화』, 해링턴의 『오세아나 공화국』 등이 그렇고, 18세기에는 재산공유제를 주장하는 페늘롱의 『텔레마크의 모험』, 모넬리의 『자연법전』 등과 성적 자유를 추구하는 디드로의 『부갱빌 여행기 보유』 등을 대표 작품으로 들 수 있다. 시드니의 『아케이디아』나 리처드슨의 『파멜라』도 이러한 시대적 분위기에서 나왔다고 볼 수 있다.

정리해 볼까요? 존재가 영원불변하는 실재이자 진리의 근거라는 파르메니데스의 주장은 플라톤과 플로티노스를 거쳐 초기 기독교 신학자들에게로 이어졌습니다. 그 결과 파르메니데스에서 아우구스티누스로 이어지는 존재론 전통에서 존재는—그것을 플라톤처럼 '이데아'idea로 부르든, 플로티노스처럼 '정신'nous으로 부르든, 아우구스티누스처럼 '말씀'logos으로 부르든 간에—불변성을 본성으로 갖고 있고, 우리가 따라야 할 모든 진리의 근거입니다.

그런데요, 나중에 살펴보겠지만 바로 이것이 존재에 대한 그리스적 개념과 히브리적 개념이 상충하는 지점이기도 합니다. 히브리인들의 존재 개념은 만물을 생성·소멸시키는 역동적인 것이기 때문입니다. 그들의 진리 개념 역시 불변성을 근거로 하지 않고 오히려 생성·소멸하는 작용, 곧 변화하게 하는 본성을 근거로 하지요. 천지를 창조한 '하나님의 말dâbâr'이 바로 그렇습니다. 하나님의 말은 만물을 생성·소멸시키고 의롭게 만드는 작용을 하므로 우리가 따라야 할 진리라는 것이 히브리인들의 생각입니다.

존재는 창조주다

플라톤으로부터 약 600년 후, 그의 철학 이론은 "꿈속에서도 플라톤의 공리를 해석하곤 했다"는 신플라톤주의자 플로티노스에 의해 다시 태어났습니다. 플로티노스는 존재와 존재물 간의 차이와 관계에 대한 플라톤의 이론을 계승하고 더욱 체계적으로 정리하여 다분히 종교적 성격을 띠는 '일자 형이상학'을 세웠지요. 그가 평생 동안 오직 구술口述로 가르쳤기 때문에 제자 포르피리오스Porphyrios, ?232-?305가 받아 적어 편찬한 것이 『엔네아데스』입니다. 신플라톤주의를 대표하는 이 저작은 모두 9벌로 구성되어 있는데, 그 가운데 앞에서 간헐적으로 소개한 내용들을 요약해 정리하면 대강 다음과 같습니다.

일자to hen란, 이미 언급했듯이, 모든 존재물의 궁극적 근거이자 그 모두를 포괄하는 자입니다. 그 어떤 것에도 한정되거나 규정되지 않는 무한자apeiron로서 모든 한정되고 규정된 것들의 궁극적 근거가 되지만, 그 자신은 어떤 것에도 포괄되지 않음으로써 모든 것을 포괄하는 초월자입니다.

플로티노스는 세계가 일자에 의해서 이루어졌다고 했습니다. 하지만 이 말은 당시에도 논란이 되었지요. 왜일까요? 그것은 영원불변하는 일자가 어떻게 다른 어떤 것을 생성할 수 있을까 하는 의문 때문이었습니다. 다시 말해 일자는 도무지 변하지 않는 것을 본성으로 하는데, 아무것도 생성하지 않던 일자가 뭔가를 갑자기 생성한다는 것 자체가 이미 변화한다는 뜻이니까요. 당시 사람들도 이런 의문을 갖고 있었던 겁니다. 어떻게 이런 일이 가능할까요?

이에 대해 플로티노스는 유출derivation이라는 개념을 사용해 답했습니다.* 그가 말하는 유출은 마치 빛이 발광체의 주위로 번지듯이,

---

* 플로티노스는 방출(emanation)이라는 용어도 자주 사용하지만 이 표현은 물질적 성격

뜨거운 물체가 주변으로 열을 퍼뜨리듯이, 향기가 그 주변으로 퍼져 나가듯이 매우 신비롭게 일어나는 현상입니다.* 그래서 마치 태양이 빛을 발하지만 스스로는 어두워지지 않고 샘이 시냇물을 흘려보내지만 스스로는 마르지 않는 것처럼 일자의 유출은 일자 자신에게는 어떤 변화도 일으키지 않는다는 거지요. 플로티노스는 이 말을 "일자는 아무것도 추구하지 않고 소유하지 않으며 필요로 하지 않기 때문에 완전하다. 그리고 완전하기 때문에 넘쳐흐르고, 그 넘치는 풍요함이 또 다른 존재를 만든다"[56]라고 표현했습니다.**

플로티노스에 의하면, 일자로부터 누스[nous], 곧 '정신'이 맨 먼저 유출됩니다. 그러니 일자가 정신의 아버지인 셈이지요. 훗날 초기 기독교 신학자들이 성부聖父와 성자聖子의 관계를 설명하는 데 사용함으로써 매우 중요해진 플로티노스의 말을 그대로 가져와 볼까요? 다음과 같습니다.

> 그러므로 정신이 있기 위해 일자 자체는 정신이 아니라 정신의 아버지여야 하며, 따라서 정신은 그의 첫아들인 것이다.[57]

을 띤다. 따라서 비물질적 성격까지 포괄하는 유출(derivation)이 더 일반적 개념이다. 플로티노스의 유출설은 기독교의 창조론이나 범신론과 다르다. 기독교의 신은 일자와는 달리 창조에 의지적으로 관여하고, 범신론에서 신은 일자와는 달리 스스로를 변환시킨다.

* 플로티노스는 "불은 열을 내고 눈은 차가움을 방출하고 약은 다른 사물에 작용한다"(『엔네아데스』, 5, 1, 6)라고 표현했다.
** 플로티노스의 이런 주장은 플라톤이 『티마이오스』에서 '자기충족적 완전성', '자기초월적 풍요성'이라고 언급한 내용들을 자신의 체계에 받아들인 것이다.

그런데 이 정신은 하나의 통일체로서, 그것이 인식하는 것은 오직 그 자신입니다. 왜냐고요? 그밖에는 아직 아무것도 없기 때문이지요. 자, 그렇다면 정신은 스스로가 '인식하는 자'이자 동시에 '인식되는 자'이지요. 하지만 자기 안에서 인식하는 주체와 인식되는 객체로 분리되기 때문에 그것은 이미 일자가 아닙니다. 이에 관해 질송은 "아는 자[인식하는 자]와 알려지는 것[인식되는 자]의 관계가 등장하자마자 통일성은 이중성의 여지를 만들기 위해 시야에서 사라져 버리기" 때문에 정신은 일자가 아니라 "일자 다음에 즉시 나오는 것"이라고 설명했습니다.[58]

정신은 이러한 자기직관self-intuition을 통해서 플라톤이 '이데아'idea라고 부른 것, 즉 세계 창조를 위한 모든 참된 '형상'idea을 자기 안에 만듭니다. 이 말을 플로티노스는 "정신 자체에 정신이 나누어 줄 모든 것이 다 들어 있다"[59]고 표현했습니다. 한마디로 플로티노스에게는 정신이 곧 세상 만물을 창조하는 데 모범이 되는 틀paradeigma, 곧 창조주입니다. 이런 의미에서 질송은 만일 우리가 그리스도인들처럼 '세계의 창조주'라는 신 개념을 기준으로 본다면 "정신nous이 곧 신이다"라고 주장했지요.[60]

그런데 정신의 자기직관에 의해 창조된 형상idea들은 일자나 정신과는 달리 어떤 제한성과 규정성이라는 '안정적 조건'에 따라 생성됩니다. 그럼으로써 우리에게 그것의 존재가 비로소 인식될 수 있는 것입니다. 앞에서 신에게는 왜 이름이 없는가를 이야기하며 이미 간단히 설명했지만, 혹시 아직도 좀 아리송하게 느껴지나요? 그럼 이게 무슨 말인지, 다시 한번 예를 들어 설명해 보도록 하지요.

여기 사과가 한 알 있습니다. '사과'라는 존재는 크기[주먹만 하다], 형태[둥글다], 색깔[빨갛다], 맛[시고 달다]과 같은 제한성과 규정성이라는 '안정된 조건'에서만 우리에게 사과로 인식됩니다. 그렇지요? 이때 말하는 제한성, 규정성이라는 '안정된 조건'이 철학에서 말하는 '본질'입니다. 사과의 존재는 이처럼 사과의 본질을 통해 비로소 우리에게 드러나지요.* 보다 일반적으로 말하자면, '존재한다는 것'은 본질에 의해 제한되고 규정된다는 것이며, 그럼으로써 비로소 우리에게 인식의 대상이 된다는 뜻입니다.** 자, 일단 이 정도로 하고 다음으로 넘어가 볼까요?

플로티노스에 의하면, 이 정신에서 영혼psyche이 유출되는데요,*** 그 원리는 일자에서 정신이 유출될 때와 같습니다. 다시 말해 "정신

- 플로티노스는 이렇게 표현했다. "이것은 사물들이 왜 본질들을 통해 인식되는가 하는 이유가 되는데, 사실상 본질들 각각이 하나의 한계 혹은 이른바 하나의 형상을 갖기 때문이다. 존재는 한계를 결여하는 것들 안에 속할 수 없다. 존재는 일정한 한계로 제한되고 그 안에 머물러야 할 필요가 있다. 이러한 안정적 조건이, 가지적 본질들에서 이 본질들의 정의이고 형상이다. 안정적 조건으로부터 본질들은 마찬가지로 자신들의 실재성을 끌어낸다"(『엔네아데스』, 5, 1, 7).
- •• 질송은 이에 대해 다음과 같이 언급했다. "이 점은 존재, 실재 및 가지적 본성이라는 관념이 왜 단일한 용어 곧 우시아(ousia, 본질)로 번역될 수 있는가에 대한 이유가 된다"(E. 질송, 정은해 역, 『존재란 무엇인가』, 서광사, 1992, p. 56).
- ••• 플로티노스의 영향을 받은 초기 기독교에서는 니케아-콘스탄티노플 신조처럼 성부에게서만 성령이 나온다고 주장했는데, 6세기경 서방교회에서 아버지와 아들의 동일본질을 강조하기 위해 "성자에게서도" 성령이 나온다는 이른바 '필리오케(filioque)설'을 주장함으로써 동방교회와 서방교회 사이에 큰 논란이 벌어졌다.

이 변함없이 그대로인 채 영혼이 유출"[61]되지요. 여기서 영혼이란 우리가 흔히 말하는 불멸의 실체라기보다는 정신 안에 있는 형상^{idea}이 현실화되는 '현실화의 원리'이자 '운동의 능력'을 가리킵니다. 따라서 이 영혼에 의해 모든 물질세계—무생물·식물·동물·인간 등등—가 비로소 만들어집니다.

플로티노스의 형이상학에서는 이처럼 정신이 '창조주'이기는 해도 다만 '창조의 틀'로만 작용할 뿐이고, 그것을 현실화하는 일은 영혼이 합니다. 영혼은 비물질적 세계와 물질적 세계 사이에 존재하며, 그 둘의 연결고리로서 위로는 정신을, 아래로는 자연계를 바라보며 만물을 창조하지요.* 그런데 이때 영혼에서 물질세계가 생산되는 과정이 매우 독특합니다.

영혼은 '현실화의 원리'이긴 해도, 자기 손으로 또는 도구를 갖고 어떤 행위를 함으로써 물질세계를 만드는 건 아닙니다. 일자와 정신이 그렇듯이 영혼도 자신은 '전혀 움직이지 않으면서' 그 무엇을 생산해 내는 매우 특별한 방식을 취하지요. 어떻게 그럴 수 있냐고요? 내막은 이렇습니다. 물질세계를 생산해 낼 때, 영혼은 정신^{nous} 안에 이미 존재하는 형상^{idea}들이 물질 안에서 가시적 형태로 스스로 만들어지도록 돕는 역할을 합니다. 결국 영혼이 하는 일은 물질이 형

---

* 플로티노스는 두 개의 영혼, 즉 물질계에 접촉하지 않는 '고급 영혼'과 물질계에 접촉해서 자연의 본성으로 작용하는 '저급 영혼'으로 나눈다. 그는 영혼 속의 이데아들을 '종자적 형상'이라고 부르면서 고급 영혼에 있는 이데아를 '제일종자 형상'으로, 저급 영혼에 있는 이데아를 '파생적 종자 형상'으로 구분했다(참고. 『엔네아데스』, 4, 3, 10; 5, 9, 3; 5, 9, 9).

상을 받아들이도록 하는 일종의 촉매 작용입니다. 이를 플로티노스는 이렇게 표현했어요. "따라서 만약 영혼이 어떤 행위가 아니고 합리적 원리라면 그것은 '성찰'theoria이다."[62]

성찰이라고? 이건 또 무슨 소리지? 아마 당신은 지금 또 뭔가 난해한 이야기를 하는구나 하고 생각할 수 있습니다. 하지만 염려할 것은 없습니다. 단테라는 좋은 길라잡이가 있으니까요! 그가 이미 700여 년 전에 『신곡』에서, 플로티노스가 말한 영혼의 '성찰'을 다음과 같이 탁월한 묘사로 설명해 놓았기 때문입니다.

필멸必滅하는 모든 것과 불멸不滅하는 모든 것은
오직 성부의 사랑에서 나온
이데아의 빛을 받고 있으니,

빛나는 본원에서 흘러나오되 그로부터 분리되지 않고,
또 삼위이면서 일체인 사랑[성령]으로부터도 분리되지 않아,
그 살아 있는 빛[성자]은 스스로 영원한 〈일자〉에 남아 있으면서

그 선의 힘[성령]으로 자신의 빛[형상idea]을
마치 거울에 비추듯이
새로운 존재*들에게 비추고 있소.[63]

• 60행의 '새로운 존재'로 번역된 곳의 원문은 'nove'로 숫자 9, 곧 아홉 천사를 뜻하지

이 시구들은 『신곡』에서 토마스 아퀴나스가 성부, 성자, 성령이 어떻게 만물을 창조하는가를 설명하는 내용 중 일부입니다. 나중에 뒤에서 더 자세히 이야기하겠지만, 아퀴나스가 말하는 성부, 성자, 성령이 플로티노스에게는 각각 일자, 정신, 영혼인데요, 우리가 주목하려는 것은 "자신의 빛[형상]을 마치 거울에 비추듯이 새로운 존재들에게 비추고 있소"라는 구절입니다. 여기에서 "거울에 비추듯이"라는 표현에 특별히 집중하길 바랍니다. 그게 바로 플로티노스가 말하는 영혼의 '성찰', 곧 물질이 형상을 받아들이도록 하는 영혼의 작용이기 때문입니다. 즉 영혼은 마치 거울이 어떤 대상을 우리에게 비춰 보여 주듯이, 정신 안에 있는 형상들을 물질에 비춤으로써 만물을 창조해 낸다는 뜻이지요. 어때요? 자신은 전혀 움직이지 않으면서 새로운 존재들을 만들어 내는 영혼의 활동을 설명하는 멋진 비유가 아닌가요?

이후 '영혼'을 '거울'에 비유하는 표현은 서양문명을 이루는 하나의 코드가 되었습니다. 숱한 철학자와 신학자 그리고 예술가들이 이 비유를 자주 유용하게 사용했지요. 근대에 와서도, 독일 철학자 라이프니츠의 『단자론』에 나오는 그 유명한 문장, "그것(단자)은 결론적으로 영구히 살아 있는, 우주의 거울이다"[64] 같은 것이 바로 그런 예입니다. 또한 18세기 독일의 시인 프리드리히 폰 실러Friedrich von

---

만, 미국의 철학자 아서 러브조이(Arthur O. Lovejoy)가 보다 나은 이해를 위해 그것을 'nuove', 즉 '새로운'으로 바꿔 읽었다. 우리는 이를 따른다.

Schiller, 1759-1805의 "친구"라는 시는 창조를 수행하는 성령을 "지극한 복을 반사하는 복된 거울"[65]에 비유하지요.

문명에도 이렇듯 유행하는 문화적 코드가 있게 마련인데요, 그러다 보니 신적 영혼만이 아니라 인간의 영혼까지 종종 거울에 비유되었습니다. 예컨대 19세기 영국 시인이자 비평가인 매슈 아널드Matthew Arnold, 1822-1888가 쓴 "에트나산 위의 엠페도클레스"를 한번 볼까요? 이 시에서 인간의 영혼은, 신들이 공간에 매달아 놓아서 바람이 불 때마다 흔들리는 거울로 묘사되어 있어요.

여기저기로 빙빙 도네.
바람에 흔들거리는 거울 같은 영혼은,
수천 번 눈빛을 주는데도,
결코 전체를 보지 못하네.
한번 쳐다보고 다른 곳으로 내달리고는,
최근 한 일은 뒤에 남겨 두네.[66]

호메로스의 황금사슬

플로티노스의 형이상학적 사유들은 사실 오늘날 우리에게는 무척 생소합니다. 그런데도 이것을 당신에게 애써 소개하는 이유가 있습니다. 이미 여러 번 언급했듯이, 바로 이 사유가 기독교 안으로 들어가서 서양 사람들의 의식 속에 깊이 뿌리내렸기 때문입니다. 이건 무슨 의미인가요? 플로티노스가 남긴 이러한 독특한 사변들을 우리가 이해하지 못하는 한 기독교는 물론이고 서양문명의 상당 부분을 이해하기가 매우 어려워진다는 뜻입니다. 단테의 『신곡』이나 존 밀턴의 『실낙원』이 그 대표적 예지만, 이 작품들은 이미 앞에서 여러 번 살펴보았으니 이번에는 다른 작품을 살펴볼까요?

17세기 영국의 성직자이며 종교시인이기도 한 베머턴의 존 노리스 John Norris, 1657-1711는 "창조성가"에서 다음과 같이 노래했습니다.

> 사랑[성령], 부드러운 사랑이 열매로 가득한 [성자의] 가슴을 열었고
> 그곳에서 잠자던 〈이데아들〉을 깨웠다.
> 그들은 깨어나서 스스로 아름다움을 자랑하였다.
> 전능하신 성부는 미소 지으며
> 자신의 영원한 모습,
> 그 아름다운 조화의 형상들을 보았다.
> 그는 선하고 아름답다고 보고, 갓 태어난 계획을 축복하였다.
> 존재의 씨앗들이여, 아름다운 가슴속에
> 모든 가능한 사물의 형상을 담고 있는 것,
> 일어나서 그대들의 풍요로운 힘을 보이라.[67]

당신도 이미 눈치챘을 겁니다. 이 글에서 성부를 일자로, 성자를 정신으로, 성령을 영혼으로만 바꾸면 이 시구들은 곧 플로티노스의 유출설을 노래하는 시, 다시 말해 사물들이 영혼에 의해 일자에서 어떻게 생겨났는가를 설명하는 플로티노스의 이론을 읊은 것이 되지

요. 이처럼 두 이론은 서로 밀착되어 있습니다.

플로티노스의 세계는 전체적으로 보면 일자, 정신, 영혼, 물질세계로 내려가면서 질적으로는 점점 낮아지고 불완전해지지만 양적으로는 차츰 그 양이 많아지고 종류도 다양해져서 결국 '피라미드식 계층구조'를 이룹니다. 플로티노스보다 100년쯤 뒤에 태어나 4세기 말과 5세기 초에 활동한 라틴 문법학자이자 고전 주석가인 암브로시우스 마크로비우스Ambrosius T. Macrobius가 플로티노스의 이런 사상을 간결하고도 상징적 문장들을 사용해서 다음과 같이 요약했지요.

〈최고 신〉으로부터 〈정신〉이 생기고, 〈정신〉으로부터 〈영혼〉이 생겼다. 그다음으로 이 영혼이 모든 잇단 사물들을 만들어 내고 생명을 불어넣어 주었다. 하나의 빛이 모든 것을 밝히며, 한 얼굴이 줄지어 있는 여러 거울에 비치듯이, 사물의 하나하나가 비치고 모든 사물은 연이어 계속되고 그 연속의 밑바닥까지 이르게 된다. 따라서 주의 깊은 관찰자는 〈최고 신〉으로부터 사물의 맨 나중 부스러기까지 끊임없이 이어진 각 부분의 연결을 발견할 것이다. 이것이야말로 호메로스의 황금사슬이며, 그의 말에 의하면 〈신〉이 명령하여 천상에서 지상까지 늘어뜨린 것이다.[68]

마크로비우스가 이 글에서 사용한 '사슬'과 '거울'이라는 표현은 앞에서도 언급했듯이 서양문명 안에서 매우 소중히 간직되어 온 '관넘적 비유'이자 문화적 코드 가운데 하나입니다. 영국의 신고전주의 시풍을 완성한 풍자시인 알렉산더 포프도 마크로비우스의 이 유명한 비유와 교훈에 대해, "존재의 대연쇄에는 빈틈이 없어서 존재가 온 우주에 가득하다"라는 말로 요약되는 18세기 정신으로 재조명했는데요. 그는 다음과 같이 읊었습니다.

> 존재의 거대한 연쇄여! 신으로부터 시작하여
> 영적인 성질, 인간적인 성질, 천사, 인간,
> 짐승, 새, 물고기, 벌레, 육안으로 보이지 않는 것,
> 그 어떤 안경으로도 볼 수 없는 것, 무한으로부터 그대에게로,
> 또 그대로부터 무에 이르도다. 해서, 더 센 힘의 방향으로부터
> 우리는 죄일 뿐 아니라, 더 약한 힘들마저 우리 쪽으로 죄여든다.
> 만일 그렇지 않다면 꽉 찬 우주에 빈틈이 생겨
> 한 계단이 무너지면 결국 거대한 모든 계단이 무너질 것이다.
> 자연의 사슬에서 그대가 빼낸 하나의 고리는
> 열 번째건 만 번째건 사슬을 파괴할 것이다.[69]

정리할까요? 플로티노스의 세계구조에서 물질세계를 유출시킨 일자·정신·영혼은 영원불변하는 '신적 존재'입니다. 창조와 관련해서 본다면 일자는 창조의 바탕이고, 정신은 창조의 틀이며, 영혼은 창조의 원리지요. 그리고 그들로부터 유출된 물질은 부단히 생성되고 소멸됩니다. 앞서 보았듯 여기서 우리는 신적 존재에 대한 플로티노스

의 세 가지 이론이 초기 기독교 신학자들에 의해 야훼를 이해하고 설명하는 데 그대로 쓰였다는 점에 주목해야 합니다.

전적으로 우연이었지만, 중기플라톤주의나 신플라톤주의에서 신적 존재인 일자·정신·영혼은 신약성서의 성부·성자·성령과 적어도 외형적으로는—그리고 내용적으로도 상당 부분—놀랍도록 맞아떨어 졌습니다. 그래서 중기플라톤주의의 영향을 받은 오리게네스Origenes, ?185-?254•나 신플라톤주의자라고도 볼 수 있는 프로클로스Proclos, ?410-485 같은 초기 기독교 신학자들은 야훼를 설명할 때 일자를 성부로, 정신을 성자로, 영혼을 성령으로 간주하는 데 조금도 주저하지 않았습니다.

하지만 모세를 비롯한 히브리 선지자들의 창조주와 피조물에 대한 이해가 그리스 철학자들의 존재와 존재물에 대한 사변과 심층적 내용에서도 꼭 맞아떨어진 것은 아니었습니다. 그런 까닭에 고대에는 물론이고 중세와 근대에 이르러서까지 기독교 신학자들은 기독교 교리 속에 남아 있는 그리스 철학의 부작용을 해소하기 위해 노력해야 했지요. 그랬다고는 해도, 초이성적 계시를 교리로 이론화해야 했던 초기 기독교 사상가들에게 플라톤주의 철학은 더할 나위 없이

• 오리게네스는 플로티노스의 스승이기도 한 암모니오스 사카스 밑에서 중기플라톤 철학을 공부했다. 그 후 20년이 지나서 플로티노스가 이 스승을 찾아와 공부했다. 이때 오리게네스는 벌써 해외에도 알려진 대신학자였고, 이미 알렉산드리아를 떠난 상태였다. 그래서 두 사람은 만난 적이 없다. 따라서 오리게네스를 플로티노스 같은 신플라톤주의자로 분류하는 것은 옳지 못하다(4권 『하나님은 유일한가』의 1장 가운데 '오리게네스의 삼위일체론'을 보라).

유용한 도구였습니다. 이것이 히브리의 존재 개념과 그리스의 존재 개념을 종합해 기독교적 신 개념을 형성한 결정적 계기지요. 그렇다면 이제 히브리인들은 존재에 대해 어떻게 생각했는지를 알아볼 차례입니다.

히브리인들과 존재

히브리인들에게 '존재'라는 말이 어떤 의미였는지에 대해서는 스웨덴 신학자 토를라이프 보만Thorleif Boman, 1894-1978의 저서 『히브리적 사유와 그리스적 사유의 비교』가 도움을 줍니다.

보만에 의하면, 그리스 언어가 정지적靜止的인 데 반해 히브리 언어는 역동적力動的 성격이 있습니다.* 특히 동사가 그런데요, 히브리어 동사는 항상 '…하다'라는 뜻 외에 '…하게 되다', '…하게 하다'라는 역동적 의미를 동시에 갖고 있습니다. 예컨대 '노하다'라는 동사에는 '노하게 되다'와 '노하게 하다'라는 뜻이 같이 있고, '빛나다'는 '빛나게 되다'와 '빛나게 하다'를 함께 의미하지요.[70]

히브리어로 '존재'를 의미하는 동사는 '하야'hyh 또는 hâyâ**입니다. 당

---

* 보만은 '정적'(靜的, statisch)이라는 개념은 불행히도 동적인 것의 부정적 측면만 부각시킨다며 그 대신에 '정지적'(靜止的) 또는 '조화적'(調和的)이라는 개념을 사용한다 [T. 보만, 허혁 역, 『히브리적 사유와 그리스적 사유의 비교』(Das hebräische Denken im Vergleich mit dem griechischen), 분도출판사, 1975, pp. 33-45를 보라].
** 존재를 나타내는 히브리어 '하야'의 표기는 'hyh'이지만, 보만은 『히브리적 사유와 그리스적 사유의 비교』에서 모음을 넣어 'hâyâ'로 표기했다. 여기서 보만의 주장을 인용하

연히 이 말도 정지적 개념인 '있다'라는 뜻만이 아니라 그 역동적 개념인 '있게 되다'(생기다) 또는 '있게 하다'(생성하다)라는 의미를 함께 지닙니다.[71] 특히 이 말이 하나님과 관련해서 사용되는 경우에는 '현존現存하다'라는 의미뿐 아니라 '현존하게 되다'와 '(현존하여) 어떤 작용作用을 하다'라는 사역使役의 성격이 더욱 분명해집니다.

보만은 구약성서에서 hāyā 동사가 하나님 또는 하나님의 말, 하나님의 손, 하나님의 영靈 등과 함께 사용되는 다양한 경우를 예로 들어 hāyā가 '(하나님이) 되다'(에스겔 11:20), '(하나님의 말이) 임하다'(창세기 15:1), '(하나님의 손이) 치다'(사무엘상 5:9)같이 역동적 의미로 사용되는 것을 보여 줍니다. 따라서 hāyā가 부정형으로 "하나님은 없다"(시편 10:4; 14:1)라는 말에 사용되었을 때도 그 '없다'는 '신이라는 존재가 없다'는 어떤 무신론을 주장하는 게 아닙니다. 그것은 '신의 사역 활동이 없다'라는 의미라는 거지요.

그래서 보만은 '야훼'YHWH라는, 신의 '네 철자 이름'이 가진 의미를 설명하는 곳에서 "야훼 외에 hāyā를 사용할 수 있는 것은 이 세상 어디에도 없다"[72]는 칼 하인츠 랏쵸Carl Heinz Ratschow의 말을 인용하기도 합니다.* 이어서 다음과 같이 선포하지요.

고 있으므로 혼란을 피하기 위해 보만의 표기를 따른다.
* '존재하다'를 뜻하는 hyh 동사에서 YHWH라는 하나님의 이름이 나왔다는 설과 hyh 동사와 YHWH는 서로 무관하다는 주장이 있다. 전자는 YHWH를 hyh의 불완전 칼(Qal)형으로 보는데, 이쪽이 개연성이 높다. 이에 대해서는 발터 아이히로트, 박문재 역, 『구약성서 신학』(*Theology of the Old Testament*), I, CH북스, 1998, pp. 96-198를 보라.

변하지 않는, 즉 영원한 håyå는 야훼에게 귀속되며 이 håyå는 동적인, 활동력 있는, 작용을 일으키는 인격적 실존인데, 그는 자신의 의지를 관철시키고 자신의 목적을 달성하며, 또 그렇게 함으로써 백성의 행복과 구원을 촉진시킨다. 이 경우 물론 백성의 순종은 전제되어 있는 것이다. 현존하며 영원히 작용하는 야훼는 창조자다.[73]

한마디로 야훼라는 하나님의 이름과 håyå는 구분될 수 없으며, håyå의 동적 의미가 곧 히브리인들이 이해한 존재의 속성이라는 말입니다. 이처럼 히브리인들에게 '존재'는 영원불변한 것인 동시에 생성·작용하는 실재입니다.• 이 실재의 생성과 작용이라는 활동을 통해 모든 존재물은 그의 피조물로 창조되고, 또한 그의 백성으로서 행복과 구원으로 인도되지요. 그의 백성이 하나님에게 기원하고 순종해야 할 이유가 여기 있는 겁니다. 히브리인들이 기도할 때 사용하는 '엘 하이'el hay(살아 계신 하나님) 또는 '하이 야훼'hay YHWH(살아 계신 야훼)라는 말에는 바로 이 같은 뜻이 들어 있습니다. 그런데 바로 여기에 그냥 넘어갈 수 없는 심각한 문제가 하나 숨어 있습니다. 잠시, 다시 돌아가 검토해 볼까요?

• 여기서 히브리인들의 하나님이 후일 기독교 교리에서 '삼위일체'(trinitas)로 표현되어야 하는 언어학적 기원과 당위성을 찾아볼 수 있다.

존재와 생성의 신비로운 종합

그리스인들에게 존재란 영원불변한 것이었습니다. 무언가 영원불변한다는 것은 어떤 의미겠습니까? 언제나 '자기동일성'auto kath' hauto을 유지한다는 뜻입니다. 그러므로 존재는 논리적으로는 결코 변화할 수 없습니다. 그 자신이 변할 수 없을 뿐 아니라 다른 어떤 것을 변화하도록 만들 수도 없지요. 다른 무언가를 변화하게 만드는 것 자체가 이미 하나의 변화이기 때문입니다. 그러면 존재의 자기동일성이 깨지고 말지요.

그 때문에 우리가 이미 앞에서 살펴보았듯이, 플라톤의 이데아나 플로티노스의 정신nous이 물질의 생성에 관여할 때도 자기 자신은 전혀 변하지 않고 단지 창조의 틀paradeigma로서만 작용하지 않았습니까? '거울'이라는 비유가 거기서 나왔고요. 불변을 속성으로 하는 존재와 변화를 속성으로 하는 생성 또는 작용은 이처럼 개념적으로 서로 대립합니다. 한마디로, 존재하는 것은 변화(생성·작용)하지 않고 변화(생성·작용)하는 것은 존재하지 않는다는 말입니다. 바로 이것이 파르메니데스로부터 내려온 그리스 존재론 전통의 한결같은 생각이지요.

그런데 이상하게도 히브리인들은 håyå라는 한 개념 안에 존재, 생성, 작용을 다 포함시킵니다. 그런 논리적 모순이 히브리인들에게는 어떻게 가능했을까요? 당신의 생각은 어떤가요? 이 문제는 사실 풀기가 좀 어렵습니다. 하지만 슬그머니 넘어갈 수 없는데요, 왜냐하면 우리가 이것을 알아야만 히브리인들의 신 개념은 물론이고 기독교의 신 개념도 비로소 정확히 이해할 수 있기 때문입니다. 그런데 다행히도 보만이 『히브리적 사유와 그리스적 사유의 비교』에 이 난해한 문제를 아래와 같이 흥미롭게 설명함으로써 이해의 실마리를 마련해 놓았습니다.

> hâyâ에 들어 있는 생성, 존재, 작용의 통일성이 우리들에게 기이하게 보이는 이유는 우리들의 사유가 가시적 사물들에 의해 그 방향이 설정되었기 때문이다. 그러나 사유의 방향이 심리적으로 정해지면 이 종합은 잘 이해될 수 있다. 왜냐하면 인격은 끊임없는 생성으로 구성되지만, 그것은 언제나 자기 자신과 동일한, 작용하는 존재이기 때문이다.[74]

어때요? 무슨 말인지 눈치챘나요? 아마 그랬을 겁니다. 특히 "인격은 끊임없는 생성으로 구성되지만, 그것은 언제나 자기 자신과 동일한, 작용하는 존재"라는 말이 핵심입니다. 다이달로스의 미궁을 빠져나갈 '아리아드네의 실타래'가 바로 거기 들어 있거든요. 하지만 이것만으로는 좀 부족하지요. 그래서 가능한 한 쉬운 말로 다시 설명해보자면 이렇습니다.

예컨대 '정직함'이라는 인격은 그것이 부단히 자기동일적으로 정직하게 행위할 때만 유지됩니다. 그러지 않는다면 더는 정직한 게 아니지요. 다시 말해 만일 당신이 한동안 정직하다가 어느 순간 거짓말을 한다면 그때부터 당신은 정직한 사람이 아닌 겁니다. 다른 예를 하나 더 들어 볼까요? 장미꽃이 지닌 빨간색은 끊임없이 자기동일적 빨강을 생성할 동안에만 유지되지요. 그러지 않으면 시간이 지남에 따라 점점 퇴색해 언젠가는 검게 시들어 버립니다. 그렇지요? 세상 모든 것이 마찬가지입니다! 요컨대 세상 만물은 그 무엇이든 끊임없는 자기동일적 생성과 작용을 통해서만 불변할 수 있습니다.

이제 수긍이 되지요? 자, 이런 관점에서 보면 이전과 비교해 뭔가가 달라졌을 겁니다. 놀랍게도 '불변과 변화', '존재와 생성'이 더는 대립하거나 모순되는 개념 쌍이 아니지요. 그렇지 않나요? 물론 그럼에도 불구하고 이 말을 논리적 관점에서 다시 생각해 보면, 여전히 생소하고 기이합니다. 불변하는 것은 변화할 때에만 불변할 수 있고, 존재는 생성·작용할 때만 존재일 수 있다니! 도대체 우리는 어쩌다가 이러한 역설적 결론에 도달한 걸까요?

보만은 앞의 인용문에서 이러한 종합이 우리에게 기이해 보이는 이유는 우리의 사유가 가시적 또는 사물 중심으로 이뤄지기 때문이라고 했습니다. 만일 우리의 사유가 심리적으로 이루어진다면 그 종합이 보다 잘 이해될 수 있다고도 했지요. 그런데 정말 그런가요? 내 생각에는 그렇지 않습니다. 보만이 전하려는 뜻은 분명 옳지만 내용은 좀 다르게 설명되어야 합니다.

시간화와 탈시간화의 마술

존재와 생성의 종합이 가진 난해한 문제를 해결하는 열쇠는 가시적 또는 사물 중심적 사유냐, 아니면 심리적 사유냐에 있지 않습니다. 그 열쇠는 시간에 있습니다! 갑자기 무슨 엉뚱한 소리냐고요? 그 대답을 하려면 사전 설명이 좀 필요합니다.

잘 알려진 바와 같이, 그리스인들이 공간적으로—또는 탈시간적으로—사유하는 경향이 강하고, 이에 비해 히브리인들은 시간적으로 사유하는 경향이 짙습니다. 특히 존재에 대한 사유가 그렇지요. 보만은 이러한 일반적 견해를 비판했지만,[75] 내 생각에는 그 일반적 견해가 오히려 옳습니다. 그리스인들은 존재든 존재물이든 모두 탈시간화脫時間化함으로써 그 변치 않는 본질을 통해 '개념적으로' 파악했고, 히브리인들은 하나님이든 인간이든 모두 시간 안에서 그 운동과 변화를 통해 '실존적으로' 파악했지요.

여기서 '탈시간화'라는 말이 조금 생소하게 들릴 수도 있겠군요. 그 말은 '시간에서 벗어나게 하다' 또는 '시간을 제거하다'라는 뜻입니다. 하지만 그것이 도대체 어떻게 가능할까요? 문제를 풀기 위해 한번 이렇게 생각해 볼까요?

당신도 아마 사진작가들이 카메라 앵글의 노출시간을 길게 해서 변화하는 대상을 촬영한 사진을 본 적이 있을 것입니다. 도시의 밤거리를 노출시간을 길게 해서 촬영한 야경 사진이 그 한 예인데요, 이런 사진에는 달리는 자동차들의 후미등 불빛이 하나로 이어져 기다란 붉은 선으로 나타나지요. 또는 꿀을 따 먹기 위해 허공의 한곳에 머물며 재빠르게 날갯짓하는 벌새의 모습을 노출시간을 길게 해서 촬영한 사진에서는 벌새의 빠른 날갯짓들이 하나로 이어져 마치 합죽선合竹扇을 펼쳐 놓은 것처럼 보입니다. 이 같은 사진들이 바로 탈시간화를 시도한 겁니다. 앵글의 노출시간을 길게 함으로써, 비록 일정 시간 안에서지만 변화(운동)하는 대상에서 시간을 제거해 불변(정지)하는 대상으로 보여 주는 것이지요.

개념을 산출하는 우리의 정신은 앵글의 노출시간을 '아주 길게' 열어 놓은 카메라와 같습니다. 그럼으로써 우리는 변화하는 대상들로부터 불변하는 개념들을 얻어 냅니다. 예를 들어, 정직한 행위를 반복해서 지켜 본 우리의 정신이 '정직'이라는 개념을 생성해 내는 겁니다. 또 아름다운 것들을 지속해서 지각한 우리의 정신이 '아름다움'이라는 개념을 얻어 내는 것이지요.

그렇다면 그리스인들이 말하는 불변하는 존재란 변화하는 존재의 '탈시간화된 모습' 또는 '시간 밖에서의 모습'에 불과합니다. 그렇지요? 플라톤의 이데아가 바로 이렇게 얻은 결과물입니다!• 그리고 히브리인들이 말하는 변화하는 존재란 불변하는 존재의 '시간화된 모습' 또는 '시간 안에서의 모습'일 뿐이지요. 예컨대 그들의 하나님 야훼YHWH가 바로 그렇습니다.

그리스인들의 사유가 얼마나 탈시간화된 것인지를 보여 주는 대표적 예는 그들이 개발한 이래 오늘날 우리에게도 그대로 계승되고 있

• 아서 러브조이도 이데아를 '탈시간화된 구조물'로 보았다. 아서 러브조이, 차하순 역, 『존재의 대연쇄』(*Great Chain of Being*, 1936), 탐구당, 1992, p. 55를 보라.

는 논리학입니다. 예를 들어 볼까요? 여섯 권으로 된 아리스토텔레스의 『오르가논』 가운데 맨 마지막 편인 『궤변 논박』에는 다음과 같은 궤변이 나옵니다.

    a) 병든 사람이 나았다.
    b) 나은 사람은 건강한 사람이다.
    c) 그러므로 병든 사람은 건강한 사람이다.[76]

형식적으로 볼 때 이 논증은 "철수는 남자다. 남자는 사람이다. 그러므로 철수는 사람이다"처럼 '바바라'Modus Barbara라는 삼단논법 형식을 그대로 따르고 있지요. 형식적 오류를 범하지는 않았다는 말입니다. 그런데도 결론은 궤변이에요. 원인이 뭘까요? 아리스토텔레스의 『궤변 논박』에는 이에 대한 아무런 설명이 없습니다. 그저 궤변의 한 유형으로 소개할 뿐이지요. 그러나 이유는 간단합니다. 그리스적 사유 형식을 대변하는 논리학에는 시간 개념이 빠져 있기 때문입니다. 이 말이 무슨 뜻인지는 앞의 논증을 다음과 같이 바꿔 보면 자연스럽게 드러나지요.

    a) 어제(t_1) 병든 사람이 오늘(t_2) 나았다.
    b) 나은 사람은 건강한 사람이다.
    c) 그러므로 어제 병든 사람은 오늘 건강한 사람이다.

어떤가요? 똑같은 형식의 논증이지만 이젠 궤변이 아니지요? 논증 안에 시간을 도입했기—즉 탈시간화된 사유를 시간화했기—때문입니다.*

고대 그리스 시대부터 오늘날까지 논리학은 이처럼 철저하게 탈시간화되어 있습니다. 그래서 그 어떤 변화도 전혀 다룰 수 없지요. 바로 이것이 파르메니데스가 시작하고 플라톤이 기초를 닦은 다음 아리스토텔레스가 체계화한 논리학의 전통이자 한계이며, 그것을 통해 사유해 온 서양의 사유들이 탈시간화된 이유입니다. 동시에 바로 그것이 우리가 히브리적 사고를 이해하기 어려운 까닭이며, 우리에게 근본적으로 시간화된 새로운 논리학이 요구되는 이유이기도 합니다.** 따라서 우리가 그리스 철학과 히브리 종교가 만나 형성된 기독교와 그것을 기반으로 형성된 서양문명을 제대로 이해하려면 적재적소마다 시간화와 탈시간화의 마술—즉 그리스적 사유를 시간화하거나 히브리적 사유를 탈시간화하는 별도의 작업—이 필요합니다.

이제 우리의 이야기로 다시 돌아갈까요? 존재란 생성과 작용의 '탈

• 아리스토텔레스는 『궤변 논박』에서 "앉아 있는 사람이 일어났다. 일어난 사람은 서 있다. 그러므로 앉아 있는 사람은 서 있는 사람이다"라는 예도 들었다. 이 궤변도 시간 개념을 도입해서 "t_1에 앉아 있는 사람이 t_2에 일어났다. 일어난 사람은 서 있다. 그러므로 t_1에 앉아 있는 사람은 t_2에 서 있는 사람이다"로 만들면 타당한 논증으로 바뀐다.
•• 서양논리학이 시간의 문제를 다룬 것은 놀랍게도 20세기 초에 개발된 시간논리(time logic)가 처음이었다. 그러나 그것은 양상논리(modal logic)의 일종으로 그 틀 안에서 개발되었기 때문에 우리의 시간적 사유와 진술을 논리적으로 다루는 데는 별다른 효용성이 없다.

시간화'된 모습이고, 생성과 작용이란 존재의 '시간화'된 모습에 불과합니다. 불변이란 변화의 탈시간화된 현상이고, 변화란 불변의 시간화된 현상일 뿐입니다! 시간을 매개로 서로 대립하는 두 개념이 하나로 종합된 겁니다. 어때요? 지금까지 해 오던 것과는 전혀 다른 사유 방법이지요? 다시 한번 강조하고자 합니다! 우리가 이처럼 독특한 사유 방법을 알아야 하는 이유는 단지 히브리인들의 사유 내지 언어 사용을 이해하기 위해서만은 아닙니다. 그것이 기독교에서 말하는 하나님인 야훼의 속성을 이해하는 지름길이며, 나아가 서양문명을 이해하는 데 디딤돌이 되기 때문입니다.

정말이냐고요? 그럼요! 우리가 '시간화와 탈시간화의 마술'이라고 이름 붙인 이러한 사유 방법과 논법을 모르고는, 예를 들어 근대 서구 지성인들이 활발한 토론을 벌이던 유명한 논제 가운데 하나인 "하나님은 영원히 안식하느냐 아니면 부단히 활동하느냐?"라는 물음에 대해 답할 수 없습니다. 이에 대한 기독교적 대답인 "하나님은 영원히 안식하면서 부단히 활동하신다"라는 말은 더욱 이해할 길이 없지요. 논리적으로 분명 모순되는 이 대답은 사실 이런 뜻입니다. 하나님은 '시간 밖에서는' 영원히 안식하지만, '시간 안에서는' 부단히 활동한다는 것이지요.*

---

* 이러한 생각은 하나님의 창조 활동과 함께 시간이 생겨났고, 따라서 하나님의 영원성이란 시간 안에서의 무한함이 아니라 시간의 구속에서 완전히 벗어나서 존재한다는 의미이며, 하나님은 세계에 대해 초월적 존재인 동시에 내재적 존재이고, 모든 존재물은 세계 안의 존재라는 교리와 연결되어 있다.

러브조이의 '이중적 논법'과 쿠사누스의 '대립의 일치'

20세기 초반에 활동한 플라톤 해석자이자 관념사학자인 아서 러브조이Arthur O. Lovejoy, 1873-1962는 『존재의 대연쇄』에서—"하나님은 영원히 안식하면서 부단히 활동하신다"라는 말처럼—내용상 서로 모순되는 두 개념을 하나로 묶어 사용하는 독특한 사유와 표현 방법을 "이중적 논법"二重的 論法이라고 불렀습니다.* 그리고 만일 우리가 이러한 논법을 이해하지 못한다면 서양문명에서 크고 중요한 부분을 제대로 이해하지 못할 것이라고 강조했지요.[77]

이중적 논법은 무엇보다도 존재에 대한 그리스적 사고와 히브리적 사유를 종합한 기독교적 신 개념을 설명하는 데 자주 사용되었습니다. 예컨대 기독교 신학의 초석을 다진 히포의 감독 아우구스티누스도 『삼위일체론』에서 신의 속성을 설명할 때 그 '이중적 논법'을 사용해서 다음과 같이 표현했지요.

> 하나님은 성질이 없어 선하며, 양이 없어 크고, 결핍이 없어 창조적이며, 지위가 없어 통치자이며, 외관이 없어 모든 것을 포괄하고, 장소를 갖지 않아 어디든지 있고, 시간을 갖지 않아 영원하며, 변함이 없어 변화하게 하고, 아무 작용을 받지 않아 모든 작용을 한다.[78]

* 러브조이가 말한 '이중적 논법'이 우리가 말하는 '시간화와 탈시간화의 마술'을 통해 모두 설명되는 것은 아니다. '이중적 논법'으로 표현된 개념들 가운데 시간과 관련된 "부동(motus)의 운동(actus)"과 같은 개념은 '시간화와 탈시간화의 마술'로 설명되지만, 예를 들어 "하나(uniformis)인 모두(omniformis)"와 같은 개념은 시간이 아니라 공간과 관련된 개념이기 때문에 설명되지 않는다.

이후 중세신학자들은 '대립하는 두 극단도 하나님에서는 하나로 만난다'는 관념을 니콜라우스 쿠사누스Nicolaus Cusanus, 1401-1464*의 '대립의 일치'coincidentia oppositorum 같은 용어를 통해 자연스레 받아들였습니다. 물론 당시 사람들이라고 해서 하나님에게 적용되는 "부동motus의 운동actus"이라든지, "하나uniformis인 모두omniformis" 같은 이중적 논법이나 우리가 앞에서 살펴본 시간화와 탈시간화의 마술을 쉽게 이해할 수 있었던 것은 아닙니다. 그들은 오히려 그러한 개념들을 전혀 이해하지 못하는 것 또는 이해하기를 아예 포기하는 것이 종교적 미덕이라고 여겼습니다. 그렇게 하는 것이 인간의 정신으로 다가갈 수 있는 그 어떤 개념보다 '더욱 탁월한 의미'sensus eminentior를 지닌 하나님에게 합당하다고 생각한 것입니다.

우리에게 문제가 되는 것은 이러한 독특한 사유와 표현 방식이 서양문명 곳곳에 자연스레 스며들어 지금도 암암리에 전해 내려온다는 사실입니다. 내 생각에는 괴테가 남긴 다음의 글에도 영원불변하는 그리스적 존재 개념과 부단히 생성·작용하는 히브리적 존재 개념이 '대립의 일치'를 이룬 구절이 숨어 있습니다. "영원한 것은 계속해서 모든 것 안에 생기生起하네" 같은 구절이 그것인데, 이는 우리가 앞에서 이미 살펴본 것처럼 영원한 것은 불변하고 불변하는 것은 생

---

* 니콜라우스 쿠사누스는, "독일 최초의 철학책이며 실제로 완전히 새로운 철학을 건설한 책이다"(E. 호프만)라는 평을 받은 자신의 저서 『무지의 지』에서 하나님은 극대자(極大者)이며 그 안에 모든 사물이 집약되어 있어 일체의 구별이 없어지기 때문에 모든 대립이 사라져 '대립의 일치'(coincidentia oppositorum)가 이루어진다고 주장했다.

기할 수 없기 때문에 그렇습니다.

어떤 존재도 무로 돌아갈 수는 없다네!
영원한 것은 계속해서 모든 것 안에서 생기生起하네.
존재함으로써 당신 자신을 행복하게 하시길!
존재는 영원하다네, 왜냐하면 그것은 법칙들이기에.
존재하는 소중함을 보존하시길,
그로부터 모든 것이 나오는 법이기에.[79]

어떻습니까? 무심코 이 글을 읽어서야 괴테의 의도를 제대로 파악했다고 할 수 없겠지요? 즉 괴테의 이 시 역시, 쿠사누스가 설파한 대립의 일치나 러브조이가 말한 이중적 논법이라는 사유방법을 모르고는 서양문명에서 이해하기 힘든 "크고 중요한 부분" 가운데 하나일 수 있습니다.

이 점에서는 고대 히브리인들도 마찬가지였습니다. 그들이 대립의 일치나 이중적 논법을 미리 알아서, 아니면 우리가 앞에서 언급한 시간화와 탈시간화의 마술에 대한 의식을 갖고 있어서 하야hāyâ라는 한 단어 안에 존재·생성·작용이라는 세 가지 의미를 내포시켰다고 생각할 수는 없습니다. 오히려 그들은 존재라는 개념이 생성이나 작용이라는 개념과 대립된다는 사실조차 몰랐을지도 모릅니다. 히브리인들은 단지 그들의 일상과 종교생활 속에서 야훼YHWH를 '존재하고 창조하며 인도하는 하나님'으로 체험했고, 그들의 언어생활 속에 하야^{hāyâ}를 '존재하며 생성·작용하는 행위'로 이해하고 사용했던 것이지요. 알다시피 구약성서는 이러한 종교적 체험과 언어적 표현들로 가득 차 있습니다.

우리가 여기서 기억해야 할 것은, 히브리인들의 이러한 체험과 표현이 그리스도인들에게로 이어져 기독교 신론인 '삼위일체론'의 '종교적' 토대가 되었다는 사실입니다. 물론 앞에서 살펴보았듯이 삼위일체론의 이론적 토대는 하나님을 '일자'와 '정신'과 '영'으로 구분한 플로티노스의 사변이 제공했지요. 그렇지만 그리스도인들이 단순히 신플라톤주의의 교설과 맞추기 위해 하나님의 '삼중적 계시'를 일부러 지어낸 것이라고 볼 수는 없습니다. 초기 그리스도인들 역시—구약시대에 히브리인들이 그랬듯이—그들의 종교적 현실 속에서 실제로 하나인 하나님을, 불변하는 존재인 '성부', 창조하는 '성자', 인도하는 '성령'으로 체험했다고 봐야 하지요. 비록 그들이 히브리인들과는 다른 언어와 다른 방식으로 사유했더라도 말입니다.

정리할까요? 창조한다는 것은 피조물들에게 본질과 존재를 주는 일입니다. 다시 말해 어떤 것(예: 사과)을 그것(예: 사과)으로 존재하게 하는 사역이지요. 스스로 생성·작용하는 존재가 아니고야—바꿔 말해 살아 계신 하나님$^{el\ hay;}$ 엘 하이이 아니고야—어떻게 본질과 존재를 피조물들에게 줄 수 있을까요. 자신을 무한한 '존재의 장$^{場,\ field}$'으로 펼쳐 그 안에서 피조물에게 본질과 존재를 나눠 줌으로써 그들을 생성하고 또한 그들에게 부단히 작용하여 자신의 의지대로 이끄는 존

재, 바로 이것이 모세에게 자신을 야훼^{YHWH}라고 계시한 하나님이
자, 히브리인들이 하야^{hāyā}라는 개념으로 이해한 하나님이지요.

물론 이 하나님은 기독교 신학이 존재 자체$^{ipsum\ esse}$라는 용어로
계승한 하나님이기도 합니다. 중세신학자들이 하나님이라고 부르고
이해한 '존재 자체'라는 개념은 불변하는 존재가 아니라 역동하는 존
재입니다. 명사라기보다 동사에 가깝습니다. 예컨대 "만물이 주에게
서 나오고 주로 말미암고 주에게로 돌아감이라"(로마서 11:36)라는 사
도 바울의 가르침이나 "자체 안에 전체를 내포하고 있으며 무한하고
무규정적인 실체의 거대한 바다^{大海}"와도 같다고 묘사한 토마스 아퀴
나스의 비유에도 필히 이러한 역동적인 신 개념이 들어 있습니다.

존재의 바다와 '퍼텐셜'

여기서 잠깐, 앞에서 별다른 언급 없이 불쑥 사용한 '존재의 장$^{場,\ field}$'이라는 용어를 설명하고 넘어갈까 합니다. 오해의 소지가 있어서
그렇습니다. 우리가 말하는 존재의 장은 만물의 궁극적 근거로서, 우
주까지 포함한 모든 존재물이 여기서 생겨나고, 여기서 존재하며, 여
기서 소멸하는 무한한 신적 근원을 뜻합니다. 토마스 아퀴나스가 사
용한 "실체의 거대한 바다"라는 비유에 해당하는 셈이지요.

그런데 만일 당신이 현대물리학에 약간의 관심과 지식을 갖고 있
다면 곧바로 이러한 의미 있는 질문을 던질지도 모릅니다. "그렇다면
당신이 말한 존재의 장이란 혹시 양자물리학자들이 '퍼텐셜'^{potential}

이라고 부르는 '소립자의 장'을 말하는가?"라고 말입니다. 왜냐하면 현대양자물리학자들이 말하는 퍼텐셜이야말로 바로 그것에 의해 만물이 생성되고 존재하며 소멸하는 장이기 때문이지요.

그렇습니다! 현대의 양자물리학자들도 우리가 말하는 존재의 장과 유사한 이야기를 퍼텐셜이라는 용어를 통해서 하지요. 예컨대 독일 뮌헨의 막스 플랑크 연구소 소장 한스 페터 뒤르Hans Peter Dürr는 고전물리학자들과 달리 세계가 원자와 같은 입자들이 모여서 구성되었다고 생각하지 않습니다. 그는 마치 플로티노스의 일자一者처럼 아직 나뉘지 않은 "온전한 무엇"이 먼저 있었고, 그것이 분화해서 하위구조를 만들어 냄으로써 세계가 구성되었다고 믿지요. 그리고 그 "온전한 무엇"의 바탕이 되는 소립자素粒子들은 물질과는 완전히 다른 성질을 갖고 있으므로 물질이라기보다는 장場, field이라고 부르는 것이 정확하다고도 했습니다. 비물질적인 '소립자의 장'에 의해서 우주가 탄생했고 지금도 유지되며, 매 순간 새로워진다는 말이지요.[80]

신학자 판넨베르크와 나눈 대화에서 뒤르는 스스로 물질이 되는 능력을 가져 우주 전체를 구성하고 있는 이 비물질적 장을 양자물리학자들은 "퍼텐셜"potential이라 부르고 신학자들은 "신의 숨결"이라 부른다며 다음과 같은 말을 했습니다.

> 신학자가 '신의 숨결'이라고 일컫는 것에는 자연과학을 기술할 때 볼 수 있는 과정과 동일한 기본구조가 내포되어 있어요. 예를 들어, 양자물리학은 '비물질적 기본구조'를 상정합니다. 하지만 제가 보기엔, 그

것이 비물질적이라고는 하지만 물질에 반대되는 무엇을 의미하지는 않아요. 우주 안에 있는 모든 것이 실은 '신의 숨결'이니까요. 그렇다면 물질적인 것이란 '신의 숨결'이 응결되면서 아직 생명을 갖추지 못한 '물질'이 형성된 것을 가리키는 말이 아닐까요? 아무튼 중요한 것은 바로 그 '숨결'입니다.[81]•

그러니까, 당신이 좀 전에 던진 질문은 이런 종류의 현대물리학자들의 주장 때문에 나온 것이지요. 그런데 이와 연관해서 당신이 알아야 할 게 있습니다. 이러한 주장들에는 '신학 용어'와 '물리학 용어'가 정확히 조율되지 않은 탓에 생긴 혼란과 오해가 끼어 있다는 점입니다. 무슨 말인지 살펴볼까요?

'바람'이나 '숨결'을 뜻하는 히브리어 루아흐 ^{rûah} ••나 그것의 그리스어 번역인 프네우마 ^{pneuma} •••는 우리가 일상적으로 생각하는 물질은

- 이 말을 뒤르의 생각대로 이해하려면, 그가 "하나님은 영이시니"(요한복음 4:24)라는 말과 이때 말하는 영(靈)이 히브리어로 '숨결'이나 '바람'을 뜻한다는 것을 이미 알았고, 그래서 그것을 염두에 두고 말했다는 것도 알아야 한다.
- • 고대 근동의 언어, 특히 서부 셈족 언어에서 어근 'rh'는 대부분 물리적인 '바람'이나 '향기' 또는 인간의 '숨결' 등을 의미했다. 히브리어 루아흐(rûaḥ)도 여기서 나왔기 때문에 일반적으로는 '바람', '향기', '숨결'이라는 의미로 사용되었다. 하지만 오직 구약성서에서만은 루아흐가 비물리적 '영'으로도 사용되었다. 히브리어 구약성서에는 이 단어가 모두 389번 나오는데, 그 가운데 107번이, 예컨대 "하나님의 영은 수면 위에 운행하시니라"(창세기 1:2)처럼 '영'이라는 의미로 쓰였다[W. 힐데브란트, 김진섭 역, 『구약의 성령 신학 입문』(*An Old Testament Theology of the Spirit of God*), 이레서원, 2005, pp. 27-31를 보라].
- ••• 70인역은 루아흐가 분명히 물리적 '바람'을 뜻할 때(52번)에는 아네모스(anemos)로 번역하기도 했지만, 대부분(277번)은 프네우마(pneuma)로 옮겼다. 고대 그리스어로 '불

아니지만, 분명 유물론적 요소가ー적든지 많든지ー들어 있습니다. 예컨대 스토아 철학자들에 의하면, 프네우마는 어떤 정신과 의지가 아니라 온 우주를 꽉 채우고 있는 미세한 원시물질입니다. 그것은 정제된 재료나 에테르 같은 것이고, 어떤 것이든 뚫고 들어가는 공기 같은 것이며, 그것의 운동법칙은 '무한한 원인의 연쇄'series implexa causarum로 나타나는 물질 형성의 바탕이지요. 그래서 뒤르 같은 양자물리학자들은 프네우마를 퍼텐셜과 같다고 보고 앞의 인용문처럼 말한 겁니다.

소립자의 장인 퍼텐셜도 통상적 의미의 물질은 아닙니다. 그래서 1932년 노벨 물리학상을 받은 독일의 양자물리학자 베르너 하이젠베르크Werner Heisenberg, 1901-1975는 칸트가 영원히 알 수 없는 것이라고 말한 '물 자체'Ding an sich를 퍼텐셜과 견주기도 했습니다.˙ 하지만 그것은 언제든지 물질로 현실화될 가능성possibility이나 경향성probability을 가졌으므로, 어쨌든 물질적입니다. 뒤르가 밝혔듯이 퍼텐셜은 단지 일반 물질들과 전혀 다른 성질을 가졌다는 의미에서만 비非물질적이지요. 이런 점에서 퍼텐셜은 스토아 철학에서 말하는 프네우마와 같습니다.

다, '숨쉬다'라는 뜻의 동사인 프네오(pneō)에서 나온 프네우마는 물리적 '바람', '숨결' 같은 의미로 사용되었다. 하지만 신약성서에서는 하나님과 연관해서 "하나님은 영이시니"(요한복음 4:24)와 같이 영이라는 뜻으로 사용되었다(같은 책, pp. 33-34를 보라).

• 양자물리학 측면에서 보자면, 칸트가 말한 '물 자체'란 인식에 의해 비로소 현실화되는 소립자의 장인 '퍼텐셜'이라 할 수 있다. 이런 관점에서 하이젠베르크는 "만약 양자물리학이 고전적 개념으로 해석된다면 '물 자체'도 결국 경험으로부터 간접연역이 가능한 수학적 구조로 환원될 수 있다"고 주장했다[W. 하이젠베르크, 최종덕 역, 『철학과 물리학의 만남』(Physics and Philosophy), 도서출판 한겨레, 1985, p. 85].

그러나 구약성서에서 '루아흐'가, 그리고 신약성서에서 '프네우마'가 하나님과 연관해서 사용될 때는 오직 '영'靈이라는 뜻만을 갖습니다. "하나님의 영은 수면 위에 운행하시니라"(창세기 1:2)나 "하나님은 영이시니"(요한복음 4:24)가 그 예입니다. 이것이 매우 중요한데요, 기독교에서 말하는 '하나님의 영'은 물질에 부단하고도 압도적으로 작용하지만 철저히 비물질적이지요.

영은 그 자신은 전혀 물질이 아니고 물질로부터 어떤 작용도 받지 않으며, 스스로 움직이는 신적 원리이자 의지입니다. 따라서 똑같이 '프네우마'라는 용어를 사용하더라도 스토아 철학과 성서가 또는 물리학자들과 신학자들이 같은 내용을 말하는 건 아닙니다. 엄밀히 말하자면 전혀 다른 대상에 대해 같은 용어를 사용할 뿐입니다. 그래서 자연과학과 신학 사이의 오해 없는 대화를 위해서는 무엇보다 전문용어terminus들의 조율이 선행되어야 합니다.

사실 양자물리학자들이 말하는 퍼텐셜은 우리가 말하는 존재의 장보다는 오히려 아우구스티누스가 『고백록』에서 언급한 "형상 없는 땅"•에 가깝다고 할 수 있습니다. 이에 대해서는 2권 『하나님은 창조주인가』에서 더 자세히 살펴볼 텐데요, 아우구스티누스에 의하면, 하나님은 만물을 무無에서 창조했지만 무에서 직접 이끌어 낸 것은 아닙니다. 우선, 무에 가까운 어떤 원물질原物質을 만들어 냈는데, 이

• 아우구스티누스는 "하나님이 천지를 창조하시니라"에 나오는 '천지'는 우리가 지구에서 바라보는 가시적 하늘과 땅이 아니라, '지혜의 하늘'과 '형상 없는 땅'을 뜻하는 것이라고 해석했다(참고. 『고백록』, 12, 2-13).

것이 바로 "형상 없는 땅"입니다. 그리고 그것으로부터 다시 만물을 창조했다는 것이지요. 아우구스티누스는 이 말을 『고백록』에 다음과 같이 썼습니다.

> 이 불가시적이고 '형상 없는 땅'으로부터, 거의 무에 가까운 이 무형적인 것으로부터, 주님은 변화무쌍한 만물을 지어내셨으니 이로 말미암아 변화하는 우주가 생기게 되었나이다.[82]

무와 유(물질)의 중간에 있는—따라서 무는 아니지만 "거의 무에 가까운"—이 무형의 원물질이 바로 아우구스티누스가 말하는 "형상 없는 땅"이고 물리학자들이 말하는 퍼텐셜이라고 할 수 있지요.

따라서 만일 우리가 앞에서 인용한 아우구스티누스의 고백을 현대물리학 용어로 번역하면 "이 불가시적이고 형상 없는 퍼텐셜로부터, 거의 무에 가까운 이 퍼텐셜로부터, 주님은 변화 가능한 만물을 지어내셨으니 이로 말미암아 변화하는 우주가 생기게 되었나이다"가 됩니다. 그러니 퍼텐셜이 우리가 말하는 존재의 장이나 기독교에서 섬기는 하나님일 수는 없습니다.

이것 역시 2권 『하나님은 창조주인가』에서 다시 한번 자세하고 분명하게 설명하겠지만, 둘 사이에 존재하는 무시할 수 없는 유사성에도 불구하고* 내가 퍼텐셜과 존재의 장을 굳이 구분하려는 데는 이유

---

* 예컨대 안드레이 린데(Andrei Linde)와 리 스몰린(Lee Smolin) 같은 물리학자들에게

가 있습니다. 그러지 않을 경우, 다시 말해 신학적 개념인 존재의 장을 양자물리학적 개념인 퍼텐셜로 인식할 경우에는 하나님도 세계의 일부가 되어 세계에 대한 하나님의 절대적 독립성, 곧 하나님의 세계 초월성이 훼손되기 때문이지요.

자, 이제 이 이야기의 서두에서 당신이 던진 의문에 답할 시간입니다. 현대양자물리학자들이 말하는 '퍼텐셜'은 우리가 말하는 '존재의 장', 곧 하나님이 아닙니다. 존재의 장은 퍼텐셜 안에서 그것을 가능하게 하지만 퍼텐셜을 무조건 초월하고, 우주 안에서 그것을 가능하게 하지만 우주를 무한히 초월합니다. 이는 마치 하나님의 크기가 모든 물리적 공간의 크기를 가능하게 하지만 그것을 초월하고, 하나님의 영원성이 모든 물리적 시간의 흐름을 가능하게 하지만 그것을 초월하는 것과 같습니다. 탁월한 중세신학자 캔터베리의 대주교 안셀무스는 이 말을 다음과 같이 표현했습니다.

> 최고의 본질(하나님)이 어떤 시간과 장소에도 항상 존재하면서, 동시에 어떤 시간과 장소 안에도 존재하지 않는다는, 다시 말해 그것이 모든 시공 안에 존재하면서 어떤 시공에도 존재하지 않는다는 것을 안다면, 제기된 반론들을 충분히 해결할 수 있다.[83]

서 지지를 받는 다중우주 모형(Multiverse Model)에 따르자면 퍼텐셜은 약 10^{500}개로 추정되는 진공 상태를 포함하는데, 각각의 진공 상태가 모두 빅뱅을 통해 하나의 우주로 발전한다. 이 같은 우주들의 팽창은 마치 바다에서 물방울이 생겼다가 사라지듯이 시작도 끝도 없는 연속 과정일 수 있다. 이 때문에 퍼텐셜 역시 자주 거대한 바다에 비유되는데, 이 경우 우리는 우리에게 알맞은 '우주적 물방울' 속에서 사는 것이다.

어떤가요? 당신이 제기한 의문도 충분히 해결되었나요? 바로 이런 이유로 누군가가 퍼텐셜이 곧 신이라고 한다면, 그는 스피노자와 아인슈타인이 믿는 신, 곧 우주와 신이 하나인 범신론pantheism에서의 신을 말하는 것일지언정, 기독교에서 말하는 하나님인 야훼를 가리키는 것은 아니지요. 야훼는 세계에 항상 내재하지만, 동시에 세계를 언제나 초월합니다!

같은 말을 안셀무스는 하나님이 모든 것을 "관통하며 포괄한다"[84]라고 했는데, 내 생각에는 참 탁월한 표현입니다. 내재하면서 동시에 초월한다는 뜻이거든요. '관통하며 포괄한다'는 말은 물 위에 떠 있는 어떤 사물(예를 들어 축구공)을 물이 포용하듯이 밖에서 포괄한다는 게 아닙니다. 그것은 마치 물 위에 뜬 물방울들을 물이 포용하듯 안팎으로 침투해서 포괄한다는 말입니다. 이를 안셀무스는 '유지하고, 뛰어넘고, 감싸안고, 관통한다'고도 묘사했지요. 요컨대 "최고 본질은 모든 것 안에, 모든 것을 통해 있고, 모든 것은 최고 본질로부터, 그것을 통해, 그것 안에 있다"[85]는 겁니다.

이런 사유를 바탕으로 안셀무스는 하나님이 모든 장소에 있다고 하기보다는 (모든 공간에 내재하며 동시에 초월한다는 뜻으로) 하나님이 '어디에나' 있다고 말해야 한다고도 했습니다.[86] 또한 하나님이 모든 시간 안에 있다고 하기보다는 (모든 시간에 내재하며 동시에 초월한다는 뜻으로) '항상' 있다고 표현해야 한다고도 주장했지요.[87]

하나님의 모습 상상하기

이제 어떤가요? 기독교에서 말하는 하나님의 모습이 상상이 되나요? 적어도 미켈란젤로가 그린 〈아담의 창조〉에 등장하는 근엄한 노인이 아니라는 건 이전보다 분명해졌지요? 그런데도 그의 모습을 구체적으로 떠올리기는 여전히 어렵습니다. 그 점에선 나 역시 크게 다르지 않은데, 원래 그게 하나님이고, 본디 그게 인간이지요. 하나님은 무한하고, 인간은 무한한 어떤 것을 상상하거나 생각할 수 없습니다. 그것은 우리의 정신이 가진 능력을 현저히 벗어납니다. 오죽하면 칼 바르트가 하나님을 "모든 인간적인 것에 무한한 질적 차이로 대립하고 있으며 우리가 하나님이라고 부르고 알고 체험하고 경배하는 것과 결코 일치하지 않는"[88] 분이라고 표현했겠습니까!

그래서 하나님에 대한 모든 상상, 모든 형상화, 모든 규정과 언급은 사실상 부질없을 뿐 아니라 매우 위험한 일이기도 합니다. 이것이 십계명 가운데 두 번째 계명에서 하나님이 우리에게 우상과 형상을 만들지 말라고 금한 근원적인 이유고, 중세에 일어난 가장 흥미로운 사건 가운데 하나인 '성화상 파괴 운동'iconoclasm의 신학적 동기지요. 그렇지만 문제는 우리가 하나님을 형상화하는 것에 대한 강렬하고도 부단한 욕망을 결코 포기하지 못한다는 데 있습니다.

이유가 뭘까요? 왜 우리는 그 숱한 금언에도 불구하고 끊임없이 하나님의 모습을 상상하고 또 실제로 보기를 원할까요? 이유는 단순합니다. 그렇게라도 하지 않으면 우리는 도무지 하나님을 인식할 수 없기 때문이지요. 그런데 어떤 식으로든 하나님을 인식하지 못하고야 어떻게 그를 믿고 그에게 의지하며 그의 사랑과 은혜를 갈구할 수 있겠습니까? 바로 이것이 우리의 가엾은 실존적 상황이지요. 따지고 보면 이보다 더 안타까운 일이 또 어디 있을까 싶습니다만, 달리 어찌할 수도 없는 일입니다.

그래서 안셀무스는 "하나님을 명상하려는 충동"이라는 시에서 이러한 우리의 딱한 정황을—역시 똑같이 갈급한 심정을 토로한 다윗의 시구(시편 27:8)를 빌려—다음과 같이 호소했지요.

> …"내가 주의 얼굴을 찾으리이다.
> 여호와여, 내가 주의 얼굴을 찾으리이다.'"
> 자, 이제 당신, 주 하나님, 내 마음을 가르치소서.
> 어디서 그리고 어떻게 당신을 찾고,
> 어디서 그리고 어떻게 당신을 발견하는지를.
> 주님, 여기에 당신이 안 계시면 어디서 당신을 찾겠습니까?
> 그러나 당신께서 어디에든 계시면, 왜 저는 존재하는 분을 뵙지 못합니까?
> 그러나 확실히 당신께서는 "가까이 가지 못할 빛"(디모데전서 6:16)

- "여호와여 내가 소리 내어 부르짖을 때에 들으시고 또한 나를 긍휼히 여기사 응답하소서. 너희는 내 얼굴을 찾으라 하실 때에 내가 마음으로 주께 말하되 여호와여 내가 주의 얼굴을 찾으리이다 하였나이다"(시편 27:7-8).

가운데 사십니다.

그러면 어디에 "가까이 가지 못할 빛"이 있습니까?

또 제가 어떻게 그 "가까이 가지 못할 빛"에 다다르겠습니까?

또 누가 저로 하여금 당신을 그 안에서 보도록,

저를 그리로 이끌겠습니까? 이끌어 들이겠습니까?

그렇다면 어떤 징표에서,

어떤 얼굴에서 당신을 찾아야 합니까?

주님, 저의 하나님, 저는 결코 당신을 본 적이 없습니다.

저는 당신의 얼굴을 알지 못합니다.

가장 높으신 주님, 제가 무엇을 해야 합니까?

당신을 향한 사랑에 마음 졸이며, 당신의 얼굴로부터 멀리 내쳐진(시편 51:13)

당신의 종이 무엇을 해야 합니까?…[89]

그렇지요! 다윗과 안셀무스의 호소대로 우리는 무언가를 하지 않을 수 없습니다. 사정이 이러하니, 예컨대 일찍이 솔로몬이 예루살렘 성전을 짓고 언약의 궤를 모시는 제단 앞에서 하늘을 향해 손을 뻗어 "하나님이 참으로 땅에 거하시리이까? 하늘과 하늘들의 하늘이라도 주를 용납하지 못하겠거든"(열왕기상 8:27)이라고 그 광대함을 외쳤고, 다마스쿠스의 요하네스와 토마스 아퀴나스가 "자체 안에 전체를 내포하며 무한하고 무규정적인 실체의 거대한 바다大海"라고 기록한 표현을 빌려, 그리고 무엇보다도 우리가 정리한 '존재의 장'이라는 개념을 바탕으로 대강 이렇게 상상해 보면 어떨까요?

시작도 끝도 없는 어떤 무한한 바다가 있습니다. 그 바다는 가만 있지 않고 끊임없이 역동적으로 출렁이는데, 그 안에 일정한 법칙이 있어서 그 법칙에 의해 무수한 물방울들이 생겼다가 없어지지요. 게다가 무작정 출렁이는 것만은 아니고, 거스를 수 없이 강력하고 지혜로우며 거룩한 자신의 뜻을 이루기 위해 출렁입니다. 따라서 그 안의 모든 물방울은 잠시 존재할 동안에조차 오직 그 바다의 뜻과 의지에 의해 이끌려 갈 수밖에 없습니다(참고. 시편 23:1-4). 이 무한하고(참고. 열왕기상 8:27; 욥기 11:9) 영원하며(참고. 시편 90:2; 디모데전서 1:17), 강력하고(참고. 시편 46:1-3; 104:2-9) 지혜로우며(참고. 로마서 16:27) 거룩한(참고. 이사야 6:3; 요한계시록 4:8) 존재의 바다가 바로 하나님[야훼]이지요. 그리고 그에 의해, 그 안에서 생겼다가 잠시 후 없어지는 물방울들이 곧 존재물들입니다. 야고보가 "너희는 잠깐 보이다 없어지는 안개니라"(야고보서 4:14)라고 묘사한 인간은 물론, 광활한 우주마저도 이 바다에 잠시 생겼다 없어지는 물방울 하나에 불과할 뿐입니다.

네, 물론 비유입니다. 종교적 상징과 존재론적 함축성을 지닌 비유지요. 어때요? 그럴듯한가요? 혹시 당신은 겨우 비유를 통해 말할 수밖에 없는가 하고 불만스러울 수도 있습니다. 하지만 예수님도 하나님과 그의 나라에 관해 설명할 때는 어쩔 수 없이 비유를 사용했다는 것을 상기해 보세요. 아마 그런 불만은 이내 사라질 겁니다. 예수님도 그런데 하물며 우리야 오죽하겠습니까? 바울이 고린도전서 13장 12절에서 언급한 그때,• 곧 모든 것을 "얼굴과 얼굴을 대하여" 보듯이 온전하게 알게 되는 그때가 오기 전까지는 '겨우 비유를 통해서'가 아니라 '오직 비유를 통해서' 하나님에 대해 상상하고 말할 수밖에 없는 일이지요.

앞에서 이미 언급했듯이, '바다'라는 비유를 통해 하나님을 상상하거나 이해하는 것은 새로운 일이 아닙니다. 카파도키아의 위대한 세 교부 가운데 나지안주스의 그레고리우스Gregorius Nazianzenus, ?329-?389가 하나님을 "무한하고 무규정적인 실체의 거대한 바다"라고 비유한 이래, 토마스 아퀴나스 같은 중세신학자들이 이 비유를 즐겨 사용했기 때문입니다.••

인간을 비롯한 모든 피조물들을 물방울로 비유한 것도 마찬가지입니다. 예를 들어 17세기 영국의 시인 헨리 모어Henry More, 1614-1687의 시 "영혼불멸"에는 "거대한 바다大洋에서 물방울 하나란 무엇이란 말인가?"라는 구절이 있고, 18세기 독일의 시인 프리드리히 실러의 "친구"라는 시에서도 모든 피조물이 "존재들의 왕국이라는 잔에서 일

• "우리가 지금은 거울로 보는 것같이 희미하나 그때에는 얼굴과 얼굴을 대하여 볼 것이요, 지금은 내가 부분적으로 아나 그때에는 주께서 나를 아신 것같이 온전히 알리라"(고린도전서 13:12).
•• 하나님을 '바다'에 비유하는 말은 4세기에 활동한 위대한 신학자인, 알렉산드리아 감독 아타나시우스(Athanasius, 295-373)의 "성부의 심연(深淵)"이라는 말에서 시작되었다. 이 말을 카파도키아의 위대한 세 교부 가운데 나지안주스의 그레고리우스가 "무한하고 무규정적인 실체의 거대한 바다"(Gregorius Nazianzenus, "In theophaniam", orat. 38)라고 바꾸었는데, 성화상 옹호론자였던 다마스쿠스의 요하네스가 이 말을 서방교회에 보급했다.

고 있는 거품"과 같은 비유로 표현되었기 때문입니다.

하지만 그렇다고 해서 당신은 우리가 지금 사용하고 있는 이 '존재의 바다'라는 비유를 결코 가볍게 봐서는 안 됩니다. 앞으로 차츰 드러나겠지만, 존재의 바다라는 비유를 통해 우리는 기독교에서 말하는 하나님에 관한 가르침들을 이전보다 훨씬 자연스럽게 이해할 수 있게 될 테니까요.

예컨대 우리는 '바다'라는 비유를 통해서, 우선 하나님이 암암리에 사람처럼 생겼으리라는 끈질긴 망상을 떨쳐 버릴 수 있습니다. 또한 이 바다가 우주마저 포괄하고 초월할 만큼 무한하다는 점에서 '하나님은 없는 곳이 없다'無所不在, omnipresence는 오랜 주장도 큰 거부감 없이 받아들일 수 있지요. 또한 동시에, 하나님이 유일하다는 교리를 다른 종교에 대한 배타적 선포가 아니라, 존재의 바다가 무한히 광대해서 존재하는 모든 것은 다 포괄하며 그의 밖에는 존재하는 것이 아무것도 없다는 의미로도 이해할 수 있게 되었습니다. 나아가 그 바다가—마치 현대물리학자들이 말하는 퍼텐셜처럼—그 자신은 무형이지만 모든 유형적 존재물이 생성하고 소멸하는 장field이라는 점에서 형체가 없는 하나님이 만물의 창조주라는 교설을 이해할 수도 있습니다.

어디 그뿐인가요? '물방울'의 비유를 통해 우리는 우주만물이 하나님에 의해 생겨나서 그 안에 존재하다가 그 안에서 사라지는 피조물이라는 교설이나, 하나님이 우리의 시작과 끝 그리고 머리카락 한 올까지도 모두 늘 헤아린다는 교훈 역시 자연스레 수긍할 수 있게 됩니다. 바다 안에서 생겨나 그 위에 잠시 떠 있는 물방울이 어찌 바다의 움직임을 벗어나거나 거스를 수 있겠습니까? 사정이 그러하니, 하나님은 그 무엇도 거스를 수 없을 만큼 강할 뿐 아니라 동시에 한없이 지혜롭고 거룩해서 만물을 오직 자신의 뜻과 의지로 이끌어 간다는 섭리의 교리(로마서 8:28; 에베소서 1:11) 역시 같은 맥락에서 이해할 수 있게 되지요. 이같이 다분히 존재론적인 정황을 일찍이 간파한 다윗은 수금竪琴을 들고 다음과 같이 노래했습니다.

> 여호와여 주께서 나를 살펴보셨으므로 나를 아시나이다
> 주께서 내가 앉고 일어섬을 아시고 멀리서도 나의 생각을 밝히 아시오며
> 나의 모든 길과 내가 눕는 것을 살펴보셨으므로 나의 모든 행위를 익히 아시오니
> …내가 주의 영을 떠나 어디로 가며 주의 앞에서 어디로 피하리이까
> 내가 하늘에 올라갈지라도 거기 계시며 스올[음부]에 내 자리를 펼지라도 거기 계시니이다
> 내가 새벽 날개를 치며 바다 끝에 가서 거주할지라도
> 거기서도 주의 손이 나를 인도하시며 주의 오른손이 나를 붙드시리이다.
> (시편 139:1-10)

4권 『하나님은 유일한가』에서 삼위일체론을 다루며 다시 자세히 이야기하겠지만, '존재의 바다'라는 이 비유는 또한 성부·성자·성령

이 '나뉨 속에서도 연합해' 있고, '분리되지 않는 하나이면서 동시에 구분되는 셋'이라는 하나님의 삼위일체 속성을 어려움 없이 이해하거나 설명할 수 있게 합니다. 삼위일체를 합리적으로 이해하고 적절히 설명하는 것은 대부분의 성직자와 신학자마저 매우 난감해하는 일임을 감안한다면 무척 고무적이라 할 수 있지요.

아, 물론 당신은 여기서 이렇게 반박할 수 있습니다. "좋다! 지난 2,000년을 두고 많은 뛰어난 학자가 그렇게 주장해 왔다고 하니, 지금까지 우리가 살펴본 이론들을 모두 인정한다고 하자. 그렇다고 해도 그것은 하나의 사변일 뿐이지 않은가. 다시 말해 그러한 야훼, 곧 존재로서의 하나님이 '실제로 존재한다'는 증거는 없지 않은가! 게다가 당신이 말하는 존재의 장이 물리학자들이 말하는 퍼텐셜조차 아니라면, 하나님이 실제로 존재한다는 것은 도대체 어떻게 증명할 수 있는가? 하나님은 신자들의 마음과 신학자들의 정신 속에만 존재하는 것 아닌가? 만일 그렇다면 그 많은 사변이 다 무슨 소용이 있는가!"

그렇지요! 당신의 말이 옳습니다. 당신의 이같이 정당하고도 의미 있는 반박을 통해 우리는 이제 이른바 '하나님의 존재증명'이라는 새롭고 흥미로운 주제로 뛰어들게 됩니다.

하나님은 실제로 존재하는가

하나님의 존재를 합리적으로 증명할 수 있나

하나님은 실제로 존재할까요? 예나 지금이나 이것은 우리가 하나님에 관해 갖는 가장 큰 의문입니다. 아마 그래서인지, 기독교 신학에서는 전통적으로 하나님에 관한 이야기를 여기서부터 시작하지요. 토마스 아퀴나스도 그의 방대한 저술 『신학대전』의 제1부 신론神論에서 '어떤 것이 무엇인가'quid est라는 물음은 '그것이 실제로 있는가'an est라는 물음 뒤에 따라오는 것이라면서 하나님의 현존 문제를 먼저 다룬 다음에 하나님의 속성에 관한 문제들을 차례로 설명합니다.[1] 그럼 우리는 왜 오랜 전통을 따르지 않고 먼저 하나님이 무엇인지를 살펴본 다음, 그의 존재 문제를 알아보려는 걸까요? 이에 대한 설명을 짧게 덧붙이자면 이렇습니다.

우선 상식적으로 생각해 보지요. 혹시 오카피Okapi를 아세요? 세계 5대 희귀동물 가운데 하나입니다. 몸길이가 약 2.1미터이고 어깨 높이가 대강 1.6미터이며 몸무게는 210킬로그램 정도인데, 혀의 길이가 60센티미터나 되는 기린과科 포유류지요. 그런데 만일 우리가 그 동물이 어떻게 생겼는지를 전혀 모른다면, 오카피가 존재하는지 아닌지를 어찌 알겠습니까. 설사 그것이 바로 옆에 서 있다고 해도 말입니다. 그래서 우리는 하나님이 무엇인지, 도대체 어떻게 생겼는지부터 알아보고 그가 과연 존재하는가를 살펴보려고 하는 겁니다.

그런데 왜 이런 차이가 생기는 걸까요? 그것은 아퀴나스와 우리가 서로 다른 입장에 서 있기 때문입니다! 아퀴나스는 성서를 통해 하나님이 무엇인지를 이미 세세히 알고, 신앙을 통해 그의 존재를 굳게 믿는 수도승이자 신학자로서 아직 그렇지 못한 사람들을 위해 저술을 했습니다. 그 때문에 그에게는 하나님의 존재를 증명하는 일이 가장 먼저 처리해야 할 사안이었던 거지요. 만일 하나님이 실제로 존재하지 않는다면, 그에 대해 이렇다 저렇다 설명하는 것 자체가 부질없는 일이 될 테니까요.

그러나 우리는 너나 할 것 없이 하나님이 무엇인지를 모르거나 또는 잘못 알고 있으며, 그의 존재를 끊임없이 의심하는 일반인의 입장에서 이야기를 나누고 있습니다. 그래서 우리에게는 하나님이 무엇인지, 어떻게 생겼는지를 아는 것이 가장 먼저 해결해야 할 문제입니다. 누구도 자기가 모르는 대상의 존재를 증명할 수는 없기 때문이지요. 아퀴나스와 우리는 이렇게 입장이 다르고, 그래서 순서가 뒤바뀐 겁니다. 이 말은 우리가 지금부터 살펴볼 하나님의 존재증명이 그 어떤 종교적 선입견도 없이 단지 인문학적 입장에서 전개될 것임을 미리 알리는 것이기도 합니다.

그런데요, 하나님의 존재를 증명하는 일은 흥미롭긴 하지만 생각보다 상당히 어렵고 복잡합니다. 그래서 이에 대한 논란이 끊이지 않는 것이고, 사실 할 수만 있다면 피해 가고 싶은 문제이기도 하지요. 그러나 또한 그만큼 중요해서 언젠가 한 번은 부딪쳐 봐야 할 문제이기도 합니다. 여기서 우리는 다음 두 가지 측면으로 접근해 보려고 합니다. 하나는 '하나님의 존재를 합리적으로 증명할 수 있는가'이고, 다른 하나는 '하나님의 존재를 경험적으로 검증할 수 있는가'입니다.

앞의 질문은 논리적 타당성^{validity}을 따져 보자는 것입니다. 대부분의 중요한 기독교 교리가 확립된 이래 '하나님 증명' 또는 '하나님의 존재증명'이라는 이름으로 행해진 숱한 논증이 바로 이 문제를 다루었습니다. 뒤의 질문은 건전성^{soundness}을 살펴보자는 것으로, 이러한 주장은 특히 근대 이후에 실증주의와 함께 지식의 옳고 그름을 판단하는 데 기준이 되었습니다. 정리하자면, 만일 하나님의 존재가 논리적으로 타당하고 그것을 경험적으로도 검증할 수 있다면, 우리는 그리스도인들이 "하나님은 살아 계신다"라고 감동적으로 외치는 명제를 진리로 받아들일 수 있다는 뜻입니다.

어떤가요? 종교적으로나 신학적으로나 모두 유익하고 흥미로운 작업이겠지요? 그뿐 아니라 인문학적으로도 도움이 될 것입니다. 이 작업을 통해 우리는 서양철학에서 인식론이라고 부르는 학문―즉 우리는 무엇을, 어떻게, 또 얼마나 알 수 있는가 하는 이론들―의 핵심을 더불어 이해하게 될 테니까요.

그런데 잠깐, 사전에 정리하고 넘어가야 할 개념들이 있습니다. 존재存在와 현존現存, 그리고 실존實存이 그것입니다. 존재는 어의적으로는 단순히 '있음'을 의미하지만, 역사의 흐름 속에선 시대와 학파에 따라 특별한 철학적 또는 신학적 의미가 다양하게 부여되었습니다. 우리는 지금까지 '야훼'YHWH라는 신의 이름과 연관해서 '존재' 개념을 살펴보았는데요, 지금부터 이야기하고자 하는 하나님의 '존재'는 그와 달리 단순히 '실제로 있음'만을 뜻합니다. 그래서 흔히 사용되는 개념이 현존 또는 실존입니다. 이 두 개념은 사실 많은 신학 저서에서 분명한 규정 없이 혼용되고 있습니다. 그에 따른 혼란을 피하기 위해 우리는 이 용어들을 다음과 같이 규정해서 사용하기로 하지요.

실존existence은 어의만으로 보면 '실제로 존재함'을 의미합니다. 상당수의 신학자들도 논문이나 저술에 이런 뜻으로 사용하지요. 그러나 키르케고르 이후 하이데거, 야스퍼스, 사르트르 같은 20세기 실존주의자들은 실존이라는 용어를 새롭게 정의했습니다. 대강 '자신의 삶을 스스로 선택하고 결단함으로써 의미 있게 만든다'라는 특별한 의미로 사용했지요. 예컨대 하이데거는 '기획투사'Entwurf함으로써, 사르트르는 '앙가주망'engagement함으로써 인간은 비로소 실존한다고 했습니다. 간단히 설명하자면, 기획투사란 스스로 선택한 자신의 '존재 가능성'을 향해 자기 자신을 던진다는 의미이고, 앙가주망은 역사적·사회적 현실에 제 스스로를 잡아매는 것을 뜻합니다. 그럼으로써만 인간은 무의미한 자신의 삶을 의미 있게 만들 수 있다는 것이지요.

이런 까닭에 실존주의 이후부터 실존이라는 용어는 두 가지 의미를 갖게 되었고, 당연히 이 둘을 구분해서 사용하지 않으면 혼란이 야기됩니다. 그러니 앞으로 우리는 '실존'實存이라는 용어는 실존주의자들의 용법을 따라 사용하고, 기존의 의미대로 '실제로 존재함'existing in reality을 표현할 경우에는 '현존'現存이라는 용어를 사용하기로 하지요. 요컨대 하나님은 실제로 존재하는가 하는 물음을 "하나님은 실존하는가?"라고 하지 않고 "하나님은 현존하는가?"라고 묻겠다는 말입니다.

캔터베리 대주교를 공격한 무명의 수도사

하나님의 현존을 증명하려는 논증은 고대부터 이어져 왔지만, 내가 아는 한 이 문제에 관해 가장 흥미로운 이야기는 11세기 말 캔터베리의 대주교 안셀무스와 마르몽티에의 수도사 가우닐로Gaunilo 사이에 있었던 논쟁입니다. 자, 여기서부터 이야기를 시작해 볼까요?

안셀무스는 스위스와의 국경 지방인 이탈리아 서북부에 자리한 피에몬테 지방의 아오스타에서 태어났습니다. 그의 어머니 에르멘베르가Ermenberga는 경건한 신앙을 가진 여성이었지요. 하지만 아버지 군돌프Gundolf는 현세적이고 거친 귀족이었습니다. 그는 아들의 신앙적 열정에 반대하여 폭력을 휘두르기도 했습니다. 안셀무스는 아버지와 다투고 집을 나와 베크 수도원에 들어갔고, 그곳에서 공부한 뒤 수도사가 되었습니다. 그의 머리는 명석했고, 품성은 순결했습니다. 그 덕에 마흔다섯 살에 대수도원장이 되었고, 예순 살이던 1093년에는 캔터베리의 대주교로 취임했습니다.

안셀무스는 열정적인 수도원주의자였습니다. 그뿐 아니라 성직서임권을 놓고 영국 왕과 맞선 용감한 투사였고, 제자들을 사랑으로 교육한 훌륭한 스승이기도 했지요. 무엇보다도 그는 이성적 증명을 포기하는 것은 태만이라고 선언할 정도로 "이해를 추구하는 신앙"fide quaerens intellectum² 을 견지하면서 기독교 신학에 중요한 획을 긋는 저술들을 남긴 탁월한 신학자였습니다. 그가 이룬 신학적 업적 가운데 가장 널리 알려진 것이 바로 우리가 지금부터 살펴보려는 '하나님의 존재증명'입니다.

1077년 베크 수도원의 부원장일 때 저술한 『프로슬로기온』*에서 안셀무스는 하나님을 "그 이상 큰 것을 생각할 수 없는 그 무엇"aliquid quo nihil maius cogitari possit 이라고 정의했습니다. 이때 그가 말한 "큰 것"이란 물체가 차지하는 어떤 '공간적 크기'를 의미하는 게 아니고 '가치

- 1076년 마흔을 갓 넘긴 안셀무스가 베크 수도원 부원장으로 있을 때 저술한 『모놀로기온』과 그 이듬해에 저술한 『프로슬로기온』은 본래 제목이 각각 '신앙의 근거에 대해 명상하는 한 예'와 '이해를 추구하는 신앙'이었다. 그런데 리옹의 후고 대주교가 안셀무스에게 '신앙의 근거에 대한 독어록'(Monologuium de ratioe fidei)과 '신앙의 근거에 대한 대어록'(Alloguium de ratioe fidei)이라고 적도록 권했다. 여기서 '모놀로기온'과 '프로슬로기온'이라는 책 제목이 유래했다.

적 크기'를 뜻하는 것입니다. 하나님은 일정한 공간을 차지하고 있는 어떤 존재물이 전혀 아니기 때문입니다. 이것은 그가 또 다른 저술인 『모놀로기온』에서 하나님을 "최고의 존재"summa esse 또는 "최고의 본질"summa essentia이라고 칭한 것과도 일맥상통하지요.³ 그래서 이후 신학자들은 "그 이상 큰 것을 생각할 수 없는 그 무엇"이라는 안셀무스의 말을 보통 "그 이상 위대한 존재를 생각할 수 없는 존재" 또는 "그 이상 완전한 존재를 생각할 수 없는 존재""로 해석합니다.⁴

그리고 안셀무스는 "어리석은 자는 그의 마음에 이르기를 하나님이 없다 하는도다"(시편 14:1; 53:1)라는 성서 구절을 인용하면서, 여기에 반박하기 위해 대강 다음과 같은 방법으로 하나님의 존재를 증명했습니다.⁵

a) 하나님은 정의상 그 이상 완전한 존재를 생각할 수 없을 만큼 가장 완전한 존재다.
b) 가장 완전하다는 것은 그 어떤 결핍도 있어서는 안 된다는 뜻이다.
c) 만일 어떤 것이 인간의 정신에만 존재한다면, 이는 실제적 존재가 결핍된 것이다.
d) 그러므로 하나님은 인간의 정신에만 존재하는 것이 아니라 실제로도 존재한다.

- 『프로슬로기온』에서 안셀무스가 완전한(Perfection)이라는 표현을 쓰지는 않았지만, 때에 따라 "더욱 위대한"(greater) 또는 "더욱 훌륭한"(better)이라는 표현을 쓰고 있으므로, 학자들은 그가 하나님의 완전성을 주장한 것으로 해석한다.

어때요? 정말 그럴듯하지요? 또한 은혜롭기도 합니다. 그래선지 이 논증을 끝낸 안셀무스 자신도 감격에 겨워 눈물을 흘리며 이렇게 고백했습니다. "그러므로 '그 이상 큰 것을 생각할 수 없는 그 무엇'은 진실로 존재하기 때문에 존재하지 않는다고 생각할 수 없습니다. 그리고 이 실재가 바로 우리 주님이요, 하나님인 당신입니다."[6]

그런데 그 뜨거운 눈물이 채 마르기도 전에, 그리스도인이면 누구나 마땅히 감격스러워해야 할 이 논증에 대해 인근 수도원에 살던 가우닐로라는 무명의 수도사가 반론을 제기했습니다. 불경스러운 일이었지요!

가우닐로에 대해서는 알려진 바가 거의 없습니다. 필경 철학적 자질이 뛰어났을 것으로 짐작되는 이 신비스러운 수도사는 "어떤 사람이 어리석은 자를 대신해서 이에 대해 무엇이라고 대답할 것인가"라는—제목은 무척 길지만 내용은 아주 짧은—글을 써서 안셀무스의 논증이 가진 허점을 정확히 찔렀습니다. 말미에는 이러한 결점만 제외하면 안셀무스의 저작은 "정말로 참되게 빛나게 훌륭하게 저술되어서 실로 대단히 유용하고 경건하며, 거룩한 내적 감동의 향기가 풍겨 나온다"라는 말을 정중히 덧붙이는 것도 잊지 않았습니다. 쓰디쓴 비판을 달콤하게 포장하기 위한 겉치레였지요.

대체 무명의 수도사가 수도원 부원장이자 저명한 신학자인 안셀무스를 감히 어떻게 비판한 것일까, 궁금하지요? 그가 내놓은 비판을 한마디로 요약하면 '우리의 정신에 존재하는 관념이라고 해서 그것이 실제로도 존재한다는 주장은 잘못이다'라는 겁니다. 이것은

700년쯤 후에 칸트가 데카르트를 반박하며 그대로 되뇐 내용이기도 한데요, 가우닐로는 다음과 같은 예를 들어 설명했습니다.

설령 누군가가 모든 재물과 행복이 상상할 수 없을 정도로 풍부하지만 누구도 본 적이 없어서 "사라진perditam 섬"이라고 불리는 '가장 완전한 섬'을 상상한다고 합시다. 하지만 그렇다고 해서 그 섬이 실제로 존재하는 것이 증명되는 것일까요? 아니라는 거지요! 한마디로 우리가 날개 달린 말인 페가수스나 꼬리를 가진 인어를 상상할 수 있다고 해서 그것이 실제로 존재한다는 증거가 되지는 않는다는 말입니다. 어때요? 날카롭고 멋진 반박이지요?

그렇지만 안셀무스가 누군가요! "제2의 아우구스티누스" 또는 "아우구스티누스의 입"으로 불리던 당대 최고의 신학자가 아니던가요? 그도 가만히 앉아서 당하고만 있지는 않았습니다. 가우닐로의 반론에 대해 안셀무스는 신神 개념은 일반 개념과는 그 본질이 다르다는, 이른바 '신 개념의 특수성'을 내세워 재반박하지요. 그런 다음 자신의 재반박에 "이 반론에 대한 이 책 저자의 답변"이라는 제목을 붙이고, 그것을 가우닐로의 반박과 함께 『프로슬로기온』에 부록으로 실었습니다. 그뿐 아니라 앞으로는 그것을 『프로슬로기온』에 항상 첨부해야 한다고 못을 박았지요. 그 내용을 요약하면 대강 이렇습니다.

안셀무스에 의하면, 가우닐로가 예로 든 "상상할 수 있는 가장 완전한 섬"은 '섬으로서의 완전성'을 뜻하기 때문에, 이 완전성은 절대적 완전성이 아닙니다. 즉 그 어떤 것도 결핍되어서는 안 된다는 전제를 갖지 못하지요. 따라서 그 섬의 현존은 필연적인 것이 아니고 단지 우연적contingent인 것입니다. 어떤 것의 현존이 우연적이라는 것은 그것이 현존할 수도 있고 그렇지 않을 수도 있다는 뜻이지요. 그렇기 때문에 가우닐로가 말하는 "상상할 수 있는 가장 완전한 섬"은 실제로 있을 수도 있지만 얼마든지 그러지 않을 수도 있다는 것입니다.

그러나 안셀무스가 "그 이상 큰 것을 생각할 수 없는 그 무엇"이라고 표현한 하나님에 대한 개념은 그럴 수 없다는 거지요. 그것은 그 이상 완전한 존재를 생각할 수 없을 만큼 "가장 완전한 존재"를 의미하기 때문에 무엇 하나도 결핍될 수 없는 '절대적 완전성'을 갖고 있습니다. 따라서 하나님의 현존은 우연적이 아니라 필연적necessary이라는 겁니다. 바꿔 말해 하나님은 실제로 존재할 수밖에 없다는 거지요.

어때요? 안셀무스의 재반박 역시 멋지지 않나요? 이 멋진 논박에서 안셀무스가 제시한 존재론적 증명의 새로운 형태가 나왔습니다. 그것을 논증 형식으로 정리하면 대략 다음과 같습니다.[7]

a) 하나님은 정의상 그 이상 완전한 존재를 생각할 수 없을 만큼 가장 완전한 존재다.
b) 현존existence in reality에는 필연적 현존과 우연적 현존이 있다.
c) 필연적 현존이 우연적 현존보다 완전하다.
d) 그러므로 하나님은 필연적으로 현존한다.

자, 여기에 대해 가우닐로는 어떻게 반응했을까요? 무척 궁금하긴

하지만 이 뛰어나고 용감한 수도사는 더 이상 반박하지 않고 역사의 뒤편으로 조용히 사라졌습니다. 이후 논쟁은 잠잠해졌고 세월이 바람처럼 흘러갔지요.

현금 잔고에 동그라미를 몇 개 더 그려 넣어도

가우닐로의 반박 이후 600년쯤 지났을 때, 프랑스의 철학자 르네 데카르트^{René Descartes, 1596-1650}가 나와 이 논쟁에 다시 불을 붙였습니다. 그가 『성찰』 5장 "존재하는 신에 대하여"에서 안셀무스 논증과 유사한 방법으로 신의 존재를 증명했기 때문이지요. 그의 주장은 요컨대 '가장 완전한 존재'는 존재의 완전성인 현존을 '필연적으로' 소유해야 한다는 것입니다. 데카르트는 "신의 현존이 그분의 본질로부터 분리될 수 없다는 것은, 삼각형 내각의 합이 180도라는 것이 삼각형의 본질로부터 분리될 수 없는 것처럼 명백하다"[8]라는 그럴싸한 말도 덧붙였지요.

안셀무스에서 데카르트로 이어지며 더욱 탄탄히 굳어진 이 논증에 대한 의미 있는 반론은 그로부터 다시 150년쯤 지나 독일의 철학자 이마누엘 칸트^{Immanuel Kant, 1724-1804}가 제기했습니다. 칸트는 저명한 『순수이성비판』에서 안셀무스와 데카르트식의 신 존재증명을 "존재론적 증명"^{der ontologische Gottesbeweis}이라 이름 붙이고, 가우닐로의 논박을 더욱 세련되게 보강해서 데카르트의 주장을 반박했지요.[9] 그의 반박은 두 단계로 수행되었습니다.

첫 번째 단계는 '개념의 영역'과 '현존의 영역'은 다르다는 것입니다. 따라서 '가장 완전한 존재'의 현존이 개념적으로 필연적이라 해서 실제적으로도 필연적이어야 하는 것은 아니라는 거지요.[10] 현존이란 사실의 문제이므로 경험으로 판단해야지, 사고로 증명할 문제가 아니라는 말입니다. 예컨대 삼각형은 필연적으로 세 각을 갖지만 그것은 개념적 필연성이기 때문에 그것에서 삼각형의 현존을 이끌어 낼 수 없다는 것이지요.[11] 마찬가지로 하나님의 완전성은 개념적으로는 필연적이지만, 그것에서 하나님의 현존을 이끌어 낼 수는 없다는 이야기입니다. 다시 말해 '하나님은 완전한 존재다'에서 '하나님은 실제로 있다'라는 명제를 끌어내는 것은 잘못이라는 거지요.

칸트가 볼 때, 존재론적 증명에는 이처럼 개념의 필연성을 뜻하는 논리적 술어인 '…이다'와 현실에 정말로 존재하는 것을 의미하는 존재적 술어인 '…있다' 사이에 대한 혼동이 들어 있습니다.[12] 우리말에서는 '…이다'와 '…있다'의 구분이 있지요. 그러나 프랑스어 'être'나 독일어 'sein'에는 영어의 be동사와 마찬가지로 '…이다'와 '…있다' 사이의 구분이 없기 때문에 혼란이 더 가중된다고도 볼 수 있습니다. 어쨌든 여기까지만 보면, 칸트의 반론은 가우닐로의 반박과 크게 달라 보이지 않지요. 그러나 두 번째 단계에서는 달라집니다.

두 번째 단계에서 칸트는 '신은 현존한다'라는 명제는 이 명제를 부정한 모순명제가 모순을 포함하지 않기 때문에 논증만으로는 그것의 현존을 증명할 수 없다'고 주장합니다.[13] 아니, 이게 무슨 말일

• 칸트는 "무릇 그것이 모든 술어들과 함께 제거되어도 모순을 남기지 않는 그러한 사물

까요? 어쩐지 어려운 말 같지요? 하지만 알고 보면 그렇지 않습니다. 그리고 당신에게 살짝 귓속말을 하나 전하자면, 철학이나 신학에서 얼핏 난해한 것처럼 들리는 말에는 뜻밖에 흥미롭고 유익한 사실들이 숨어 있는 경우가 많습니다. 정말이냐고요? 그럼요! '탈시간화'나 '이중적 논법'에서처럼 우리는 이런 경우를 여럿 보아 왔는데, 방금 소개한 칸트의 말도 그렇습니다. 좀더 쉽게 예를 들어 풀어 볼까요?

'삼각형은 세 각을 갖고 있다'라는 명제의 모순명제인 '삼각형은 세 각을 갖고 있지 않다'는 자체적으로 모순을 포함하고 있습니다. 왜냐하면 삼각형이라는 주어 개념에 '세 각'이라는 술어 개념이 이미 포함되어 있기 때문입니다. 따라서 삼각형이 실제로 세 각을 갖고 있는지 아닌지는 경험적으로 검증해 보지 않고도 '참'과 '거짓'을 판단할 수 있지요. 이런 명제를 라이프니츠는 '이성적 진리', 데이비드 흄은 '관념들의 관계에 관한 명제', 칸트는 '분석판단'이라고 불렀습니다.

그러나 예컨대 '이 사과는 빨갛다'라는 명제를 볼까요? 이 명제의 모순명제인 '이 사과는 빨갛지 않다'라는 명제는 그 자체로는 모순을 포함하고 있지 않습니다. '사과'라는 주어 개념에 '빨갛다'라는 술어 개념이 포함되어 있지 않기 때문이지요. 요컨대 그 사과는 녹색이거나 황색일 수도 있다는 말입니다! 따라서 경험적으로 검증하지 않고는 '이 사과는 빨갛다'라는 명제의 진위를 판단할 수 없지요. 이 같은

들에 대해 나는 최소한의 개념도 가질 수 없다.…나는 선험적인, 완전히 순수한 개념들만을 가지고서는 [그것의 현존을 증명할] 징표를 갖지 못한다"(『순수이성비판』, B 622, 623)라고 주장했는데, 본문은 이 내용을 이해하기 쉽게 풀어 설명한 것이다.

명제를 라이프니츠는 '사실적 진리', 흄은 '사실의 문제에 관한 명제', 칸트는 '종합판단'이라고 불렀지요. 그리고 칸트는 다음과 같이 물었습니다.

> 나는 여러분에게 묻고 싶다. 어떤 것—그것이 무엇이건 간에 여러분이 가능하다고 하는 것을 내가 용인하는 것—이 현존한다는 명제는 분석판단 명제인가 혹은 종합판단 명제인가?[14]

당신의 생각은 어떤가요? 우리가 다루고 있는 '신은 현존한다'라는 명제는 분석판단 명제인가요, 혹은 종합판단 명제인가요? 앞에서 제시한 방법대로 따져 볼까요?

우선 '신은 현존한다'라는 명제의 모순명제인 '신은 현존하지 않는다'가 그 자체로 모순을 포함하나요? 아니지요? 그러므로 이 명제는 분석판단 명제가 아니고 종합판단 명제입니다. 당연히 논증의 타당성만으로는 그 명제의 진위를 판단할 수 없고 경험을 통한 검증이 필요하다는 말이지요. 칸트는 이 말을 이렇게 했습니다. "현실적 대상은 나의 개념 중에 분석적으로 포함되어 있지 않고, 나의 개념에 종합적으로 보태어지기 때문이다."[15] 그리고 이어서 다음과 같이 재미있는 말도 덧붙였지요.

> 최고 존재자의 현존을 개념으로부터 증명하려는 그 유명한 (데카르트의) 존재론적 증명을 위한 모든 노고와 작업은 헛된 것이다. 인간이

순전한 이념들로부터 통찰을 더 늘리고자 해도 할 수 없는 것은, 상인이 그의 재산을 늘리기 위해 자기의 현금 잔고에 동그라미를 몇 개 더 그려 넣어도 재산이 불어나지 않는 것과 마찬가지다.[16]

어떤가요? 칸트의 반론 역시 명쾌하지 않은가요? 또한 그 비유도 정말 멋지지요? 자! 이제 당신이 생각해 볼 차례입니다. 안셀무스와 가우닐로, 그리고 데카르트와 칸트 가운데 누구의 말이 더 옳은 것 같나요? 논란은 있었지만, 중세에는 안셀무스가 승리했습니다. 하지만 근대에는 칸트가 이겼지요. 우리는 여기서 사고에서 경험으로, 사변에서 사실로 무게 중심이 옮아가는 학문적 경향을 감지할 수 있습니다. 하나님의 존재증명도 예외가 아니었던 거죠.

토마스 아퀴나스의 '다섯 길'

하나님의 존재증명은 중요한 문제이기에 신학자들도 뒷짐 지고 바라보고만 있지는 않았습니다. 그중 주목할 만한 일이 가우닐로가 조용히 사라지고 200년쯤 지났을 때 일어났지요. 그때 중세를 통틀어 가장 위대한 신학자로 꼽히는 토마스 아퀴나스가 등장해 캔터베리의 대주교가 아닌 무명의 수도사 가우닐로의 손을 들어 준 겁니다. 그는 『신학대전』에서 안셀무스의 주장을—그의 이름을 밝히지는 않은 채—소개한 다음, 가우닐로와 유사한 논리로 반박했지요.* 그리고 안셀무스와는 다른 방식으로 하나님의 현존을 증명하는 '더 명백한

길'via manifestior을 개척했습니다. 토마스 아퀴나스가 『신학대전』에 전개한 이른바 '다섯 길'quinque viis이 그것이지요. 그런데 그것들은 모두 다음과 같이 일관된 형식으로 전개되었습니다.

a) 세계에는 감각적으로 확인되는 일반적 특성들이 있다.
b) 그런데 세계의 모든 일반적 특성은 스스로 생겨날 수 없고 다른 어떤 것에 의해서만 생겨난다. 이 때문에 무한소급해 가는 모든 원인의 궁극적 원인이 없다면 이러한 일반적인 특성을 가진 세계가 존재할 수 없다.
c) 그러므로 세계에는 궁극적 원인이 존재한다. 그것을 우리는 하나님이라고 부른다.

우리가 주목해야 할 특징은 토마스 아퀴나스의 증명들이 모두―안셀무스의 증명들처럼 사변적 개념에서 시작하지 않고―감각적 경험에서 시작한다는 것이지요. 더욱 중요한 사실은 이렇듯 '감각적 경험'에서 시작해서 '초감각적 존재'인 하나님의 현존을 이끌어 내는 토마스 아퀴나스의 논증 방법에는 앞에서 우리가 살펴본 '자연의 사다리'scala naturae 또는 '존재의 계층구조hierarchia'라는 형이상학이 깔려 있

---

* "누구든지 하나님이라는 명칭으로 여기서 말하는 것, 즉 그 명칭으로 그보다 더 큰 것이 인식될 수 없는 것이 의미된다고 할지라도, 그렇다고 그 명칭으로 의미되는 것이 실제로(in rerum natura) 존재하는 것(esse)으로 이해되는 귀결이 따르지는 않는다. 그것은 지성에 불과하다"(토마스 아퀴나스, 『신학대전』, 1, 2, 1).

다는 것입니다. 정말이냐고요?

그렇습니다! 지상에서 시작해서 하늘까지 빈틈없이 연결된 존재의 계층구조를 믿는 사람들에게는 지각할 수 있는 사물들이 존재한다는 사실만으로도 그 계층구조의 맨 위에 자리한 하나님의 존재가 의심할 수 없는 것이 되기 때문이지요. 아퀴나스가 사물의 존재로부터 하나님의 현존을 이끌어 내는 다섯 길을 개척할 수 있었던 것도, 밀턴이 "자연의 사다리를 놓으셨으니, 이로써/ [우리는] 창조된 사물들을 관조하면서/ 한 단 한 단씩 하나님에게로 올라갈 수 있겠나이다"[17]라고 노래할 수 있었던 것도 바로 그런 확고한 믿음 때문에 가능했던 것입니다.

일찍이 마크로비우스가 "천상에서 지상까지 늘어뜨린 황금사슬"이라고 찬양했고, 나중에 포프가 "빈틈이 없어서 존재가 온 우주에 가득하다"라고 노래했던 존재의 대연쇄! 플라톤에서 시작하여 아리스토텔레스와 플로티노스를 거쳐 형성된 이 형이상학적 사다리가—알고 보면—토마스 아퀴나스의 신학 전체를 떠받치는 등뼈中樞지요. 하나님의 현존을 증명하는 '다섯 길'도 바로 이 '사다리'를 따라서 만들어진 길입니다. 이렇게 보면 밀턴은 자기도 모르는 사이에 아퀴나스가 주장한 하나님 존재증명의 핵심뿐 아니라 그의 신학 전체의 등뼈를 쉽고 간단한 문장으로 요약해 노래한 셈입니다.

자, 그럼 이제부터는 다섯 가지 논증을 훑어볼까요? 첫 번째 논증에서는 운동movere으로부터 모든 운동의 궁극적 근거로서 제일의 운동자primum movens인 하나님의 존재를 증명했고, 두 번째에서는 결과의 원인인 능동인causa efficiens으로부터 모든 결과의 궁극적 원인으로서 제일의 능동인prima causa efficiens인 하나님의 존재를 증명했으며, 세 번째로는 우연과 필연possibili et necessario으로부터 모든 우연적 존재의 궁극적 근거로서 필연적 존재인 하나님의 존재를 증명했고, 네 번째로는 사물의 성질이나 가치의 단계gradibus로부터 최고 단계의 가치로서의 하나님의 존재를 증명했으며, 그리고 다섯 번째에서는 사물의 목적성으로부터 궁극적 설계자 또는 통치자gubernatione rerum로서의 하나님의 존재를 증명했지요.[18]

이 논증들의 특성을 확인하기 위해 우리가 '다섯 길' 모두를 살펴볼 필요는 없습니다. 그중 하나만 예를 들어 살펴보는 것으로도 충분하니까요. 왜냐고요? 앞서 밝힌 것처럼 다섯 가지 논증이 모두 같은 형식으로 전개되기 때문입니다. '다섯 길' 가운데 처음 세 가지는 칸트가 『순수이성비판』에서 "우주론적 증명"der kosmologische Gottesbeweis이라고 이름 붙인 논증인데, 토마스 아퀴나스는 네 번째 '도덕론적 증명'이나 다섯 번째 '목적론적 증명'보다 이 논증을 더 완벽하다고 생각해 좋아했다지요. 그래서 우리도 우주론적 논증 가운데 하나인 세 번째 논증(『신학대전』 1, 2, 3)을 살펴볼 것인데, 대략 다음과 같이 정리됩니다.

a) 세상에는 감각적으로 확인되는 모든 사물이 있다.
b) 세상의 모든 사물은 자기 자신으로부터 필연적으로per se ipsum

necessarium 현존하는 '어떤 것'aliquid quod est에 의해서가 아니면 현존하지 못한다.

c) 만일 자기 자신으로부터 필연적으로 현존하는 '어떤 것'이 없었다면 세상에는 어떤 것도 현존하지 못했을 것이며 지금 아무것도 없을 것이다.

d) 그러므로 자기 자신으로부터 필연적으로 현존하는 '어떤 것'이 있다. 이를 모든 사람이 하나님이라 한다.

어때요? 언뜻 보기에는 조금 복잡하게 보일지 모르지만, 살펴보면 전혀 그렇지 않지요? 오히려 더는 흠잡을 데 없이 멋져 보입니다. 그렇지 않은가요? 순수한 개념과 사고에 의해서만 하나님의 존재를 증명하려 한 안셀무스와는 달리, 토마스 아퀴나스는 이 논증에서도 감각이고 구체적인 사실로부터 시작해 하나님의 현존을 증명해 냅니다. 그야말로 "창조된 사물들을 관조하면서/ 한 단 한 단씩 하나님에게로" 올라가는, 타당할valid 뿐 아니라 건전한sound 논증 방식으로 보이지요.

그럼 이제 게임은 끝난 걸까요? 그럴 리가 있나요! 아니나 다를까, 이 논증에 대해서도 후에 많은 반론이 쏟아져 나왔습니다. 그중 의미 있는 것은 주로 흄과 칸트에 의해 전개되었지요. 비판의 핵심은 토마스 아퀴나스가 감각적 경험에서 논증을 시작한 것은 옳지만, 오직 사고만으로 '우연적 존재'의 현존에서 '필연적 존재'의 현존을 이끌어 내는 추론 과정에는 문제가 있다는 것이었습니다.

칸트에 의하면, 인간의 이성은 경험세계에만 적용할 수 있도록 한계 지어졌습니다. 그럼에도 이성이 자신의 추론을 경험할 수 없는 무한한 대상에까지 확장해 나가면, "이성은 하나의 길(경험적 길)에서든 또 다른 길(선험적 길)에서든 아무것도 성취하지 못하고, 단지 사변의 힘으로 감성세계를 초월하려고 그 날개를 펴지만 헛수고에 그칠 뿐"[19]이며 필연코 오류에 도달할 수밖에 없습니다.

한마디로, 모든 무한소급 infinite regress은 논리적으로만 가능하지 존재론적으로는 가능하지 않다는 것이 칸트가 제시한 원칙입니다. 따라서 '필연적'이라는 용어는 — 앞에서 살펴본 존재론적 신 증명에서 '현존'이라는 용어가 그랬듯이 — 개념의 필연성을 뜻하는 '논리적 용어'일 뿐 실재의 필연성을 의미하는 '존재론적 용어'는 아니라는 것이지요. 그럼에도 이 용어를 경험으로 증명되지 않는 대상인 하나님에게까지 적용시키는 것은 분수에 넘친다는 뜻입니다. 이 말을 칸트는 우주론적 증명에는 "변증법적 월권의 그물망이 감추어져"[20] 있다고 표현했습니다. 그럼으로써 그는 토마스 아퀴나스가 추호도 의심하지 않았던 '존재의 사다리'를 인간 이성의 한계라는 부분에서 무참히 잘라 끊어 버렸습니다.*

칸트의 이 비판은 당시의 일반 사람들에게, 일찍이 "자연질서의

• 같은 관점에서 칸트는 신의 현존을 증명하기 위해 토마스 아퀴나스가 제안한 '다섯 길'이 모두 타당하지 않다고 단정했다. 그에 의하면 "물리신학적[목적론적] 증명의 기초에는 우주론적 증명이 있지만, 우주론적 증명의 기초에는 존재론적 증명이 놓여 있다"(『순수이성비판』, B 658). 이 말은 곧 칸트에게 유의미한 논증은 존재론적 증명뿐이라는 뜻이다. 그런데 그 역시 부당하다는 것이 이미 증명되었기 때문이다.

법칙을 위배하는" 인간 이성의 오만을 비판한 영국의 풍자시인 에드워드 영Edward Young, 1683-1765의 시를 떠올리게 했습니다. 물론 영이 칸트와 똑같은 목적으로 이성을 비판한 것은 아니었지만, 18세기 초 서구의 일부 예민한 지성인들에게는 이성의 월권행위에 대한 경계가 이미 의미 깊고 특징적인 도덕률로 떠오르고 있었습니다. 에드워드 영의 시를 같이 읽어 볼까요.

…그러나 어떻게
위를 향해 끊이지 않는 그 사슬은
육체 없는 삶의 영역에까지 이르도록 보존되는가?
반은 사멸하며 반은 불사하는 것이 되도록 구분하라.
흙으로 된 부분, 에테르로 된 부분, 영원한 인간의 혼,
이것을 인정하지 않으면 인간에게서 사슬은 끊어지리.
그 틈은 넓게 벌어지고 연쇄는 이제 끝나리.
이성은 억제되고 그의 다음 걸음에는 버팀목이 없으리.
올라서려 애쓰면 이성은
그 자연의 사다리로부터 굴러떨어지리니.[21]

과연 그럴까요? 존재의 사다리는 인간에게서 끊어지고 토마스 아퀴나스는 '자연의 사다리'에서 굴러떨어졌을까요? 그렇지는 않았습니다. 이후에도 토마스 아퀴나스의 입장을 옹호하고 칸트에 대해서는 재반론을 펼치는 가톨릭 신학자들과 '자연의 사다리'를 여전히 굳

게 믿는 일반인들이 더 많았습니다. 가톨릭교회의 옹호 아래 서양문명 안에서 적어도 1,000년 이상 이어 내려온 '존재의 계층구조'에 대한 믿음은 너무나 강한 것이어서 그리 쉽게 무너지지 않았지요.

칸트보다 세 세대쯤 뒤에 살았던 『레미제라블』의 작가 빅토르 위고 Victor Hugo, 1802-1885가 1856년에 출간한 『정관시집』에 실린 다음과 같은 시구가 그것을 증명합니다.

> 놀라운 산의 비탈 위에 올라
> 착잡한 소리를 내는 대혼전과 같이
> 그대는 그늘의 밑바닥으로부터
> 어두운 창조물들이 그대에게로 다가와 올라옴을 본다.
> 바위는 더 멀리 있고 짐승들은 더 가까이 있으니
> 그대는 우뚝 솟아 살아 있는 용마루 같다.
> 그러니 말해 보라. 비논리적 존재들이 우리를 속인다고 믿는가?
> 그대가 보는 사다리가 무너졌다고 믿는가?
> 감각이 저 높은 곳으로부터 조명되고 있는 그대여!
> 빛을 향해 서서히 한 계단씩 올라가는
> 피조물들의 사다리가 인간에게서 멈추었다고 생각하는가?[22]

멈추지 않았다는 말입니다. 하지만 우리는 이쯤에서 멈추도록 할까요? 당신도 이미 눈치챘겠지만, 하나님의 현존을 합리적으로 증명하려는 논쟁은 결코 쉽게 끝날 일이 아니니까요. 사실 이 공방은 그

때 이후 지금까지도 멈춤 없이 지루하게 이어지고 있습니다. 어쩌면 영원히 계속될지도 모르지요. 토마스 아퀴나스의 '다섯 길' 가운데 어떤 형식으로 전개되든 마찬가지입니다. 주고받는 공방이 거듭될수록 양측의 논증과 반박이 좀더 치밀하고 세련되어지기는 해도 결과는 항상 똑같습니다. 그래서 우리는 여기서 그만 멈추자는 겁니다.

그런데요, 어쩔 수 없이 예외를 하나 두고자 합니다. 토마스 아퀴나스의 '다섯 번째 길'인 '목적론적 증명'이 바로 그것입니다. 이유는 18세기에 이른바 '페일리의 시계 유추'라는 이름으로 한 차례 논란의 중심에 섰던 이 해묵은 논증이 최근 미국을 중심으로 일고 있는 지적 설계Intelligent Design 문제를 둘러싸고 또다시 거센 논쟁에 휩싸였기 때문입니다. 기독교의 창조론을 공격하는 대니얼 데닛Daniel C. Dennett이나 리처드 도킨스Richard Dawkins 같은 과학자들과 이에 맞선 알리스터 맥그래스Alister E. McGrath나 필립 존스Philip E. Johns 같은 기독교 지식인들이 벌이는 논쟁이 그것입니다. 따라서 만일 당신이 이 논쟁에 관심이 없다면 다음 부분은 건너뛰어도 좋습니다. 그렇지 않다면, 도대체 왜 이 논증이 수백 년을 두고 말썽인지를 잠시 함께 살펴볼까 합니다.

페일리의 시계를 망가뜨린 사람들

토마스 아퀴나스가 『신학대전』에 제시한 '다섯 번째 길'을 논증의 형태로 간략히 하면 다음과 같습니다.[23]

a) 세상의 모든 자연적 사물은 그것을 존재하게 한 각각의 목적 때문에 작용하고 있다는 것을 감각적으로 확인할 수 있다.
b) 그런데 자신의 목적을 인식하지 못하는 사물들은 그것을 인식하고 깨달은 어떤 존재에 의해 통치되지 않으면 각각의 목적에 도달할 수 없다. 이것은 마치 화살이 사수에 의해 조정되지 않으면 과녁에 도달할 수 없는 것과 같다.
c) 그러므로 모든 자연적 사물이 각각의 목적에 도달할 수 있도록 질서 지어 주는 어떤 지적 통치자가 존재한다. 그 존재를 우리는 하나님이라 한다.

혹시 무슨 말인지 아리송한가요? 설사 그렇더라도 염려할 건 전혀 없습니다. 18세기 영국의 자연신학자이자 성공회 부주교인 윌리엄 페일리William Paley, 1743-1805가 『자연신학』에서 이에 대해 매우 인상적인 예를 들어 쉽게 설명해 놓았기 때문이지요. 보통 '페일리의 시계 유추 논증'이라고 부르는데, 내용은 대강 이렇습니다.

우리가 풀밭을 걸어가다가 시계 하나를 발견했다고 하지요. 그러면 우리는 그것이 자연에 의해 생겼다고 생각할 수 없고 어느 지적 심성an intelligent mind이 목적을 갖고 만들었다고 생각할 수밖에 없습니다. 동력을 제공하는 탄성 있는 강철 태엽, 동력을 전달하는 정교한 톱니바퀴들, 녹슬지 않는 재료인 놋쇠, 잘 보이도록 투명한 유리로 된 앞 뚜껑 등이 그렇다는 것이지요. 그런데 우리가 사는 세계는 시계보다 훨씬 더 복잡성, 정밀성, 합목적성을 가진 것으로 보입니다.

그렇다면 그것은 어떤 위대한 설계자가 목적을 갖고 만들었다고 생각해야 옳으며, 이 설계자를 우리가 하나님이라 한다는 것이지요.[24]

이 같은 페일리의 주장을 논증 형식으로 요약하면 다음과 같습니다.

a) 시계는 우연의 산물이 아니고 어떤 지적 설계자가 특별한 목적을 갖고 만들었다.
b) 세계는 시계와 유사 analogy 하다.
c) 그러므로 세계는 어떤 지적 설계자가 특별한 목적을 갖고 만들었다. 그 설계자가 하나님이다.

페일리는 자신의 논증을 뒷받침하기 위해 당시에 동원할 수 있는 거의 모든 과학 지식을 동원했습니다. 예를 들면 새의 날개, 물고기의 지느러미, 그리고 무엇보다 인간의 눈과 심장 등이 얼마나 복잡하고 정밀하며, 목적에 합당하게 계획적으로 만들어졌느냐는 것이지요. 오늘날 흔히 '지적 설계론' Intelligent Design Theory 이라고 부르는, 이 주장의 현대적 표현은 "오존층의 두께가 생물 보호에 어쩌면 그리 적합한가? 이는 오직 하나님의 설계에 의해서만 가능하다"는 식의 주장들에서도 찾아볼 수 있습니다. 당신은 어떻게 생각하나요? 그럴듯해 보이지 않나요? 그런데 학자들은 그렇지가 않다고 합니다.

칸트가 "물리신학적 증명" der physikotheologische Gottesbeweis 이라 불렀고 보통은 "목적론적 증명" der teleologische Gottesbeweis 이라고 부르는 이런 종류의 논증에 대한 비판은 크게 세 가지로 이뤄졌습니다.

첫 번째 비판은 사실 페일리의 논증이 나오기 23년 전 영국의 경험론자 데이비드 흄David Hume, 1711-1776이 자연신학natural theology에 대한 자신의 비판서인 『자연종교에 관한 대화』에서 이미 다루었다고 보아야 합니다. 대화록 형태로 쓰인 이 책*에서 유신론자로 등장하는 클레안테스Cleanthes는 다음과 같이 요약할 수 있는 목적론적 논증을 제시하지요.[25]

a) 모든 설계는 한 설계자를 암시한다.
b) 위대한 설계는 위대한 설계자를 암시한다.
c) 세계 속에는 위대한 기계의 설계와 같은 위대한 설계가 있다.
d) 그러므로 한 위대한 세계 설계자가 있어야 한다.

페일리의 논증과 매우 유사한 이 주장에 대해 흄은 회의론자로 등장하는 필로Philo라는 인물의 입을 빌려 반박합니다. 그는 '에피쿠로스의 가설'을 예로 들면서 어떤 것이 질서를 갖고 있다 해서 반드시 그것이 설계되었다고 볼 수는 없다는 회의론을 제기했지요.[26] 고대 그리스 철학자 에피쿠로스Epicouros, 기원전 ?341-270가 수많은 원소가 제멋대로 움직이며 가능한 모든 결합을 이루다가 어느 때 우연히 안

---

* 1779년 유작으로 출판된 데이비드 흄의 『자연종교에 관한 대화』는 키케로의 『신의 본성에 관하여』를 모델로 삼고 있다. 당시 유행하던 자연신학에 대한 비판서인 이 대화록에는 유신론자 클레안테스와 그의 제자 팜필루스, 철학적 유신론자 데미아, 경솔한 회의론자 필로가 등장한다.

정된 결합을 이룸으로써 고정되고 질서 잡힌 세계^{an orderly cosmos}가 형성되었다는 그 나름의 우주론을 펼친 일이 있기 때문입니다.

요컨대 흄은 우연에 의해서도 세계가 형성될 가능성을 배제할 수 없으므로 단순히 추론에 의해 신의 존재를 증명하는 일은 부질없다고 주장한 것입니다. 흄과 거의 같은 시대에 활동한 알렉산더 포프의 "오만 속에, 추론하는 오만 속에, 우리의 오류가 있다"[27]라는 시구에서도 우리는 같은 내용의 비판을 읽을 수 있습니다.

칸트 역시 목적론적 논증은 세계 내에 존재하는 의도와 질서에 대한 경험에 기초하지만, 그 경험은 우리에게 궁극적 목적으로서의 필연적 존재(신)의 현존을 증명하지 못한다고 주장했습니다.• 그는 — 토마스 아퀴나스의 '우주론적 논증'을 비판할 때와 마찬가지로 — 모든 무한소급은 논리적으로만 가능하지 존재론적으로는 가능하지 않으며, 바로 그 때문에 '필연적'이란 용어는 논리적 언어일 뿐 존재론적 용어가 아니라는 것을 반복해서 지적하고는 이렇게 못 박았지요.

> 지성의 모든 종합적 원칙은 내재적으로만 사용되는데, 최고 존재[신]의 인식을 위해서는 이러한 원칙의 초월적 사용이 요구된다. 하지만 우리의 지성은 이러한 초월적 사용을 위한 아무런 장비도 갖추고 있지 못하다.[28]

• 칸트는 "따라서 이 증명은 기껏해야 자기가 가공한 재료의 적합 여부에 의해 항상 많은 제한을 받는 세계건축가(Weltbaumeister)를 나타낼 뿐, 그 이념에서 일체가 종속하는 세계창조자(Weltschöpfer)를 이끌어 낼 수는 없다"(『순수이성비판』, B 664)고 했다.

페일리의 목적론적 증명에 대한 두 번째 반론은 존 스튜어트 밀 John Stuart Mill, 1806-1873이 내놓았습니다. 뛰어난 논리학자로, 베이컨의 귀납법을 확장하고 발전시킨 밀은 페일리 논증의 문제점을 논리학적으로 지적했는데, 내용은 이렇습니다. 페일리의 논증은 유비추론 Analogical Inference 형식을 취하고 있는데, 유비추론은 전제들이 참眞인 경우에도 결론이 '확률적 참'probably true 또는 '가능적 참'possibly true일 뿐 '필연적 참'necessary true이라는 보장은 없다는 것이지요.

유비추론이란 사물이나 사건의 유사성analogy을 근거로 결론을 이끌어 내는 논증입니다. 예를 들면 "지구에는 생물이 살고 있다. 화성과 지구의 환경은 유사하다. 그러므로 화성에도 생물이 살고 있을 것이다" 같은 주장들이 유비추론이지요. 이러한 추론은 비교하는 대상과의 유사성이 높을수록 논거가 강해지고 낮을수록 논거가 약해집니다. 밀은 페일리의 논증은 페일리 자신이 생각했던 것보다 훨씬 유사성이 낮고 논거가 약하다고 주장했지요. 이런 경우 현대논리학에서는 '참의 정도'가 낮다고 합니다. 결론이 '충분히' 거짓일 수 있다는 말이지요. 그렇다면 세 번째 반론은 어떠했을까요?

눈먼 시계공이 시계를 만드는 법

페일리의 시계 유추에 대한 세 번째이자 가장 결정적인 반론은 페일리가 죽은 후 찰스 다윈의 진화론에 의해—본인의 의도는 아니었지만—제기되었습니다. 다윈은 케임브리지 대학 시절, 당시 대중적으로 인기 있던 페일리의 『자연신학』을 읽고 감명을 받았다고 합니다.

흄, 칸트, 밀처럼 이미 막대한 사회적 영향력을 지닌 철학자들의 공공연한 비판에도 불구하고 페일리의 논증이 그때까지—심지어 지적 설계론을 지지하는 일부 그리스도인들에게는 오늘날까지도—여전히 인기를 얻은 데는 그럴 만한 이유가 적어도 두 가지가 있습니다.

먼저 이 논증이 고대수사학에서 흔히 '예증법'paradeigma이라고 부르는 유비추론의 형식을 취하고 있기 때문이지요. 일찍이 아리스토텔레스도 『수사학』에서 자신이 개발한 수사학적 삼단논법*보다 예증법이 훨씬 설득력 있는 논증 방법이라는 것을 인정했습니다. 실제로 예증법은 수사학적 논증법 가운데 설득력이 가장 강하다고 할 수 있습니다. 아무리 억지 같은 주장도 적당한 사례를 하나 제시하면 그럴싸하게 들리기 때문이지요. 그래서 동서고금의 성현들 모두가 예증법을 즐겨 사용한 것이고, 사실상 그 분야의 천재들이었습니다.

예수님도 당연히 그들 중 하나였지요. 예를 하나 들어 볼까요?**

• 아리스토텔레스가 정리해 놓은 수사학적 논증법들은 형식논리학이 발달하면서 차츰 잊혔다. 하지만 설득에는 신통한 효과가 있기 때문에 오늘날에도 광고문, 제안서, 기획서, 프레젠테이션 등에 암암리에 사용되는 비법들인데, 우리가 알고 있는 연역적 삼단논법(syllogism)의 세 가지 변형이다. 전제들 중 일부를 생략한 '생략삼단논법'과 전제마다 설명을 넣어 확장한 '대중식' 그리고 한 논증의 결론을 다시 전제로 삼아 또 다른 결론을 이끌어 내는 '연쇄삼단논법'이 그것들이다(이에 대해서는 김용규, 『설득의 논리학』, 웅진지식하우스, 2007, pp. 47-76를 보라).

•• 예증법을 언급할 때 내가 자주 드는 예로는 후기 스토아 철학자 에픽테토스(Epiktetos, ?55-?135)의 다음과 같은 가르침이 있다. "입구가 좁은 병 속에 팔을 집어넣고 무화과와 호두를 잔뜩 움켜쥔 아이에게 어떤 일이 일어나겠는지 생각해 보라. 그 아이는 팔을 다시 빼지 못해서 울게 될 것이다. 이때 사람들은 '과일을 버려라. 그러면 다시 손을 빼게 될 거야'라고 말한다. 너희의 욕망도 이와 같다." 얼마나 멋있는 예증법인가. 이 글에는 욕망을 버려야 행복을 얻을 수 있다는 스토아 철학의 심오한 지혜가 '너희의 욕

유명한 산상수훈 가운데는 다음과 같은 가르침이 있습니다. "너희 중에 누가 아들이 떡을 달라 하는데 돌을 주며, 생선을 달라 하는데 뱀을 줄 사람이 있겠느냐? 너희가 악한 자라도 좋은 것으로 자식에게 줄 줄 알거든, 하물며 하늘에 계신 너희 아버지께서 구하는 자에게 좋은 것으로 주시지 않겠느냐?"(마태복음 7:9-11)

하나님이 우리에게 우리가 원하는 좋은 것만을 준다는 가르침은—이른바 '하나님의 침묵'Silence of God에 대해 부단히 절망하는 우리의 경험상—믿기 쉬운 말은 결코 아니지요. 그렇지 않나요? 솔직히 나는 그런데, 당신은 어떤가요? 아마 나와 크게 다르지 않을 겁니다. 하지만 이 같은 우리의 의심은 "너희 중에 누가 아들이 떡을 달라 하는데 돌을 주며, 생선을 달라 하는데 뱀을 줄 사람이 있겠느냐?"라는 단 하나의 예를 만날 때 순식간에 사라지지요. 보세요! 적절한 예 하나가 곧이곧대로 들리지 않는 말을 추호도 의심할 수 없는 교훈으로 만들어 놓았지요? 바로 이것이 수사학적 논증법으로서 예증법이 지닌 힘이자 페일리의 논증이 가진 설득력의 비결이지요.

그렇지만 수사학은 어디까지나 대중을 위한 설득의 기술일 뿐입니다! 페일리의 논증이 일반인들이 아니라 당시 지식인들—심지어 상당수의 성직자들—에게까지 널리 퍼진 데는 보다 결정적인 이유가

망도 이와 같다'는 한마디로 명료하게 전해진다. 그가 든 적절한 예가 그렇게 만든 것이다(예증법에 대해서는 김용규, 『설득의 논리학』, pp. 27-34를 보라).

따로 있었습니다. '페일리의 시계 유추'를 비판한 흄, 칸트, 밀 같은 철학자들은 그에 대한 반론을 제기했을 뿐 페일리가 설명한 자연의 복잡성과 합목적성에 대한 궁금증을 풀어 줄 만한 대안을 내놓지는 못한 것이지요. 다시 말해 철학자들은 새의 날개가 하늘을 날기에, 물고기의 지느러미가 물속을 헤엄치기에, 인간의 눈과 심장이 각각 제 역할을 하기에 그토록 적당하고 정밀하게 만들어진 까닭을 설명해 내지 못했습니다.

바로 이때 다윈의 진화론이 나온 것입니다. 진화론은 자연의 복잡성과 합목적성을—페일리가 제시한 '하나님의 섭리에 의한 합목적적 창조'라는 추상적 개념을 빌리지 않고—당시 서구의 지식인들이 선호했던 귀납법을 사용해서 경험적·실증적으로 설명해 주었지요. 예를 들어 새의 날개, 물고기의 지느러미, 인간의 눈과 심장 등이 그렇게 복잡하고 정밀하며 목적에 합당하게 만들어진 것은, 진화가 동식물을 막론하고 생존경쟁을 하는 가운데서 환경에 더 유리한 조건을 갖춘 종만 살아남는 방향으로 '충분히 오랫동안' 진행되었기 때문이라고 속 시원하게 설명해 주었던 겁니다.

거꾸로 말하자면, 날기에 부적합한 날개를 가진 새, 헤엄치기에 불리한 지느러미를 가진 물고기, 제 역할을 잘 해내지 못하는 눈과 심장을 가진 인간 등은 오랜 세월에 걸친 자연선택에 의해 차츰 멸종했다는 말이지요. 그러니 만일 다윈이 오늘날 다시 살아온다면, 앞에서 언급한 오존층의 두께도 이런 식으로 설명할 게 분명합니다. 오존층이 누군가에 의해 생물들에게 적합한 두께로 설계된 것이 아니라, 오존층의 두께에 적응한 생물들만 살아남은 것이라고!

이처럼 다윈은 자연이라는 '눈먼 시계공'이 어떻게 그리 복잡하고 정교한 시계를 만들 수 있었는가를 당시 사람들의 눈앞에 환히 보여주었습니다. 더욱이 16, 17세기에 이루어진 두 차례의 과학혁명과 18세기에 일어난 산업혁명을 거치며 과학주의와 실증주의에 물든 19세기 사람들은 굳이 페일리의 논증을 받아들이면서까지 그렇지 않아도 마냥 의심스러운 하나님의 존재를 믿어야 할 하등의 이유가 없어졌습니다. 한편으로는 수많은 증거 자료가 뒷받침되는 다윈의 진화론이 논리적으로도 더 타당하고 경험적으로도 더 건전하다고 생각했기 때문이고, 다른 한편으로는 '하나님 없는 세상'을 사는 것이 덜 값어치 있을지는 몰라도—리처드 도킨스가 『만들어진 신』에서 역설한 것처럼[29]—더 편안하고 즐겁다고 느꼈기 때문이었지요.

다윈은 그의 나이 30대 초, 짐작건대 1840년경에 이미 기독교를 떠났지만, 말년까지도 무신론을 주장하지는 않았습니다. 그는 자신의 대변인이라고 할 수 있는 토머스 헉슬리 Thomas H. Huxley, 1825-1895를 따라서 하나님에 대해서는 어떤 것도 알 수 없다는 '불가지론적'agnostic 입장을 견지했지요. 따라서 다윈 자신이 직접 의도한 것이라고는 볼 수 없지만, 어쨌든 진화론은 기독교를 향해 '자연을 위한 하나님의 개입은 처음부터 아예 필요가 없었다'는 결정적 메시지를 던졌습니다. 다윈의 진화론에 의하면 자연의 창조주는 자연선택이라는 기계적 메커니즘이고, 그것에는 아무런 예정된 목적도 없기 때문이지요.

옥스퍼드 대학에서 "과학의 대중적 이해를 위한 찰스 시모니 리더"Charles Simonyi Reader in the Public Understanding of Science라는 길고 흥미로운 명칭의 자리에 재직하며, 세계적인 과학 대중서 작가로 이름이 난 리처드 도킨스의 무신론이 바로 여기서부터 시작되었습니다. 그는 『눈먼 시계공』에서 "자연선택은 마음도, 마음의 눈도 갖고 있지 않으며 미래를 내다보며 계획하지 않는다. 전망을 갖고 있지 않으며 통찰력도 없고 전혀 앞을 보지 못한다"[30]라고 주장했지요. 그에 의하면, 다윈은 페일리식 논증을 깨부수고 무신론을 합리적으로 주장할 수 있게 해 준 최초의 인물입니다. 그런데 과연 그의 말이 맞을까요?

우리가 여기서 놓치지 말아야 할 매우 중요한 사실은, 리처드 도킨스가 마냥 비아냥거리는 페일리의 논증은 다윈의 진화론이 나오기 이전에 이미 다름 아닌 기독교 안에서 강하게 비판을 받았다는 것이지요. 우리는 페일리가 성직자였기 때문에 그의 주장이 마치 기독교의 입장을 대변하는 것 같은 착각에 빠지기 쉽습니다. 리처드 도킨스가 바로 그런 경우인데, 사실은 정반대였지요. 18-19세기 서구에서 유행한 자연신학은 당시 신교와 구교를 막론해서 진실한 신앙을 가진 신학자들이 맞서 싸운 가장 위험한 이단적 이론이었습니다.

아마 당신은 깜짝 놀랄지도 모르겠지만, 당시 정통적 신학자들이나 신실한 성직자들은 차라리 다윈의 진화론은 받아들일 수 있을지라도, 페일리식의 자연신학은 허용할 수 없었습니다. 왜냐하면 당시 자연신학은 인간의 이성을 신으로 섬기는 이신교理神教,* 인류를 숭배하는 인류교人類教**와 같이 기독교를 인간중심적이고 과학적인 종교로 개조하려는 이단들의 온상이었기 때문이지요. 기독교는 언제나 외부에 있는 다른 종교들뿐 아니라 내부에 존재하는 이단들과 싸워 왔는데, 모든 일에서 그렇듯 '안에 있는 적이 더 위험한 법'입니다.

그래서 예컨대 19세기 영국의 대표적 신학자 존 헨리 뉴먼John Henry Newman, 1801-1890은 페일리의 논증을 "기독교에 저항하는 도구"라고 규정하고 다음과 같이 경계했습니다.

> 물리신학(자연신학)은 그 본성상 올바른 기독교에 관해 한마디도 할 수 없다. 그것은 결코 기독교적일 수 없다.…아니 그럴 수 없는 것 이상이다. 내가 정말 말하고 싶은 것은, 소위 과학이라고 불리고 있는 그것이 우리의 마음을 차지한다면, 우리의 마음은 결국 기독교에 대항하게 될 것이라는 점이다.[31]

- 17세기 중엽 이후 주로 영국의 자유사상가와 과학자들이 제창하고, 18세기 프랑스와 독일 계몽주의자들이 강하게 주장한 합리주의적 내지 자연주의적 유신론인 이신론(Deism)이 근간이 되었다. 원래는 기독교를 과학적 합리성과 조화시키려는 좋은 의도에서 시작했으나 프랑스대혁명의 성공 이후 종교화되기 시작했다. 예컨대 로베스피에르(Robespierre)와 그가 이끄는 자코뱅(Jacobin) 당원들은 이성을 뜻하는 프랑스어 'raison'의 첫 글자를 대문자로 표기해 'Raison'이라고 쓰고, 이성을 새로운 신으로 숭배하는 이 신교를 제도화했다.
- 1825년 프랑스의 유토피아 사회주의자 생시몽(Saint-Simon, 1760-1825)이 창설한 인류교는 과학주의와 실증주의가 유행한 19세기 전반의 사회적 배경을 등에 업고 당시의 기독교를 크게 위협하던 이신교 같은 또 하나의 이단적 '변종 기독교'였다. 인류교에서는 '집단적 인류'가 하나님이고, 인류를 위해 목숨을 바친 예술가들, 통치자들, 과학자들이 성인(聖人)들이다. 19세기에는 이른바 신(新)계몽주의자로 불리는 지식인들, 즉 콩트와 같은 실증주의자들, 슈트라우스 같은 자유주의 신학자들, 오언과 프리에 같은 초기 유토피아 사회주의자들 그리고 조지 엘리엇 같은 뛰어난 예술가들까지 이 종교에 참여했다.

지금도 상황은 조금도 변하지 않았습니다. 기독교는 여전히 자연신학에 대해 이같이 단호한 입장을 견지하고 있습니다. 특히 '오직 성서로'sola scriptura, '오직 믿음으로'sola fide라는 개혁신앙의 구호를 따르는 프로테스탄트 신학자들은 하나님의 존재 및 진리의 근거를 초이성적 계시에서 구하지 않고, 이성이 인식할 수 있는 자연에서 구하려는 자연신학을 강력하게 거부하지요. 그렇다면 여기서 한번 생각해 볼까요? 근래에 지적 설계론을 두고 과학자들과 기독교 지식인들이 벌이는 논쟁은 적어도 다음 두 가지 관점에서 문제가 있습니다.

하나는 페일리처럼, 또는 지적 설계론을 주장하는 기독교 근본주의자들처럼, 자연의 복잡성과 합목적성으로부터 하나님의 존재를 증명하는 자연신학적 주장들에 대해서는 기독교가 예나 지금이나 적극 반대한다는 사실입니다. 이런 점은 우선 지적 설계론을 내세워 창조설을 주장하는 그리스도인들이 전통적 교리에서 크게 벗어났음을 알려 주지요. 따라서 페일리의 논증을 상대로 삼아 기독교를 공격하는 과학자들은 논리학에서 말하는 '허수아비 논증의 오류'fallacy of straw man를 범하고 있다는 사실도 말해 줍니다. 무슨 소리냐고요?

논리학에서 말하는 허수아비 논증이란 상대방의 주장을 쉽게 공격할 수 있도록 단순화하거나 왜곡해서 그것을 허물어뜨리는 형식의 논증인데, 그 내용을 불문하고 논리적 오류fallacy에 속하지요.* 도킨스

---

* 예를 들어 어떤 사람이 "민주주의가 지지하는 다수결의 원리는 제대로 훈련받지 못한 대중의 원리다. 그것은 바람직하지 못한 정치 상황이다. 그러므로 민주주의는 바람직하지 못한 정치 상황을 지지한다"라는 논증을 전개한다고 하자. 이 논증은 다수결이 '제

가 페일리의 논증 내지 지적 설계론이 마치 기독교가 지지하는 정통 이론인 것처럼 왜곡함으로써 공격하기 쉬운 '허수아비'를 세운 다음 그것을 공격하는 것은 바로 이 오류를 범하고 있다는 이야기입니다.

다른 하나는 다윈의 진화론이 반드시 무신론으로 연결되는 것은 아닐뿐더러, 전통적 기독교 신학—예컨대 오리게네스, 아우구스티누스, 토마스 아퀴나스, 칼빈 같은 대표적 학자들의 신학—은 '하나님은 진화라는 메커니즘을 통해 창조한다'고 주장할 수 있는 이론적 근거와 여지를 이미 오래전부터 갖고 있다는 사실입니다. 정말이냐고요? 그럼요! 이제 곧 보게 되겠지만, 2,000년이나 축적되어 온 기독교 신학은 진화론을 포용하지 못할 정도로 나약하지도 편협하지도 않습니다.

이에 대해서 우리는 2권 『하나님은 창조주인가』의 3장 가운데 '창조론은 진화론을 수용할 수 있나'에서 자세히 살펴볼 것입니다. 그러므로 어느 기독교 종파나 교단이 원하기만 한다면, 진화론을 큰 무리 없이 창조론의 일부로 수용할 수 있습니다. 일례로 가톨릭교회에서는 1997년 교황 요한 바오로 2세가 이미 받아들였지요. 이런 사실은 진화론을 근거로 무신론을 주장하는 과학자들이나, 창조론을 근거로 진화론과 싸우는 기독교 지식인들 모두에게 의미 있는 경고라 할 수 있습니다.

대로 훈련받지 못한 대중의 원리'라고 자의적으로 왜곡해서 전제한 다음에 그것을 공격함으로써 '민주주의는 바람직하지 못하다'는 결론을 이끌어 냈으므로 '허수아비 논증의 오류'를 범한 것이다.

이제 정리할까요? 어쨌든 이 같은 이유로 페일리의 시계 유추 논증, 목적론적 증명, 물리신학적 증명 등으로 다양하게 불리는 토마스 아퀴나스의 '다섯 번째 길'은 19세기에 이미 철학적으로, 논리학적으로, 또한 종교적으로도 거부되었습니다. 그런데도 여전히—의미를 증폭시키고 논증을 왜곡해 자신들의 믿음이나 가설을 선전하는 도구로 사용하는—논쟁들이 계속되고 있으니, 우리는 여기서 그만두자는 것입니다. 그보다는 차라리 도대체 왜 이런 논쟁이 끝없이 계속되고 있는지를 살펴보도록 하지요. 이제 곧 드러나겠지만, 그것이 꼬리에 꼬리를 물고 이어지는 이 논쟁들을 더 자세히 살펴보는 것보다 훨씬 유익하기 때문입니다.

마야의 찢지 못하는 베일

우리가 이제부터 살펴보려는 것은 하나님의 존재증명에 관한 안셀무스와 토마스 아퀴나스의 방법론적 차이점과 그 의미입니다. 왜냐하면 하나님의 존재증명에 대한 양측의 공방이 끝나지 않는 이유에 대한 해명이 바로 그 속에 담겨 있기 때문이지요. 우선, 앞서 전개한 안셀무스의 두 번째 논증과 토마스 아퀴나스의 세 번째 논증을 비교해볼까요? 중세를 대표하는 위대한 신학자인 두 사람은 모두 '필연적 현존'과 '우연적 현존'이라는 개념을 사용해서 하나님의 현존을 증명했습니다. 하지만 안셀무스는 '개념에서 출발해서 결론을 이끌어 내는' 논증을 전개했고, 토마스 아퀴나스는 '감각적 경험에서 시작해서 결론을 이끌어 내는' 논증을 펼친 것, 기억나지요?

왜 그랬을까요? 이유는 간단합니다. 안셀무스가 플라톤·플로티노스·아우구스티누스로 이어진 존재론의 영향 아래 있었던 반면, 토마스 아퀴나스는 아리스토텔레스의 존재론을 적극 수용했기 때문입니다. 근대로 들어서면 이들 두 사람의 방법론을 대륙의 합리론과 영국의 경험론이 각각 계승하는데요, 이 차이는 본디 플라톤과 아리스토텔레스의 인식론에 들어 있는 차이에서 나온 것입니다. 간략하게 잠시 살펴보면 이렇습니다.

이미 살펴보았듯이 플라톤은 세상의 모든 사물 안에는 이데아가—비록 부분적으로나마—들어 있어서 그것이 그것으로 존재하도록, 또한 그렇게 이름 불리도록 한다고 주장했습니다.[32] 아리스토텔레스도 개별적 사물 안에 그러한 '형상'이 들어 있어서 사물들이 그렇게 존재하는 것이라는 스승의 주장에는 반대하지 않았습니다. 단지 그 형상이 이데아처럼 사물들에서 독립해서 세상이 아닌 다른 어떤 곳에 따로 존재한다는 말에 반대했지요.[33] 그는 형상이 우리가 볼 수도 있고 만져 볼 수도 있는 감각적이고 개별적인 '사물' 안에 들어 있으며,[34] 동시에 우리의 정신 안에도 '개념'으로 들어 있다[35]고 생각했기 때문입니다. 이 차이점을 분명히 하기 위해 그는 플라톤에게 있어 '형상'을 뜻하는 '이데아'idea라는 말 대신 '에이도스'eidos라는 용어를 별도로 사용했지요.•

• 이 같은 관점에서 아리스토텔레스는 플라톤의 '이데아'는 개별 사물의 '본질' 또는 '형상

따라서 플라톤에게 진리는 우리가 정신으로만 파악할 수 있는 '이데아에 대한 지식'이고, 아리스토텔레스에게는 우리의 감각을 통해 파악할 수 있는 '에이도스에 대한 지식'입니다. 그래서 플라톤은 자신이 세운 아카데미아의 정문에 "기하학을 모르는 자, 이곳에 들어오지 말라"라고 써 놓고, 그 자신도 골방에서 천상天上의 이데아에 대해 골똘히 사색을 했지요. 하지만 아리스토텔레스는 한때 자신의 제자였던 알렉산드로스 대왕의 지원을 받아 만든 세계 최초의 동식물원이 있는 리케이온의 정원에서 산책하며, 지상地上의 에이도스들을 부지런히 관찰했습니다. 모든 사물에 대한 예리한 관찰자였던 그는 심지어 병아리의 부화, 상어와 홍어의 생식 방법, 또는 꿀벌의 습성이나 조직 연구에도 깊은 열정을 보였지요.

한마디로 플라톤은 '철학을 하는 신학자'였고, 아리스토텔레스는 '철학을 하는 과학자'였던 겁니다. 위대한 두 거인의 이러한 학문적 취향이 그들 이후의 서양 학문을 크게 두 줄기로 갈라놓았습니다. 예컨대 중세에는 아우구스티누스를 통해 전해진 플라톤의 영향 아래 있던 에리우게나, 안셀무스, 보나벤투라 등을 비롯한 베네딕투스 수도회와 프란체스코 수도회에 속한 학자들과 아리스토텔레스의 이론을 새롭게 받아들인 로스켈리누스, 토마스 아퀴나스, 둔스 스코터스 등을 비롯한 도미니쿠스 수도회 출신 학자들이 갈라섰지요. 이어

원인'이 아니며(『형이상학』, 991a), 따라서 자기 이전에는 그 누구도 사물의 본질, 즉 '그것이 그것이게끔 하는 것'에 대한 정확한 설명을 하지 못했다(같은 책, 988a)고 주장했다.

서 근대에는 각각 그 전통을 이어받은 대륙의 합리론자들과 영국의 경험론자들이 첨예하게 대립했습니다.

데카르트, 스피노자, 라이프니츠 같은 합리론자들은—플라톤이 그랬던 것처럼—인간의 정신에는 선천적 인식 능력이 있다고 생각했어요. 그래서 사고만으로도 진리에 도달할 수 있다고 믿었습니다. 예를 들어 삼각형의 내각의 합이 2직각(180도)인 것을 우리는 골방에서 종이와 연필만으로도 증명할 수 있는데, 이것이 각도기를 갖고 온 세상의 모든 삼각형을 재고 다니는 경험적 방법보다 더 확실한 지식을 얻을 수 있다는 것이지요.* 선험적 인식 능력을 인정한다는 점에서 합리론자들은 플라톤의 후예들입니다.

그러나 로크, 버클리, 흄으로 이어지는 경험론자들은 인간의 정신은 아무것도 쓰이지 않은 '빈 서판'tabula rasa** 같아서 그 안에 선천적 인식 능력이란 전혀 없고 오직 경험을 통해서만 지식을 얻을 수 있다고 주장했지요. 우리가 이미 살펴보았듯이, 경험론자들에게는 신에 대한 관념이 우리의 정신 안에 있다고 해서 감각적 경험 없이 그것이

- 유클리드 기하학은 평행선 공리(平行線 公理)에서 '엇각은 같다' 또는 '동위각은 같다'라는 정리들을 연역해 내고, 또 그것들에서 '삼각형의 내각의 합은 180도다'라는 정리를 '필연적으로' 이끌어 낼 수 있다.
- 라틴어 '타불라 라사'(tabula rasa)는 본래 라이프니츠가 로크의 『인간 오성론』에 반격하려고 쓴 『신(新) 인간 오성론』에서 처음 사용한 용어다. 라이프니츠는 로크가 인간 정신에는 아무것도 적혀 있지 않다는 것, 즉 태어날 때부터 갖고 있는 관념이나 원리 따위는 없다고 선언함으로써 합리론에 박아 둔 치명적 쐐기를 뽑아내야 했다. 그래서 '타불라 라사'라는 말을 만들어 그를 공격하는 데 사용했는데, 뜻밖에도 아주 적절한 비유여서 로크를 비롯한 영국 경험론자들이 말하는 인간 정신을 이해하는 데 도움이 되기 때문에 지금까지도 널리 쓰인다.

실제로 존재한다고 주장하는 것은 누구도 보지 못한 인어나 페가수스가 실제로 존재한다고 우기는 것만큼이나 어리석은 일입니다. 이같이 경험을 중요시한다는 점에서 경험론자들은 아리스토텔레스의 후손들입니다.

자, 이제 안셀무스가 왜 우리의 정신 안에 있는 "그 이상 큰 것을 생각할 수 없는 그 무엇"이라는 개념에서 시작하여 오직 사고만으로 하나님의 현존을 이끌어 냈는지 알아차렸지요? 또한 왜 토마스 아퀴나스가 캔터베리 대주교 안셀무스 대신 무명의 수도사 가우닐로를 옹호하고, 감각적으로 확인되는 세계의 일반적 특성들에서 출발하여 그것들의 궁극적 근거로서의 하나님의 현존을 증명했는지도 이해하게 되었을 겁니다. 나아가 중세철학을 공격함으로써 근대철학의 문을 연 프랑스 철학자 데카르트가 왜 안셀무스와 같은 종류의 하나님 증명을 전개했는지도 쉽게 짐작할 수 있었겠지요. 어디 그뿐인가요? 경험론자 흄이 데카르트를 논박한 까닭도 분명하게 파악되었을 겁니다.

그리고 마침내 당신은 이 논쟁이 왜 쉽게 끝나지 않는지도 짐작할 수 있게 되었을 겁니다. 오랜 세월을 두고 아리스토텔레스의 후손들은 플라톤의 후예들을 반박하고, 플라톤의 후예들은 아리스토텔레스의 후손들에게 재반박을 가해 왔습니다. 그런데 이런 식으로 2,000년은 족히 이어지던 해묵은 논쟁에 사실상 마침표를 찍은 이가 18세기 독일에 혜성처럼 나타났지요. 당신도 알다시피 대륙의 합리론과 영국의 경험론을 종합한 이마누엘 칸트가 바로 그 사람입니다.

칸트의 『순수이성비판』에는 다음과 같은 구절이 있습니다.

감성이 없으면 어떠한 대상도 우리에게 주어지지 않을 것이며, 오성이 없으면 어떠한 대상도 사유되지 않을 것이다. 내용 없는 사고는 공허하며, 개념 없는 직관은 맹목이다. 그러므로 개념을 감성화하는 일(즉 개념에 대해 그 대상을 직관에 부여하는 것)은 직관을 오성화하는 일(즉 직관을 개념 아래 놓는 것)과 마찬가지로 필요하다.…이 둘의 종합에 의해서만 인식이 나올 수 있다.[36]

아마 이 책을 통틀어 일반인들 사이에 가장 널리 알려진 구절일 테지만, 우리의 이야기와 연관해서 이 말이 뜻하는 바는 매우 간단하고 무척 허무합니다. 요컨대 신의 현존에 대한 논증은 그것이 어떤 것이든 간에 일종의 오류라는 것이지요! 신은 우리의 감성으로 파악되지 않아서 그에 대한 모든 인식은 단지 공허한, 즉 "내용 없는 사고"에 불과하기 때문입니다. 칸트는 같은 책에서 이 같은 "내용 없는 사고"들이 떠도는 영역을 "폭풍이 이는 광대무변한 바다" 또는 "가상의 본거지"라고 불렀습니다.

가상假象의 사전적 의미는 "주관적으로는 실재하는 것처럼 보이나 객관적으로는 존재하지 않는 거짓 현상"입니다. 그러니까 칸트에게는 사과나 책상처럼 감성을 통해 경험되는 대상만이 현상체phaenomenon이고, 신이나 영혼처럼 감성의 한계를 벗어나기 때문에 경험할 수 없는 모든 대상이 곧 가상체noumenon이지요.[37] 칸트에 의하면, 신이나 영혼과 같은 가상체도 사고될 수는 있고, 또 사고되어야 하지만 인식될 수는 없습니다.

얼핏 평범한 이야기 같지만, 칸트가 이 말을 통해 신학뿐 아니라 모든 종류의 형이상학에 준 타격은 치명적이었습니다. 이에 대해 윌 듀런트Will Durant는 자신의 친근하고 재치 넘치는 책 『철학이야기』에서 다음과 같이 말했습니다.

> 형이상학은 사상사를 통해 실재의 궁극적 본성을 찾아내려는 시도였으나, 이제 사람들은 가장 존경할 만한 권위에 입각해서 실재는 결코 경험할 수 없다는 것, 실재는 생각할 수는 있으나 인식할 수 없는 가상체noumenon라는 것, 아무리 정밀한 인간 지성이라도 결코 현상을 넘어서지 못하며, 마야의 베일을 찢지 못한다는 것을 알았기 때문이다.[38]

마야의 찢지 못하는 베일, 바로 그 뒤에서 우리의 이성이 저지르는 온갖 오류가 생겨나는 겁니다. 칸트에 의하면, 인간의 이성은 무한히 뻗어 나갈 수 있지만 감성이라는 섬島 안에 있어야만 안전합니다. 한마디로 감성의 한계가 곧 지식의 한계지요! 감성의 한계를 벗어난 모든 사고는 가상이고 오류의 원천입니다. 따라서 그러한 사고들은 '진리의 땅'에서 발붙이지 못하고 내쫓겨, 폭풍이 이는 험한 바다를 떠돌게 됩니다. 그런데 그 바다는 또한 광대무변해서 그 항해 역시 끝이 없답니다.

아름다운 고향 섬 이타카를 떠난 오디세우스의 방랑처럼 공허하고 끝없는 이 항해를 칸트는 마치 호메로스가 『오디세이아』에서 그런 것처럼 풍부한 시적 표현을 써서 다음과 같이 묘사했습니다.

그것은 (매력적인 이름인) 진리의 땅인데, 폭풍우 치는 망망대해로 둘러싸여 있다. 가상의 본거지인 이 바다는 짙은 안개와 이내 녹아 없어지는 무수한 빙산들이 마치 새로운 육지인 양 항해자들의 눈을 속인다. 그럼으로써 탐험에 나선 항해자들은 부단히 속으면서도 헛된 희망에 부풀어 무모한 모험을 계속하게 된다. 이 모험은 결코 끝나지도 않고 끝낼 수도 없다.[39]

칸트는 이렇듯 결코 끝나지도 않고 끝낼 수도 없는 모험의 전형적 예가 형이상학이나 신학이 다루는 명제들이라고 했습니다. 예컨대 순수이성의 이율배반Antinomie이 그중 대표적인 하나입니다.•

이율배반이란 서로 모순이 되는 두 명제가 진위眞僞를 가릴 수 없을 정도로 동등한 지위를 갖는 것을 말합니다. 다시 말해 둘 중 어느 것도 경험적 확증 또는 반증이 불가능하다는 거지요. 칸트는 인간의 이성이 자신의 한계를 뛰어넘어 어떤 무한한(또는 무규정적인) 대상을 사고할 때 필연코 도달하는 네 가지 이율배반을 예로 들었습니다.••

• 칸트는 이성이 사용하는 추론의 세 가지 형식인 정언추론, 가언추론, 선언추론을 각각 자아, 세계, 신과 짝지어 1) 순수이성의 오류추론(Paralogismus), 2) 순수이성의 이율배반(Antinomie), 3) 순수이성의 선험적 이상(Transzendentales Ideal)을 순수이성의 오류로 규정했다.
•• 칸트가 든 네 가지 이율배반을 요약하면 이렇다. 1) 시간에는 시작이 있고 공간에는 끝이 있다. 2) 세계의 물질은 그 이상 쪼갤 수 없는 단순한 부분으로 이루어진다. 3) 자연의 인과성을 벗어난 자유에 의한 인과성이 있다. 4) 세계에는 그것의 부분이나 원인인 하나의 필연적 존재가 있다. 이들 명제는 진위를 가릴 수 없기 때문에 각각 그들의 부정명제와 동등한 지위를 갖는다(참고. 『순수이성비판』, B 454이하).

이 가운데 마지막이 바로 우리의 이야기와 연관되는 '세계의 원인인 하나의 필연적 존재가 있다'입니다.

자, 보세요. 이 명제도 그렇지만, 그것의 모순명제인 '세계의 원인인 하나의 필연적 존재가 없다' 역시 경험적 확증과 경험적 반증이 모두 불가능하지요. 따라서 이런 명제들은 둘 모두 '내용 없는 사고', 곧 '가상'이라는 겁니다. 칸트의 이러한 비판은 어떤 논증에 무슨 논리적 결함이 있느냐 없느냐 하는 차원의 문제가 아닙니다. 그것은 보다 근원적인 문제로서, 논증만으로 신의 현존을 증명하려는 일체의 행위 자체가 무의미하다고 주장한 것입니다. 이 말을 칸트는 다음과 같이 표현했습니다.

> 여기서 내가 주장하려고 하는 것은, 이성을 신학에 단지 사변적으로만 사용하려는 모든 시도는 전혀 무익하며 내적 성질에 비추어 보아도 아주 무의미하다는 것이다. 그 반면에 이성의 자연적 사용의 원칙들은 신학에는 전혀 이르지 못한다. 따라서 만약 사람들이 도덕법칙을 기초에 두지 않거나 또는 실마리로 잡지 않는다면, 이성의 신학은 도무지 불가능하다는 것이다.[40]

한마디로 요약해, 하나님의 존재증명을 위한 모든 종류의 논증이 부질없다는 이야기지요.

무릇 이성만의 신학은 존재할 수 없다

칸트가 『순수이성비판』을 통해 이룬 이 일에 관한 당시의 평가는 엇갈렸습니다. 낭만주의자들과 계몽주의자들은 찬사를 보냈지만 신학자들은 일단 경계했지요. 예컨대 독일의 시인 하인리히 하이네Heinrich Heine, 1797-1856는 "칸트에게서 우리는 신에 대항하는 몸짓을 볼 수 있으며 그는 프랑스의 (대혁명을 주도한) 로베스피에르와 비교할 수 있다"고 높이 평가했지만, 프로테스탄트 신학자 굴리아Gulia는 칸트를 "루터 신학의 거대한 파괴자"라고 불렀습니다.

그런데 19세기 중반에 들어서면서 갑자기 거의 모든 프로테스탄트 신학자들이 칸트가 인간 이성의 유한성에 대한 통찰을 확립했다며 칭송하기 시작했습니다. 왜 그랬을까요? 사실 거기에는 울며 겨자 먹기식의 불가피한 이유가 있었습니다.

당시 기독교는 프랑스대혁명과 산업혁명을 성공적으로 이끈 인간의 이성을 숭배하여 기독교를 이성화하려 한 이신론자들과 인류교도들, 그리고 자연신학자들의 거센 도전에 맞서 있었지요. 이들에 몰려 종종 난처한 처지에 놓인 19세기 신학자들은 칸트가 이성의 한계를 분명히 밝히고, 인간은 그 유한성을 받아들여야 한다고 강조한 것이 무엇보다도 큰 방어 무기가 된다는 것을 알아차린 것입니다. 파울 틸리히가 언급한 대로, 인간이 "무한성에 이를 수 없음을 가장 명확하고 예리하게 보았던 철학자"[41]가 바로 칸트였기 때문이지요. 그래서 그들은 이신론자들을 향해 "무릇 이성만의 신학은 존재할 수 없다"[42]는 칸트의 말을 거세게 외쳤던 겁니다.

이 같은 분위기에서 19세기 독일의 저명한 신학자 율리우스 카프탄Julius Kaftan, 1848-1926은 기독교에는 세 가지 위대한 집단이 있고, 그 각각에 영향을 끼친 세 사람의 위대한 철학자가 있다고 주장했지요. 동방정교에는 플라톤이, 가톨릭에는 아리스토텔레스가, 프로테스탄트에는 칸트가 있다는 이야기였습니다.[43] 물론 다소 과장된 점은 있습니다. 플라톤 철학이 동방정교만이 아니라 고대 기독교 전체에, 그리고 아리스토텔레스 철학이 중세 가톨릭에 끼친 막대한 영향에 비하면 칸트 철학이 근대 프로테스탄트에 준 영향은 상대적으로 작기 때문입니다.

그렇지만 칸트가―플라톤과 아리스토텔레스 그리고 그들의 영향을 각각 받은 안셀무스와 토마스 아퀴나스 등이 행한―하나님의 존재증명이라는 유구하고 무익한 오류들로부터 신학을 지켜 준 것은 엄연한 사실이고 또한 높이 평가할 만한 일이지요. 그것을 통해 신학은 20세기에 칼 바르트가 갔던 길, 다시 말해 하나님의 현존에 대한 합리적 증명이나 이해보다는 '살아 계신 하나님'에 대한 체험과 신앙을 우선시하는 길로 나아가는 이론적 발판을 얻었기 때문입니다.

결코 칸트 자신이 의도한 것은 아니지만, 그가 이른바 '진리의 땅'에서 하나님에 관한 명제와 논증을 '폭풍이 이는 험한 바다로' 내쫓아 버림으로써 근대신학이 적어도 이 부분에서만은 "무수한 빙산들이 마치 새로운 육지인 양 항해자들의 눈을 속이는" 형이상학의 망령에서 벗어나 종교적 성격을 회복하기 시작한 겁니다. 어쨌든 논증이란 아리스토텔레스의 『오르가논』을 통해 최초로 체계화된 만큼 본디부터 그리스 철학의 산물이자 특성이었으니까요.

정리할까요? "내용 없는 사고는 공허하며 개념 없는 직관은 맹목이다"라는 말을 통해 칸트는 무한히 뻗어 나가려는 인간의 이성을 감성이라는 테두리 안에 가두었습니다. 그 이후 근대 학문에서는 중세에 비해 경험의 중요성이 현저하게 강조되었고, 그때까지 통용되던 진리라는 개념이 새롭게 정립되었지요. 그 내용을 현대논리학의 용어를 사용해서 표현하자면, 진리는 타당할valid 뿐 아니라 건전해야sound 한다는 것입니다. 요컨대 경험적으로 검증되지 않은 사실은 진리로 받아들일 수 없다는 뜻이지요. 이런 이유에서 하나님의 존재를 논증을 통해 증명하려는 모든 시도는 물거품이 되어 버린 겁니다.

물론 진리에 대한 이러한 새로운 규범이 하나님의 존재증명에만 적용된 것은 아닙니다. 19세기 후반부터는 실증주의positivism라는 이름으로 자연과학을 비롯한 학문 전반에서 강하게 요구되었습니다. 흥미로운 사실은 과거의 자연과학과는 달리 현대과학이 찾는 대상의 존재와 법칙은 신의 그것에 못지않게 형이상학적인 경향이 있다는 것입니다. 그 때문에 경험 또는 실험적 검증의 중요성이 더욱 커졌는데, 우리는 현대의 천체물리학과 양자물리학에서 다음과 같이 널리 알려진 사례를 찾을 수 있습니다.

1916년에 발표된 알베르트 아인슈타인Albert Einstein, 1879-1955의 '일반상대성 이론'은 그 자체로 완벽하고 아름다운 이론이었습니다. 그렇지만 그것이 참된 과학 지식으로 받아들여진 것은 3년 후인 1919년에 아서 에딩턴Arthur Eddington, 1882-1944이 서아프리카 해안의 프린시피 Principe라는 섬에서 개기일식 관측 실험을 행하여 '빛이 태양과 같은 중력이 큰 행성 가까이를 지날 때는 휜다'는 것을 증명한 뒤부터였지요. 또한 1930년에 발표된 폴 디랙Paul Dirac, 1902-1984의 반입자론反粒子論 역시 이론상으로는 모순이 없고 그 당시 양자역학이 당면한 난해한 문제들을 설명하는 데 꼭 필요했습니다. 하지만 1955년 미국 캘리포니아 대학의 에밀리오 세그레Emilio Segrè, 1905-1989 교수와 동료들이 베버트론이라는 입자가속기에서 음전기를 가진 양성자를 발견하기 전까지는 단지 흥미로운 아이디어로만 여겨졌습니다.

내 생각에는 1076년 『프로슬로기온』을 발표할 당시 안셀무스가 놓인 상황이 바로 1916년의 아인슈타인, 1930년의 디랙과 같았습니다. 세 사람 모두 이론적으로 증명되고 심리적으로 확신하지만 경험적으로 검증할 길이 없는 아름다운 생각들을 각자의 가슴에 품고 있었다는 점에서 그렇지요. 그래서 안셀무스는 다음과 같이 외쳤습니다.

내 영혼아, 네가 찾고 있는 것을 찾았느냐?
너는 하나님을 찾았고 그분이 모든 것 중에 최고의 어떤 것이며
그보다 더 나은 것을 생각할 수 없는 것임을 발견했다.
…그러나 네가 발견했다면, 네가 발견한 것을 감각적으로 지각하지
   못하는 것은 어째서인가?

주 하나님, 내 영혼이 당신을 발견했다면, 왜 당신을 느끼지 못합니까?
…왜 이렇습니까, 주님.
왜 이렇습니까?[44]

그렇습니다! 현존은 일차적으로 사고의 대상이 아니라 경험의 대상이지요. 그래서 이야기는 이제, 우리가 경험을 통해 하나님의 현존을 증명할 수 있는가 하는 문제로 넘어갑니다.

하나님의 존재를 경험적으로 검증할 수 있나

'신에 대한 경험' 또는 '종교적 경험'religious experience이 가능한가에 대한 종교학자들의 대답은 단연코 '그렇다!'입니다. 종교적 경험이란 본디 모든 종교의 근원이지요. 왜냐하면 직접적이거나 간접적이거나, 신비적이거나 일상적이거나, 감정적이거나 관념적이거나, 그 어떤 형태로든지 신적인 것에 대한 어떤 경험이 없다면 종교란 아예 시작하지도 않았을 것이기 때문입니다.

특히 고대 히브리인들의 신앙은 언제나 경험으로부터 시작했지요. 그들은 묵시자들의 신비한 체험은 물론이고 아브라함과 모세의 부르심과 같은 소명을 통해서, 선지자들의 영감을 통해서, 시편 기자들의 문학적 표현을 통해서 끊임없이 하나님을 경험했습니다. 신에 대한 그리스인들의 주된 태도가 사유였다면, 하나님에 대한 히브리인들의 태도는 경험이었습니다! 신에 대한 지식도 마찬가지였지요. 히브리인들에게 하나님의 현존에 대한 지식을 갖는다는 것은 논증을 통해 증명하는 것이 아니라 하나님의 행위를 경험하는 것이며 동시에 그와 인격적 관계를 맺는 것이었습니다(사무엘상 3:7; 시편 9:10; 이사야 43:10; 미가 6:5 등).

이러한 전통이 당연히 기독교에 계승되었습니다. 기독교에서도 하나님에 대한 모든 지식은 인간이 단지 사변을 통해 이뤄지는 철학과 같은 "초등학문"을 통해서는 얻을 수 없고, 오직 하나님과 인간 사이에 쌍방적으로 이뤄지는 인격관계를 통해 파악되는 것이라는 생각이 처음부터 강력했지요. 예컨대 사도 바울은 이렇게 교훈했습니다. "이제는 너희가 하나님을 알 뿐 아니라 더욱이 하나님이 아신 바 되었거늘 어찌하여 다시 약하고 천박한 초등학문으로 돌아가서 다시 그들에게 종노릇하려 하느냐"(갈라디아서 4:9). 같은 맥락에서 성 베르나르 드 클레르보 Bernard de Clairvaux 도 신앙을 설명하는 자리에서 "타오르는 것은 아는 것 이상의 그 무엇이다"라고 외쳤지요.

현대종교학자들의 생각도 이들의 주장에서 그리 멀지 않습니다. 예컨대 미국의 심리학자이자 철학자인 윌리엄 제임스 William James, 1842-1910 는 "느낌이 종교의 심층적 요소다.…철학적·신학적 공식은 하나의 교재를 다른 언어로 번역하는 것처럼 이차적 산물이다"[45]라고 주장했습니다. 종교적 경험이 종교의 가장 중요한 요소이고, 진술이나 추론, 비판, 반성 같은 지적 활동의 산물인 철학적·신학적 이론은 부수적 요소라는 말이지요. 요컨대 종교적 경험은 다양하고 복잡한 종교 현상이 생겨나게 하고 종교의 생명력을 유지시키는 '살아 있는 샘물'인 것입니다.

따져 보면 이러한 생각들은 전혀 사변적인 이야기가 아닙니다. 그것은 오히려 우리가 항상 체험하는 사실에 관한 생생한 증언이지요. 실제로 우리가 종교를 갖는 궁극적 이유는 종교적 경험을 갖기 위해서지 종교적 이론을 알기 위해서가 아니지 않나요? 내 생각에 다음의 우화는 우리의 이러한 입장을 잘 표현해 줍니다.

어떤 사람이 늪에 빠져 허우적거리고 있었습니다. 마침 그곳을 지나던 한 성직자가 그를 발견했지요. 그리고 그에게 설교를 늘어놓기 시작했습니다. 하나님이 그 사람을 태초부터 예정했으며 그를 위해 독생자를 보내 십자가에서 피 흘리게 했고 지금도 사랑하여 늪에서 건져 주려고 시간을 정확히 맞추어 자기를 보냈다는 내용이었지요. 그러자 늪에 빠진 사람이 다급히 외쳤습니다. "이 사람아, 그건 상관없으니 어서 밧줄이나 던져라!"

그렇습니다! 우리가 원하는 것은 밧줄입니다. 구원의 밧줄, 생명의 밧줄이지요. 바로 이것이 삶이라는 늪에 빠져 매 순간 운명과 죽음, 허무성과 무의미성, 죄책과 정죄에 대한 불안을 경험하며 하루하루를 살아가는 우리가 종교에 대해 진정 바라는 것입니다. 한마디로 우리는 딱딱한 신학 이론이나 따분한 설교보다는 생생한 종교적 경험을 원합니다. 그러니 "어서 밧줄이나 던져라!"라고 외칠 수밖에 없지요. 나는 그런데, 당신은 어떠세요? 아마 같은 심정일 것입니다.

물론 그렇다고 해서 모든 사람이 종교적 경험을 긍정적으로만 바라보는 건 아닙니다. 그 이유는 크게 두 가지입니다. 하나는 종교적 경험 자체를 일종의 심리적 환상으로 보고 그 실재성을 부인하는 것이고, 다른 하나는 설사 그것이 실재한다 하더라도 종교생활에 바람직하지 않다는 식으로 그것의 가치를 부인하는 것입니다. 따라서 신비롭거나 기적과도 같은 종교적 경험들이 하나님의 존재에 대한 증명이 된다는 데는 많은 학자가 의심의 눈초리를 보내 왔습니다.

예를 들어 토머스 홉스Thomas Hobbes, 1588-1679는 어떤 이가 하나님이 그에게 말했다고 주장한다면, 그것은 단순히 "하나님이 그에게 말했다는 꿈을 꾸었다"는 말에 지나지 않는다고 했지요.[46] 데이비드 흄은 사람들에게 인정되어야 하는 모든 것에는 통일된 경험a uniform experience이 있어야 하는데, 기적이 존재한다는 데는 통일된 경험이 없고, 기적이 존재하지 않는다는 데는 오히려 직접적이고 충분한 증거가 있다고 말함으로써 기적 자체를 인정하지 않았습니다. 흄은 기적을 "불가사의한 것을 바라는 인간의 일상적 성향에서 나온 것"으로 간주하고 "점차 의식이 계몽되면서 우리는 신비로운 것 또는 초자연적인 것이란 있을 수 없다는 사실을 깨닫게 된다"고 단정하기도 했지요.[47]

근대와 함께 대두한 이 같은 합리적 주장들의 영향으로 기독교 내에서조차 종교적 경험을 적극적으로 배척하는 세력들이 일어났습니다. 그 대표적 예가—앞에서 잠시 소개한—18세기 영미 자연신학자들과 프랑스와 독일의 계몽주의자들이 주장한 이신론인 겁니다.

초기 이신론자들은 원래 기독교를 근대 과학의 합리성과 조화시켜 반기독교적 신비주의와 세속주의에 저항하려는 호교적護敎的 목적에서 이신론을 제창했습니다. 그러나 아무리 좋은 것이라도 지나치면 해가 되는 법이지요! 후기 이신론자들은 본래 목적에서 한 발 더 나아가 진실한 종교는 초이성적인 것들을 포함해서는 안 된다고 주장하며, 기독교 내의 기적과 예언 등 모든 비이성적 요소를 제거하기 시작했습니다. 아일랜드의 이신론자 존 톨런드John Toland, 1669-1722가 쓴 책의 제목이 '신비적이지 않은 정신'이었다는 것이 이들의 입장을 잘 대변해 주지요.* 따라서 이들에게는 기적과 같은 종교적 경험을 근거로 하나님의 현존을 증명하려는 모든 시도는 불가능할 뿐 아니라 백해무익합니다.

그런데도 자신들의 신앙생활 안에서 부단히 크고 작은 종교적 경험을 하는 그리스도인들은 물론, 충분히 이성적인 신학자들마저도 이 같은 반론이 '종교적 경험에 의한 하나님의 존재증명'에 별다른 영향을 미치지 않는다고 봅니다. 신실한 그리스도인들이 하는 종교적 경험이 홉스나 흄 또는 이신론자들이 주장하는 것과는 전혀 다른 차원에서 전혀 다른 방식으로 이루어지기 때문이지요. 정말이냐고요? 얼핏 들으면 억지 같지만, 사실이 그렇습니다! 과연 그런지 살펴볼까요?

• 초기 이신론자로는 허버트(Herbert of Cherbury), 블라운트(Blaunt) 등이 대표적 인물이고, 후기 이신론자로는 톨런드(J. Toland), 틴들(M. Tindal), 볼링브로크(V. Bolingbroke), 올러스톤(W. Wollaston), 모건(T. Morgan), 콜린스(J. A. Collins) 등이 있다.

종교적 경험의 신비적 형태

종교적 경험은 크게 '종교적 경험의 신비적 형태'mystical forms of religious experience 와 '종교적 경험의 일상적 형태'ordinary forms of religious experience 두 종류로 구분할 수 있습니다.

신비적 형태의 종교적 경험은 보통 어떤 종교적 내용이나 대상이 물질적 세상을 잠시 잊게 함으로써 인식 전체를 채워 주는 의식 상태state of consciousness를 체험하게 하는 것을 말하지요. 개인적으로는 환상, 마음의 소리, 괴이한 감정, 신비한 황홀경 속에서 초월적 대상과의 만남을 경험하게 되는 것이고, 공적으로는 기적과 같은 매우 특별한 사건이 일어나는 것입니다.

독일의 현대신학자 루돌프 오토Rudolf Otto는 『성스러운 것』에서 이러한 종교적 경험의 신비적 형태에, '형용할 수 없는 초자연적 존재'를 뜻하는 라틴어 '누멘'numen을 변용해 "누미뇌제"Numinöse라는 특별한 이름을 붙였습니다. 그것은 '굉장한 신비'로서, '전율과 외경을 불러일으키는 굉장함', '압도적 권위와 위엄', '절대타자로서의 신비' 등을 의미하지요. 어때요? 혹시 당신도 어떤 방식으로든지 이런 종류의 경험을 해 본 적이 있는지요? 상당수의 독자들이 그렇다고 답할 것으로 생각됩니다.

신비적 형태의 경험들은 대부분 매우 주관적이고 다양하지만 공통점이 전혀 없지는 않습니다. 오토에 의하면, 인간의 영혼은 "섬뜩하고 무시무시한" 어떤 초월적 존재를 만났을 때 "무서워 떨며" "말을 잃고, 신경 조직의 가장 말초에 이르기까지 내적으로 전율하게" 되지요. 영혼은 이 신비로운 경험에 대해 "맹목적 경탄, 멍하게 만드는 놀라움, 절대적 경이"로 반응합니다. 어디 그뿐인가요? 우리는 그것에 완전히 압도당해 자신의 모든 능력은 "압도하는 힘과 비교할 때 무능함이고, 총체적 무이며, 장엄한 위엄 앞에서는 한갓 먼지와 재"일 뿐이라고 느끼게 되지요. 그런데도 이 신비로운 경험은 강력한 매력을 갖고 우리를 유혹합니다. 그것이 우리에게 "어느 것과도 비교되지 않는 지복至福을 주는 무엇으로 경험"되기도 하기 때문이지요.[48] 이와 연관해서는 흥미로운 이야기가 있습니다.

당신도 알다시피 신구약성서는 온통 '종교적 경험의 신비적 형태'로 넘칩니다. 또한 고대와 중세의 숱한 성인들에 관한 전승에서도 최소한 하나씩은 이런 이야기가 들어 있지요. 그런데 아무리 보아도 전혀 그럴 것 같지 않은 인물이 하나 있는데, 혹시 그가 누군지 알겠어요? 바로 토마스 아퀴나스입니다. 그는 기독교 사상사를 통틀어 누구보다 이성적이고 합리적인 정신의 소유자였기 때문입니다. 아퀴나스의 『신학대전』은 중세에 쓰인 그 어떤 저술보다도 선명하고 정교한 논리적 구조물로서 마치 해맑은 수정水晶 덩어리들을 벽돌 삼아 지상에서 하늘까지 쌓아 올린 거대한 성전과 같은 느낌이지요. 그랬기에 그가 신비적 형태의 종교적 경험을 했으리라고 생각하기가 결코 쉽지 않습니다.

그런데 토마스 아퀴나스가 죽기 얼마 전 그에게도 뜻밖의 신비로운 일이 일어났습니다. 그의 오랜 친구이자 비서인 피페르노의 레기날드 Reginald of Piperno, 1230-1290가 전하는 바에 의하면, 그날은 정확히 1273년 12월 6일 수요일, 성 니콜라우스 축제일 아침이었습니다.

평소처럼 토마스 아퀴나스는 성 니콜라우스 성당에서 축하 미사를 집전하고 있었습니다. 그런데 미사 중간 갑자기 어떤 것에 의해 이루 말할 수 없이 큰 충격을 받았지요.commotus 그는 무엇인가를 보고 들었는데 그것이 그에게 심히 영향을 미쳤고 그를 크게 변화시켰습니다.mira mutatione

그 이후 그는 지난 15년 동안 계속해 오던 저술을 멈추고 더는 아무것도 쓰지 않았습니다. 당시 토마스 아퀴나스는 『신학대전』 3부의 고해성사에 관한 부분을 쓰는 중이었는데, 결국 이 대작은 여기서 멈췄지요. 당시 사용되던 라틴어식 표현대로 그가 "필기도구를 매달아 놓았을 때"suspendit organa scriptionis 이를 안타깝게 여긴 레기날드가 어느 날 신중히 물었습니다.

"신부님, 당신이 하나님을 찬양하고 세상을 깨우치려고 시작한 그 같은 대작을 왜 치워 두고 계십니까?"

아퀴나스의 대답은 이랬습니다.

"레기날드, 난 할 수가 없네. 내가 본 것과 내게 계시된 것에 비교해 볼 때 내가 쓴 모든 것은 지푸라기처럼 여겨지네."

이것이 우리가 알고 있는 한 그의 마지막 말입니다. 전해 오는 바에 의하면, 그 후 토마스 아퀴나스는 세상을 뜨는 날까지 아무 말도 하지 않았다고 합니다.[49]

이것이 무엇을 의미할까요? 토마스 아퀴나스가 그의 주님, 곧 존재 자체 ipsum esse에 관한 어떤 것을 직접 경험하고 나서는, 자기가 평생 열정을 쏟았고, 당대 사람들이 기적으로 여겼으며 오늘날에 이르기까지 수많은 사람을 경탄케 하는 『신학대전』이 한갓 "지푸라기"처럼 — 또는 오토가 말하는 "먼지와 재"처럼 — 값어치 없게 느껴졌다는 것이지요. 바로 이런 현상, 다시 말해 한 인간의 판단 기준을 송두리째 뒤집어엎는 것이 '종교적 경험의 신비적 형태'입니다.

종교적 경험의 일상적 형태

'종교적 경험의 일상적 형태'란 어떤 신비적 체험이 아니라 예배와 기도 같은 일상적 생활에 종교적 깊이와 생명을 불어넣어 주는 성스러운 경험을 말합니다. 영국의 종교철학자 윌리엄 템플 William Temple, 1881-1944은 이것을 "종교적 인간의 총체적 경험"the whole experience of religious persons, 또는 "종교적으로 삶을 경험하는 형태"a religious mode of experiencing life라고 표현했습니다. 설명하자면, 종교적 경험의 일상적 형태란 인간이 삶의 모든 것을 '신과 연관해서' 살펴보고, 삶의 모든 관계와 책임의 영역에서 '신에게 대응하는' 태도를 말하는 겁니다. 이것은 일종의 경험이 아니라, 경험의 바탕인 '사고의 틀'이자 '삶의 태도'지요. 미국의 과학사학자 토머스 쿤Thomas Kuhn, 1922-1996이 정의한 '패러다임'paradigm이라고도 말할 수 있습니다.

쿤에 의하면, 패러다임이란 본디 그 자체가 '신념'과 '가치 체계'이자 동시에 '문제 해결 방법'입니다. 여기서 우리가 주목해야 할 것은 패러다임과 그것을 통해 얻은 경험이 구분되지 않는다는 점입니다.

그 둘은 사실상 서로 뒤엉켜 있는 하나의 혼합물이지요. 무슨 말인지 잘 모르겠다고요? 하지만 어려운 이야기가 아닙니다. 시쳇말로 표현하자면, '그렇게 생각하니 그렇게 보이고, 그렇게 보이니 그렇게 생각한다'는 겁니다. 예를 들어 볼까요?

천동설을 주장한 프톨레마이오스와 지동설을 주장한 코페르니쿠스가 어느 날 바닷가에 나란히 서서 일출日出을 보고 있다고 합시다. 이때에도 하늘이 움직인다고 믿는 프톨레마이오스는 '움직이는 해'를 보고 있고, 땅이 움직인다고 생각하는 코페르니쿠스는 '움직이는 지구'를 보고 있을 거라는 이야기입니다. 프톨레마이오스는 지구를 중심으로 태양이 돈다는 패러다임으로 떠오르는 태양을 보고 있고, 코페르니쿠스는 태양을 중심으로 지구가 돈다는 패러다임으로 그것을 보고 있기 때문이지요.

이처럼 하나의 패러다임과 그것이 만들어 내는 경험은 서로 뗄 수 없게 엉켜 있어서 패러다임이 다르면 경험도 달라질 수밖에 없습니다. 쿤은 흔히 '오리-토끼 그림'이라고 불리는 '자스트로우Jastrow 도형'을 예로 들어 패러다임과 과학 지식의 관계를 설명했습니다.[50] 보기에 따라서는 오리로도, 토끼로도 보이는 이 그림은 우리가 '무엇을 보는(또는 경험하는) 것'이 아니라 '무엇을 무엇으로 본다(또는 경험한다)는 것'을 말해 주지요. 한마디로 우리의 인식은 일종의 해석interpretation이라는 뜻입니다.

쿤은 우리의 경험적 지식이 필연적으로 내포하는 이런 정황에 대해 『과학 혁명의 구조』라는 혁명적 저서에서 다음과 같이 썼습니다.

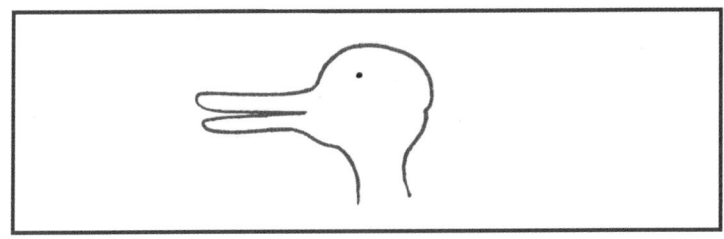

오리-토끼 그림.

등고선 ^{等高線} 지도를 보면서 학생은 종이 위에 그어진 선들을 보지만, 지도 제작자는 지형에 관한 그림을 본다. 거품상자 $^{bubble-chamber}$(아원자들의 움직임을 파악할 수 있게 설계한 기구)의 사진을 놓고 학생은 혼란스럽게 끊어진 선을 보지만, 물리학자는 낯익은 원자핵 내부의 사건 기록을 읽어 낸다. 그러한 시각적 변형을 숱하게 거친 다음에야 학생은 과학자 세계의 일원이 되어 과학자가 보는 것을 보고 과학자가 반응하듯이 반응하게 된다.[51]

마찬가지입니다! '종교적 경험의 일상적 형태'도 바로 이렇게 일어나지요. 구약시대의 히브리인들이 겪은 숱한 전쟁과 고난이 역사가들에게는 이스라엘과 인접 국가 간의 정치적·경제적·군사적 사건일 뿐이지만, 예언자들에게는 하나님이 그의 택한 백성을 인도하고 훈련시키고 벌을 줌으로써 그의 목표를 이해시키는 과정이자 도구였던 겁니다.[52] 예컨대 예레미야는 하나님이 갈대아의 군사 뒤에서 갈대아 군사들을 위해 싸우고 있으며 그들을 통해 그가 택한 이스라엘을 징벌하고 있다고 보았지요(예레미야 38:17-18).

이처럼 신실한 그리스도인들에게는 우주만물과 일상에서 일어나는 개개의 사건들 모두가 역사를 움직이는 하나님의 참여와 인도를 표상하는 증거들인 동시에 하나님의 존재를 증명하는 의심할 수 없는 논거들인 것입니다. 이 말을 사도 바울은 로마서에서 이렇게 표현했지요. "하나님의 진노가 불의로 진리를 막는 사람들의 모든 경건하지 않음과 불의에 대하여 하늘로부터 나타나나니, 이는 하나님을 알만한 것이 그들 속에 보임이라. 하나님께서 이를 그들에게 보이셨느니라. 창세로부터 그의 보이지 아니하는 것들 곧 그의 영원하신 능력과 신성이 그가 만드신 만물에 분명히 보여 알려졌나니, 그러므로 그들이 핑계하지 못할지니라"(로마서 1:18-20).

바울의 입장에서 보면 하나님의 존재를 증명하는 일에는 "구름같이 둘러싼 허다한 증인들"(히브리서 12:1)이 있는 것입니다. 물론 이러한 인식은 그리스도인이 아닌 사람에게는 불가능하며, 숱한 변형을 거친 다음에 그가 기독교 세계의 일원이 되어 그리스도인이 보는 것을 보고 그리스도인이 반응하듯 반응하게 된 다음에야―한마디로 그리스도인으로서 패러다임의 전환을 한 다음에야―가능해지지요.

이제 정리할까요? 그렇다면 '하나님의 현존을 경험적으로 증명할 수 있는가' 하는 문제는 결국 당신이 어떤 패러다임을 가졌느냐에 달렸다고 할 수 있습니다. 또한 당신이 어떤 패러다임을 갖느냐는 당신이 어떤 사람이냐에 달렸지요. 만일 당신이 기독교적 패러다임을 가진 사람이라면―안셀무스와 토마스 아퀴나스가 그랬듯이―세상에 존재하는 모든 사물과 날마다 일어나는 크고 작은 모든 일이 하나님의 존재를 증명하는 확실한 증거들이 될 겁니다. "그리스도가 나를 구원했다는 것을 내가 명확히 아는데 그가 존재하지 않을 수 있는가!"라는, 철학자 키르케고르의 고백에서 알 수 있듯이 기독교적 패러다임을 가진 사람에게 하나님의 존재는 이미 '증명의 문제'가 아닌 것이지요.

따라서 그리스도인들에게는 논리적 추론을 통해 하나님은 필연적으로 존재한다고 외치는 신학자들의 주장이나, 그 반대로 과학적 관찰을 근거로 우주에는 신이 없다고 외치는 과학자들의 선언이 모두 부질없고 공허한 메아리에 불과합니다. 왜냐하면 인간에게 '하나님의 현존'은 오직 실존의 문제일 뿐 이성적 논증이나 경험적 관찰의 문제가 아니기 때문이지요. 그렇다면 안셀무스와 토마스 아퀴나스가 애써 실행한 그 많은 논증은 대체 뭘까요? 그들은 왜 그런 수고를 한 것일까요? 믿음이 약해서 그랬을까요?

아니지요! 그들이 그런 논증을 펼친 것은 그걸 통해서 하나님의 현존을 '확인'하려는 목적보다는 하나님의 현존을 신앙으로 받아들이기 어려워하는 신도들의 이성을 '설득'하려는 의도로 행한 것으로 보아야 합니다. 앞에서 소개한 이야기, "이 사람아, 그건 상관없으니 어서 줄이나 던져라!"라고 외치던 늪에 빠진 사람을 떠올려 보세요. 그 사람도 일단 늪에서 나오면 자기를 구해 준 성직자를 정말로 하나님이 보낸 것인지 알고 싶을 테니까요. 바로 여기에 우리가 놓치지 말아야 할 매우 중요한 교훈이 있습니다. 어쩌면 우리는 이 이야기를 하려고 '하나님의 존재증명'이라는 먼 길을 돌아왔는지도 모릅니다. 그것이 무엇이냐고요?

메타노이아-신비적 형태에서 일상적 형태로

종교적 경험에 관해 우리가 간직해야 할 '중요한 교훈'은 그것의 '신비적 형태'가 '일상적 형태'로 이어질 수 있으며, 또 이어져야 한다는 것입니다! 즉 우리는 '아주 인상적이고 기억되는 사건'들을 통해 신비적 형태의 종교 경험을 하는데, 이러한 경험이 삶 전체에 대한 새로운 의미를 던져 주는 '의미의 중심점'center of meaning 이자 '삶의 전환점'turning point of life 이 되어 '종교적 경험의 일상적 형태'로 나타나야 한다는 뜻이지요. 쿤의 용어로 말하자면 '패러다임의 전환'이 있어야 한다는 것입니다.

이에 대응하는 신약성서의 용어가 '메타노이아'metanoia 입니다. 어의적으로는 '나중에 생각을 바꿈', '달리 생각함', '정신적 가치 지향을 변화시킴'이라는 뜻을 가진 명사지만, 기독교 용어로는 이전의 생각이 잘못되었다는 의미에서 통상 '회개'悔改 또는 '회심'悔心이라고 번역합니다.[53] 이런 의미에서 회심은 참다운 그리스도인이라면 마땅히 거쳐야 할 관문이지요! 신구약성서에 나오는 수많은 예언자들과 사도들이 '메타노이아'를 한 좋은 예입니다.

회심이란 물론 쉬운 일이 아닙니다. 쿤도 패러다임 전환을 '종교적 개종' 또는 '정치적 혁명'에 비유했을 정도입니다. 이런 이유에서 17세기 프랑스 사상가인 블레즈 파스칼Blaise Pascal, 1623-1662도 호교론護教論적 단상을 엮은 『팡세』에서 회심을 가볍게 생각하는 사람들에 대해 다음과 같이 교훈했습니다.

> 그들은 으레 회심이 교제나 대화처럼 하나님을 경배하는 것으로 이루어진다고 생각한다. 그러나 진정한 회심은 인간으로 인해 수없이 진노한 존재, 인간을 어느 때나 정당하게 멸할 수 있는 보편적 존재 앞에 인간이 스스로를 무無로 만드는 데 있으며, 그 존재 없이는 인간이 아무것도 할 수 없고, 또한 그에게서 버림받음 외에는 아무것도 받을 수 없음을 인정하는 데 있다.[54]

사도 바울을 예로 들어 볼까요? 당신도 알다시피 바울은 그리스도인들을 박해하는 사람이었지요. 하지만 다마스쿠스Damascus 부근에서 하늘로부터 홀연히 빛이 내려와 비추었고, 그는 그에게 새로운 소명을 일깨워 주는 그리스도의 소리를 들었습니다(사도행전 9:4; 22:7; 26:14). 이 신비로운 경험을 통해 회심한 그는 이전까지의 자신을 철저하게 버렸습니다. 그리고 그리스도 없이는 아무 일도 할 수 없다는 듯 기독교를 전파하는 데 평생을 바쳤지요.

'신비적 경험'을 통해 바울의 삶 전체가 바뀌었고, 그렇게 그는 인간과 세계와 역사를 보는 새로운 안목도 터득했던 것입니다. 그에게는 메타노이아, 곧 패러다임의 전환이 일어난 것이고, 이로써 하나님은 그를 통해 역사하며 자신의 목적을 이룰 수 있었던 겁니다. 만일 바울이 신비적 경험을 한 이후에도 예전과 다름없이 살았다면 그가 한 경험은 벌건 대낮에 벌어진 한바탕의 어릿광대짓에 불과했겠지요.

여기서 우리가 놓치지 말아야 할 것이 있습니다! '일상적 형태'로 이어지지 못한 종교적 경험의 '신비적 형태'는 다른 종류의 환상이나 환각과 구분할 길이 없으며, 나아가 그 자체가 적어도 기독교 입장에서는 무의미하다는 사실입니다. 따라서 그것은 당연히 하나님의 존재증명에도 아무런 영향을 미치지 못하지요. 그러나 '종교적 경험의 일상적 형태' 속에서는 개인의 삶에서 경험하는 개별적 사건뿐 아니라, 세계와 역사 안에서 일어나는 크고 작은 경험 하나하나가 '하나님과의 만남' 즉 '하나님의 존재에 대한 실증적 경험'이 되는 겁니다.

더불어 생각해야 할 것이 있습니다. 종교적 경험에 대한 이러한 기준은 당신도 혹시 한 번쯤은 경험했을 수 있는 어떤 신비로운 경험이 '기독교적'인지 아닌지를 판가름하는 척도가 된다는 것입니다. 신비 체험은 매우 다양하지만, 그 모든 것이 기독교적인 것은 아닙니다. 예컨대 무당巫堂들의 신접神接은 분명 일종의 종교적 경험의 신비적 형태인 것은 분명합니다. 하지만 기독교적이지는 않지요. 그래서 우리가 도달하는 결론은 이렇습니다.

어떤 사람이 세상에서는 보지 못한 찬란한 빛을 내는 어떤 신비한 발광체를 보았든, 하나님의 목소리라고 생각되는 어떤 소리를 들었든, 아니면 스스로 지체장애인을 일으키는 기적을 행했든, 아무튼 어떤 종류의 신비적 경험을 했다고 하지요. 그 후 그것이 전환점이 되어 그 사람의 삶이 기독교적으로 변하면, 다시 말해 그리스도의 삶을 닮아 가면, 그는 분명 기독교에서 말하는 하나님을 경험한 것입니다. 그러나 그게 아니면 아닌 것이지요! 신약성서의 방식으로 표현하자면, "메 게노이토"–'결코 아니다'–라는 말입니다. 예수님은 이를 두고 다음과 같이 교훈했습니다.

> 나더러 주여 주여 하는 자마다 다 천국에 들어갈 것이 아니요, 다만 하늘에 계신 내 아버지의 뜻대로 행하는 자라야 들어가리라. 그날에 많은 사람이 나더러 이르되, 주여 주여 우리가 주의 이름으로 선지자 노릇 하며, 주의 이름으로 귀신을 쫓아내며, 주의 이름으로 많은 권능을 행하지 아니하였나이까 하리니, 그때에 내가 그들에게 밝히 말하되 내가 너희를 도무지 알지 못하니 불법을 행하는 자들아 내게서 떠나가라 하리라. (마태복음 7:21-23)

같은 말을 사도 바울은 또 다음과 같이 가르쳤습니다.

> 내가 사람의 방언과 천사의 말을 할지라도 사랑이 없으면 소리 나는 구리와 울리는 꽹과리가 되고, 내가 예언하는 능력이 있어 모든 비밀과 모든 지식을 알고 또 산을 옮길 만한 모든 믿음이 있을지라도, 사랑이 없으면 내가 아무것도 아니요. (고린도전서 13:1-2)

어떻습니까? 하나님은 실제로 존재할까요? 이에 대한 기독교적 대답은 우리가 이미 들었습니다. 그런데 당신의 생각은 어떤가요? 파스칼이 그의 미완성 대작 『팡세』에 남긴 다음과 같은 말로 이번 이야기를 정리하며, 당신의 대답을 기다립니다.

> 하나님이 모든 인간이 인정할 수 있도록
> 인간 앞에 나타난다는 생각은 옳지 않다.
> 그렇다고 진심으로 그를 찾는 사람들까지
> 알아볼 수 없을 정도로 숨어 있다는 생각도 옳지 않다.
> 그는 그를 찾는 이들에게 그 자신을 온전히 드러내고
> 명확히 나타나길 원하시는 반면,
> 전심으로 피하는 사람들에게는 자신을 감추시길 원하기 때문이다.
> 그를 찾는 사람은 그를 알 수 있고,
> 찾지 않는 사람은 그를 알 수 없는 표시를 주었다.
> 〈오직 보기를 원하는 자에게는 충분한 빛이 있고,
> 이와 반대되는 마음을 가진 자들에게는 충분한 어둠이 있다.〉[55]

참고문헌

I 하나님은 누구인가

1 요한 요아힘 빙켈만, 민주식 역, 『그리스 미술 모방론』(*Gedanken über die Nachahmung der griechischen Werke in der Malerei und Bildhauserkunst*), 이론과실천, 1995, p. 158.
2 언스트 곰브리치, 최민 역, 『서양미술사』(*The Story of Art*), 열화당, 1998, p. 287.
3 볼프하르트 판넨베르크, 여상훈 역, 『신, 인간 그리고 과학』(*Gott, der Mensch und die Wissenschaft*), 시유시, 2001, p. 35.
4 존 밀턴, 『실낙원』, 5, 581-636.
5 같은 책, 5, 566-572.
6 단테, 『신곡』, 1, 14, 51-60.
7 같은 책, 1, 14, 63-70.
8 Pindaros, *Nemean*, 6, 1-4.
9 참고. 요한 요아힘 빙켈만, 앞의 책, pp. 34-42.
10 참고. 같은 책, p. 34.
11 참고. 같은 책, pp. 70-72.
12 참고. 조철수, 『유대교와 예수』, 길, 2002, p. 64.
13 참고. 케네스 클라크, 이재호 역, 『누드의 미술사』(*The Nude: A Study of Ideal Art*), 열화당, 1982, p. 310.
14 요한 요아힘 빙켈만, 『그리스 미술 모방론』, p. 44.
15 참고. 같은 책, p. 46.
16 같은 책, p. 44.
17 참고. 플라톤, 『파이돈』, 72e이하, 75e이하; 『메논』, 80d.
18 참고. 플라톤, 『파이드로스』, 245b-257b.
19 플라톤, 『국가』, 518d, 521c.
20 프로페르티우스, 『애가』, 3, 12 중 일부.

21　플로티노스, 『엔네아데스』, 3, 5, 4.
22　단테, 『소네트』, 16 중 일부.
23　미켈란젤로, 『소네트』, 52 중 일부.
24　참고. E. Panofski, 이한순 역, 『도상해석학 연구』(Studies in Iconology), 시공사, 2002, pp. 323이하.
25　참고. 요한 요아힘 빙켈만, 『그리스 미술 모방론』, p. 28.
26　아리스토텔레스, 『시학』, 25, 1460b 35.
27　알렉산드리아의 클레멘스, 『학설집』, 5, 109 (참고. H. Diels, & W. Kranz, *Die Fragmente der Vorsokratiker*, Berlin; Weidmamm, 1st ed., 1903, DK21 B14-23).
28　아리스토텔레스, 『형이상학』, 1072a 25.
29　단테, 『신곡』, 3, 24, 130-132.
30　에티엔 질송, 김규영 역, 『철학과 신』(*God and Philosophy*), 성바오로서원, 1981, p. 47.
31　토마스 아퀴나스, 『신학대전』, 3, 1.
32　니사의 그레고리우스, 『인간창조론』, 184b.
33　요한 칼빈, 『기독교 강요』, 1, 15, 3.
34　파울 틸리히, 김경수 역, 『조직신학』(*Systematic Theology*), II, 성광문화사, 1992, p. 33.
35　조지 매더슨, "태초에 하나님이 사랑하셨다" 중 일부.
36　프랜시스 톰슨, "하늘의 사냥개" 중 일부.
37　호메로스, 『일리아스』, 1, 43-52.
38　같은 책, 1, 207-214.

II 하나님은 존재다

1　토마스 아퀴나스, 『신학대전』, 1, 3.
2　같은 책, 1, 13, 11.
3　같은 책, 1, 13. 11.

01 존재란 무엇인가

1　윌리엄 셰익스피어, 『로미오와 줄리엣』, 2, 2, 38-47.
2　발터 아이히로트, 박문재 역, 『구약성서 신학』(*Theology of the Old Testament*), I, CH북스, 1998, p. 218.
3　앙드레 라콕·폴 리쾨르, 김창주 역, 『성서의 새로운 이해』(*Thinking Biblically*), 살림, 2006, p. 399.
4　참고. 발터 아이히로트, 앞의 책, pp. 185-195.

5 아리스토텔레스, 『자연학』, 3, 6, 207a.
6 아우구스티누스, 『설교집』, 117, 3, 5.
7 토마스 아퀴나스, 『신학대전』, 1, 13, 11.
8 참고. 토마스 아퀴나스, 『신학요강』 1, 11; 『신학대전』, 1, 3, 4; 『대이교도대전』, 1, 22.
9 H. Diels, & W. Kranz, *Die Fragmente der Vorsokratiker*, Berlin; Weidmamm, 1st ed. 1903, DK 12 B1.
10 같은 책, DK 12 A15.
11 같은 책, DK 12 B3.
12 같은 책, DK 12 A15.
13 같은 책, DK 12 A15.
14 같은 책, DK 28 B8.
15 에티엔 질송, 정은해 역, 『존재란 무엇인가』(*Being and some Philosophers*), 서광사, 1992, p. 50.
16 E. Jüngel, *Gott als Geheimnis der Welt*, 1977, p. 331.
17 괴테, 『파우스트』, 1, 3432-3441.
18 참고. 발터 아이히로트, 『구약성서 신학』, I, p. 217.
19 참고. 앙드레 라콕·폴 리쾨르, 『성서의 새로운 이해』, pp. 403이하.
20 참고. 발터 아이히로트, 앞의 책, p. 198.
21 H. Gese, "Der Name Gottes im Alten Testament", in *Der Name Gottes*, Düsserdorf: Partmos, 1975, p. 79.
22 크리스토퍼 스마트, "다윗에게 부치는 노래", 3연.
23 앙드레 라콕·폴 리쾨르, 앞의 책, p. 394.
24 참고. 토마스 아퀴나스, 『신학요강』, 1, 16; 『신학대전』, 1, 3, 1; 『대이교도대전』, 1, 20.
25 K. Barth, *Das Wort Gottes als Aufgabe der Theologie*, in *Anfänge der dialektische Theologie* 1, hrsg. von J. Moltmann, München, 1962, p. 25.
26 같은 책, p. 315.
27 파울 틸리히, 김경수 역, 『조직신학』, 1-하, 성광문화사, 1992, pp. 142, 145.
28 Simplikios in Phys., S. 86, 7f., S. 117, 4f (DK 28 B6).
29 참고. 토마스 아퀴나스, 『신학요강』, 1, 4; 『신학대전』, 1, 9, 1; 『대이교도대전』, 1, 13.
30 Simplikios in Phys., S. 145, 1-146, 25, S. 38, 30-39, 9 (DK 28 B8).
31 플루타르코스, 『콜로테스에 대한 반박』, 1114d.
32 참고. 플라톤, 『국가』, 509d-511e.
33 플라톤, 『테아에테투스』, 183e.
34 에티엔 질송, 앞의 책, pp. 37-39.
35 단테, 『신곡』, 3, 7, 124-135.

36 참고. 플라톤, 『파이돈』, 102b, 103b.
37 같은 책, 100c.
38 참고. 플라톤, 『필레보스』, 24a이하; 『향연』, 211a-e; 『파이돈』, 75b, 77a 등.
39 단테, 『신곡』, 3, 13, 67-72.
40 참고. 플라톤, 『국가』, 509d-511e.
41 참고. 플라톤, 『향연』, 211a-e.
42 플라톤, 『국가』, 509d.
43 참고. 아리스토텔레스, 『영혼론』, 414a-415a.
44 아우구스티누스, 『신국론』, 12, 2.
45 토마스 아퀴나스, 『철학대전』, 3, 97.
46 아리스토텔레스, 『영혼론』, 414a-415a 13.
47 존 밀턴, 『실낙원』, 5, 505-510.
48 참고. 플로티노스, 『엔네아데스』, 1, 8, 7.
49 안셀무스, 『프로슬로기온』, 24.
50 안셀무스, 『모놀로기온』, 16.
51 알렉산더 포프, 『인간론』, 4, 49-51.
52 단테, 『신곡』, 3, 8, 100-117.
53 라이프니츠, 『신정론』, 3, 246.
54 아서 러브조이, 차하순 역, 『존재의 대연쇄』(*Great Chain of Being*, 1936), 탐구당, 1992, p. 279에서 재인용.
55 새뮤얼 리처드슨, 『파멜라』, 1 중 일부.
56 플로티노스, 『엔네아데스』, 5, 2, 1.
57 같은 책, 5, 2, 1.
58 참고. 에티엔 질송, 앞의 책, p. 57.
59 플로티노스, 『엔네아데스』, 5, 9, 3.
60 참고. 에티엔 질송, 앞의 책, p. 56.
61 플로티노스, 『엔네아데스』, 5, 2, 1.
62 같은 책, 3, 8, 3.
63 『신곡』, 3, 13, 52-60.
64 라이프니츠, 『단자론』, 56.
65 프리드리히 실러, "친구" 중 일부.
66 매슈 아널드, 『에트나산 위의 엠페도클레스』 중 일부.
67 존 노리스, 『작품집』, p. 69.
68 마크로비우스, 『스키피오의 꿈에 관한 주석』, 1, 14.
69 알렉산더 포프, 『인간론』, 1, 237-246.

70 참고. 토를라이프 보만, 허혁 역, 『히브리적 사유와 그리스적 사유의 비교』(*Das hebräische Denken im Vergleich mit dem griechischen*), 분도출판사, 1975, pp. 33-45.
71 같은 책, p. 47.
72 K. H. Ratschow, *Werden und Wirken*, Berlin, 1941, Z.A.W. Beih. 70, p. 81.
73 토를라이프 보만, 앞의 책, p. 59.
74 같은 책, p. 59.
75 참고. 같은 책, pp. 146-216.
76 아리스토텔레스, 『오르가논』, 6권, 『궤변 논박』, 165b-166a.
77 참고. 아서 러브조이, 앞의 책, p. 70.
78 아우구스티누스, 『삼위일체론』, 5, 1, 2.
79 J. W. Goethe, *Gesamte Werke von J. W. Goethe*, Hamburger Ausgabe, München, 1988, Bd. 1, p. 369.
80 참고. 볼프하르트 판넨베르크, 여상훈 역, 『신, 인간 그리고 과학』, 시유시, 2001, p. 220.
81 같은 책, p. 222.
82 참고. 아우구스티누스, 『고백록』, 12, 8.
83 안셀무스, 『모놀로기온』, 22.
84 같은 책, 23.
85 참고. 같은 책, 14.
86 참고. 같은 책, 23.
87 참고. 같은 책, 24.
88 K. Barth, *Das Wort Gottes als Aufgabe der Theologie*, in *Anfänge der dialektische Theologie*, 1. hrsg. von J. Moltmann, München, 1962, p. 315.
89 안셀무스, 『프로슬로기온』, 1.

02 하나님은 실제로 존재하는가

1 참고. 토마스 아퀴나스, 『신학대전』, 1, 2, 2.
2 안셀무스, 『프로슬로기온』, 서문.
3 안셀무스, 『모놀로기온』, 6.
4 안셀무스, 『프로슬로기온』, 2.
5 같은 책, 2-3.
6 같은 책, 3.
7 참고. 안셀무스, 「이 반론에 대한 이 책 저자의 답변」, 1-2.
8 데카르트, 『성찰』, 5, 8.
9 참고. 이마누엘 칸트, 『순수이성비판』, A 592이하.
10 참고. 같은 책, B 620.

11 참고. 같은 책, B 621.
12 참고. 같은 책, B 626.
13 참고. 같은 책, B 621이하.
14 같은 책, B 625.
15 같은 책, B 627.
16 같은 책, B 630.
17 존 밀턴, 『실낙원』, 5, 504-510.
18 참고. 토마스 아퀴나스, 『신학대전』, 1, 2, 3.
19 이마누엘 칸트, 『순수이성비판』, B 619.
20 같은 책, B 637이하.
21 에드워드 영, 『야상』, 4.
22 빅토르 위고, 『정관시집』, 2, liv. 4.
23 참고. 토마스 아퀴나스, 『신학대전』, 1, 2, 3.
24 W. Faley, *Works*, London, WM. Orr, 1849, p. 25 [참고. 존 힉, 김희수 역, 『종교철학』 (*Philosophy of Religion*), 동문선, 2000, pp. 48-50].
25 참고. 데이비드 흄, 이태하 역, 『자연종교에 관한 대화』(*Dialogues Concerning Natural Religion*), 나남, 2008, 5장.
26 참고. 같은 책, 8장.
27 알렉산더 포프, 『인간론』, 1, 123-126.
28 이마누엘 칸트, 『순수이성비판』, B 664.
29 참고. 리처드 도킨스, 이한음 역, 『만들어진 신』(*The God Delusion*), 김영사, 2007, pp. 7-8.
30 리처드 도킨스, 이용철 역, 『눈먼 시계공』(*The Blind Watchmaker*), 사이언스북스, 2004, p. 28.
31 J. H. Newman, *Idea of University*, London, Longmans, Green 1907, p. 454 [알리스터 맥그래스, 김태완 역, 『도킨스의 신』(*Dawkins' God*), SFC, 2007, p. 134에서 재인용].
32 참고. 플라톤, 『파이돈』, 103b.
33 아리스토텔레스, 『형이상학』, 1039b.
34 같은 책, 991a.
35 같은 책, 1017b 25-26; 1042a 28-31.
36 이마누엘 칸트, 『순수이성비판』, B 75.
37 참고. 같은 책, B 294-318.
38 윌 듀런트, 황문수 역, 『철학이야기』(*The Story of Philosophy*), 문예출판사, 2001, p. 388.
39 이마누엘 칸트, 『순수이성비판』, B 295.

40 같은 책, B 664.
41 파울 틸리히, 송기득 역, 『19-20세기 프로테스탄트 사상사』(Perspective on 19th and 20th Century Protestant Theology), 한국신학연구소, 1993, p. 84.
42 이마누엘 칸트, 『순수이성비판』, B 664.
43 참고. 파울 틸리히, 앞의 책, p. 83.
44 안셀무스, 『프로슬로기온』, 14.
45 W. James, *The Varieties of Religion Experience*, New York, The Modern Library, 1902, p. 423.
46 참고. 토머스 홉스, 『리바이어던』, 32.
47 참고. D. Hume, *An Enquiry Concerning Human Understanding*, Indianapolis, Hackett Publishing Co., 1977, p. 80.
48 참고. R. Otto, *The Idea of the Holy*, Oxford University Press, London, 1936, pp. 17-26, 31-33. 『성스러움의 의미』(길희성 역, 분도출판사, 1999).
49 참고. J. A. Weisheipl, O.P., *Friar Thomas d'Aquino: His Life, Thought, and Works*, Garden City, N.Y.: Doubleday, 1974. p. 321.
50 참고. 토머스 쿤, 김명자 역, 『과학 혁명의 구조』(The Structure of Scientific Revolution), 까치글방, 2009, pp. 166, 168, 183.
51 같은 책, p. 166.
52 참고. J. Skinner, *Prophecy and Religion*, Cambridge University Press, Cambridge, 1922, p. 261.
53 참고. 게르하르트 킷텔 지음, 제프리 브라밀리 편역, 『신약성서 신학사전』(Theological Dictionary of the New Testament), 요단출판사, 1986, p. 525.
54 파스칼, 『팡세』, 728-470(앞의 것은 라퓌마판, 뒤의 것은 브룬슈픽판의 번호임).
55 같은 책, 309-430.

찾아보기

| 인물 |

가우닐로 188, 191-198
게제, 하르트무트 98
곰브리치, 에른스트 23
괴테, 요한 볼프강 폰 21, 91, 165-166
그레고리우스, 나지안주스의 180
그레고리우스, 니사의 55

노리스, 존 149
뉴먼, 존 헨리 217

다니엘레 다 볼테라 40
다윈, 찰스 126, 211, 214-219
단테, 알리기에리 30-32, 43, 45-46, 52, 76, 113-114, 117, 135, 146, 149
데닛, 대니얼 206
데카르트, 르네 192, 194, 197-198, 223-224
도킨스, 리처드 206, 215-216, 218
뒤르, 한스 페터 169-171
듀런트, 윌 226
디랙, 폴 232

라이프니츠, 고트프리트 빌헬름 폰 137, 196-197, 223
라콕, 앙드레 83, 101
라파엘로 41, 42, 47
람세스 2세 94
랏쵸, 칼 하인츠 154
랭부르 형제 37, 38
러브조이, 아서 147, 160, 164, 166
레기날드 240
레오 13세 78
레오나르도 다 빈치 41
로베스피에르 217, 229
로스켈리누스 222
로크, J. 223
롬바르두스, 페트루스 74
루소, 장 자크 137
루터, 마르틴 229
리처드슨, 새뮤얼 139
린데, 안드레이 173-174

마그누스, 알베르투스 74
마크로비우스, 암브로시우스 150-151, 200
매더슨, 조지 62, 68

맥그래스, 알리스터 206
모세 25, 49, 76, 85, 88, 94-95, 98, 103, 105, 109, 152, 168, 233
모어, 헨리 180
미켈란젤로, 부오나로티 11, 17-18, 20-21, 26, 29, 33, 36, 38, 40, 43, 46, 47, 48, 176
밀, 존 스튜어트 211, 214
밀스, 데이비드 8, 9
밀턴, 존 26, 28, 128-129, 149, 200

바르트, 칼 103, 130, 176, 230
바울(사도) 12, 13, 76, 135, 168, 180, 234, 244, 247-249
버클리, J. 223
베르길리우스 30-32
베르나르 드 클레르보 234
베이컨 211
보나벤투라 76, 222
보만, 토를라이프 153-154, 157-159
브루너, 에밀 130
블룸, 해럴드 81
빙켈만, 요한 요아힘 19-21, 40

사르트르, J. P. 112, 187
세그레, 에밀리오 232
세르반테스, M. d. 81
셰익스피어, 윌리엄 80-81
소크라테스 50
슈트라우스, 다비드 217
스마트, 크리스토퍼 99
스몰린, 리 173
스코터스, 던스 222
스피노자, B. 175, 223
시드니, 필립 139

식스투스 4세 17
실러, 프리드리히 147-148, 180
심플리키오스 108

아가멤논 65-67
아낙시만드로스 89-90, 107
아낙시메네스 107
아널드, 매슈 148
아담 17, 19, 20-24, 26, 29, 36, 47, 55, 59, 128, 129, 176
아리스토텔레스 43, 49, 51-53, 71-72, 74, 76, 78, 96, 108, 110, 123, 125-126, 129, 133, 161-162, 212, 221-222, 224, 230
아베로에스(이븐 루시드) 72, 76
아브라함 25, 82, 93, 233
아비켄나(이븐 시나) 72
아우구스티누스 72, 78, 88, 123, 125, 126, 131, 138, 164, 172-173, 192, 221, 222
아이히로트, 발터 83
아인슈타인, 알베르트 175, 231-232
아킬레우스 66-67
아타나시우스 180
안셀무스 10, 97, 131, 132, 175, 177-178, 188-194, 198-199, 202, 211, 220, 222, 224, 230, 232, 244-245
알렉산드로스 대왕 222
암모니오스 사카스 43
야고보 179
야곱 82-83, 85, 93, 126-128, 134
  — 의 사다리 126-128, 134
야스퍼스, 칼 112, 187
에딩턴, 아서 232
에리우게나 222
에우리피데스 35

에코, 움베르토 72
에피쿠로스 209-210
　　— 의 가설 209-210
에픽테토스 212
영, 에드워드 204
예레미야 61, 82, 243
예수(그리스도) 38, 44, 47-48, 63, 65, 78, 179, 212, 249
오디세우스 226
오리게네스 97, 152, 219
오이디푸스 30
오토, 루돌프 238, 241
요셉 93
요하네스, 다마스쿠스의 11-12, 79, 88, 178, 180
요한 22세 75
요한 바오로 2세 219
욥 179
위고, 빅토르 205
유스티니아누스 72
유클리드 223
율리우스 2세 17
윰엘, 에버하르트 91
이삭 85

제임스, 윌리엄 234
존스, 필립 206
질송, 에티엔 53, 90, 100, 111, 143-144

카프탄, 율리우스 230
칸트, 이마누엘 171, 192, 194-198, 202-205, 208, 210, 212, 224, 225-231
칼빈, 요한 7, 55, 78, 136-137, 219
코페르니쿠스 242
콜론나, 비토리아 46

쿠사누스, 니콜라우스 164-166
쿤, 토머스 241-243, 246
　　— 의 패러다임 241-247
클레멘스, 로마의 50
클레멘스, 알렉산드리아의 50
키르케고르 103, 112, 187, 245
키케로 209

탈레스 89, 107
토마스 아퀴나스 11, 12, 51, 54, 73, 75-79, 83, 96-97, 103, 106, 125-126, 131, 138, 147, 168, 178, 180, 184, 198-211, 219-224, 230, 239-240, 244-245
　　— 의 '다섯 길' 12, 198-206
톨런드, 존 237
톰슨, 프랜시스 62, 63, 68
투트모세 3세 94
트라이니, 프란체스코 76-77, 78
틸리히, 파울 59, 104, 229

파르메니데스 85, 89, 90, 103, 107-110, 113, 115-118, 140, 156, 162
파스칼, 블레즈 247
판넨베르크, 볼프하르트 24, 169
페일리, 윌리엄 12, 206-220
　　— 의 〈시계 유추〉 논증 206-220
포르피리오스 141
포프, 알렉산더 134, 151, 200, 210
프로클로스 152
프로페르티우스 44
프톨레마이오스 95, 242
플라톤 40, 43-45, 53, 56, 76, 78, 85, 90, 96, 109, 110-123, 129-133, 138, 140-143, 152, 156, 160, 162, 14, 200, 221-224, 230

플로티노스   43-45, 90, 113, 122-123,
　　129, 131, 133, 138, 140-152, 156, 169,
　　200
플루타르코스   109
피타고라스   34, 107
핀다로스   33-34, 67

하와   17, 22, 59
하이네, 하인리히   229
하이데거, M.   103, 112, 187

하이젠베르크, 베르너   171
헉슬리, 토머스   215
헤라클레스   47
헤라클레이토스   107
헥토르   67
호메로스   50, 53, 65, 226
　　─ 의 황금사슬   148-150
홉스, 토머스   236-237
흄, 데이비드   196-197, 202, 209-210, 212,
　　214, 223, 224, 236, 237

| 주제 |

가능적 참   211
가시적 세계   111, 120, 122
가시적 자연   40
가지적 세계   111, 120, 122
경험론   221, 224
　　─ 자   223-224
계몽주의   137
과학주의   215, 217
과학혁명   215
관념들의 관계에 관한 명제   196
귀납법   211, 214
기획투사   187
김나지움   34-35

누멘   238
누미뇌제   238
누스(정신)   142
능동인   201

다이달로스의 미궁   157
다중우주   174

대립의 일치   164-168
데미우르고스(창조주)   53
데무트   54
도덕론적 증명   201
도미니쿠스 수도회   71-72, 74, 76, 222
동방정교   54-55, 230
동일률   110

로고스   107
림보   76

메타노이아   246-248
모순명제   195-197, 228
모순율   110
목적론적 증명   201-203, 206, 208-211,
　　220
무규정자   86-89, 105
무신론   11, 104, 154, 215-216, 219
무한소급   52, 199, 203, 210
무한자(아페이론)   89-90, 107, 141
물리신학적 증명   203, 208, 220

물리적 시간 174
물 자체 171
물질세계 126, 15, 150-151

바바라 삼단논법 161
반입자론 232
범신론 142, 175
베네딕투스 수도회 71-72, 222
변증법 120, 203
부동의 원동자 51-53
분석판단 196-197
분여 이론 116-123
불가지론 215
빅뱅 174
빈 서판 223

사실의 문제에 관한 명제 197
사실적 진리 197
사회계약설 138
사회적 사다리 134
산업혁명 215, 229
삼위일체 25, 155, 183
　― 론 55, 152, 164, 167, 182
상기 43
생명의 나무 126
생존경쟁 214
선분의 비유 120-123, 129, 133
선 자체 90, 131
　― 하나님의 182, 214
성령 144, 166-149, 152, 170
성부 26, 76, 142, 144, 146, 147, 149, 152, 167, 180, 182
성자 27, 142, 144, 146, 147, 149, 152, 167, 182
성화상 파괴 운동 176

세계초월성 174
소립자의 장 89, 169, 171
소명의식 136-137, 139
스토아 철학 43, 171-172, 212
　― 자 171, 212
신인동감설 49-50, 67-68
신인동형설 49-50
신플라톤주의 43-47, 71, 112, 119, 129-130, 141, 152
　― 자 43, 45, 140, 152
실존주의 188
실증주의 186, 215, 217, 231
실체 11, 25, 51, 56, 79, 95-97, 100, 105, 115, 145, 168, 178, 180
십계명 176

아르케 107-108
아름다움 자체 116-117, 131
아리아드네의 실타래 157
아테나 47, 66-67
아폴론 47, 53, 65
앙가주망 187-188
야훼 29, 30, 32, 82, 88, 98-99, 152, 154-155, 163, 166, 168, 175, 179, 183, 187
에로스 44-45
에세네 공동체 36
에이도스(형상) 56, 221-222
에흐예 아세르 에흐예 95-98, 101-102
엘 84
　― 샷다이 84
　― 올람 84
　― 하이 155, 167
엘로아 84
엘로힘 84

엘욘 84
영적인 사람들 46
영혼 22, 23, 30, 43-47, 63, 76, 113, 122-123, 135, 144-152, 225, 232, 233, 238, 239
예증법 212-213
예지 131
오리-토끼 그림 242-243
온전한 일자 90
온토스 온 110
우시아(본질) 144
우연적 현존 193, 202, 220
우주론적 증명 201, 203, 210
유비추론 211-212
유신론 209, 217
유일자 58, 69, 90
유출 131, 141-142, 144-145, 149, 151
유피테르 30-32
이데아 40-46, 53, 56, 90, 110-112, 115-123, 143, 146, 149, 156, 160, 221-222
— 론 115-116
— 의 미 41, 43-44, 46
— 의 세계 45, 112, 121
이성적 진리 196
이신교 216-217
이신론 217, 236-237
— 자 229, 236-237
이율배반 227
이중적 논법 164-166, 196
이치 논리 110
인류교 216-217, 228
일반상대성 이론 231
일자 90-91, 110, 115, 122-123, 133, 141-152, 167, 169
— 형이상학 141
있는 자 11, 79, 88, 95-98

자기동일성 57, 156
자스트로우 도형 242
자연법 138
— 사상 138
자연선택 214-216
자연신학(물리신학) 207, 209, 211, 216-217
— 자 207, 229, 236
자연의 사다리 12, 119-120, 123-134, 200, 204
제우스 29-30, 47, 53
존재 28, 34, 58-62, 68, 86-90, 95-119, 125, 130-131, 133, 137, 140-169, 174, 180-183, 184-249
— 의 계층구조 123, 126, 129, 131, 133, 199-200, 205
— 의 대연쇄 126, 133, 137-138, 151, 160, 200
— 의 바다 12, 168, 179-182
— 의 사다리 12, 119, 120, 128-129, 134, 203-205
— 의 장 167-174, 178, 183
존재론 56-57, 59, 61-68, 85-86, 90, 103, 106-108, 110, 128, 133, 140, 156, 179, 182, 193, 195, 197, 203, 210
— 적 증명 193-197, 181, 186
존재물 28, 58, 62, 86, 90, 95-110, 118, 123, 125, 126, 131, 133, 140, 141, 152, 155, 159, 163, 168, 179, 181, 190
— 의 계층구조 125-126
존재상실 61
존재 유비 130
존재 자체 79, 83, 96, 103, 105, 131, 168
존재증명(하나님의) 183, 186, 198-246
종자 형상 145
종합판단 197

중기플라톤주의 152
지동설 242
지적 설계 206-209
　― 론 208, 212, 218-219
　― 자 218
진리 자체 131
진화론 211, 214-219
진화의 사다리 126
질료 53

첼렘 54
최종 원인 52

카도쉬 102

탈시간화 12, 158-166, 196
트리엔트 공의회 40

퍼텐셜 12, 168-175, 181, 183

프네우마 170-172
프란체스코 수도회 72, 222
프랑스대혁명 134, 137, 217, 229
피라미드식 계층구조 122, 130-135, 150
필연적 참 211
필연적 현존 193, 202, 220

하야 97, 153, 166-168
하이 야훼 155
허수아비 논증의 오류 218-219
헤라 66-67
헬레니즘 12, 108
현존 98, 112, 154, 155, 184, 187-188,
　　193-205, 210, 220, 224, 225, 228, 230,
　　233, 234, 237, 244, 245
형상 없는 땅 172-173
호메로스의 황금사슬 148-152
혼의 전향 44
확률적 참 211

| 작품 |

70인역(성서) 95-98, 170

〈갈라테이아의 승리〉 41-42
『고백록』 172-173
『과학 혁명의 구조』 242
『국가』 120, 122
『궤변 논박』 141, 162
『기독교 강요』 55

『눈먼 시계공』 216

"다윗에게 부치는 노래" 99

『단자론』 147
『돈키호테』 81

『레미제라블』 205
『로미오와 줄리엣』 80

『만들어진 신』 215
『명제집』 74
『모놀로기온』 10, 132, 190

〈벨베데레의 아폴론〉 19-21, 41, 47

사해사본 36
『삼위일체론』 164
『설교집』 8
〈성모자상〉 47
"성스러운 것" 238
『성찰』 194
"소네트" 45-46
『수사학』 212
『순수이성비판』 194, 196, 201, 203, 210, 224, 227, 229
『시학』 49
『신곡』 52, 76, 113, 117, 135, 146, 147, 149
『신국론』 123
『신정론』 137
『신학대전』 12, 184, 198-199, 201, 206, 239-241
『실낙원』 26, 128, 149

〈아담의 창조〉 19-21, 29, 47, 176
『아리스토텔레스의 「자연학」 주석』 108
『아케이디아』 139
『애가』 44
〈에덴 동산〉 38
『에밀』 137
"에트나산 위의 엠페도클레스" 148
『엔네아데스』 141, 144-145
『영혼론』 123
"영혼불멸" 180
『오디세이아』 65, 226
『오르가논』 72, 161, 230
"올림픽 경기 찬가" 33
『우주에는 신이 없다』 8
"인간론" 134
『일리아스』 65

『자연신학』 207, 211
『자연종교에 관한 대화』 209
『자연학』 87
『장미의 이름』 72
『정관시집』 205
『존재란 무엇인가』 111, 144
『존재의 대연쇄』 160, 164
"존재하는 신에 대하여" 194
"지옥편" 30

"창조성가" 149
〈천지창조〉 11, 17, 20-21, 36, 38
『철학사전』(고클레니우스) 108
『철학이야기』 226
〈최후의 심판〉 39, 47, 49
"친구" 148, 180

『콜로테스에 대한 반박』 109-110

『티마이오스』 116, 142

『파멜라』 138-139
『파우스트』 91
『팡세』 247, 250
『프로슬로기온』 131, 189-190, 192, 232

"하나님을 명상하려는 충동" 177
"하늘의 사냥개" 64
『학설집』 50
『향연』 121
『형이상학』 51, 71, 74, 222
『회화론』 41
『히브리적 사유와 그리스적 사유의 비교』 153, 157

| 성서 |

창세기　85, 93, 128
1:2　170-172
1:26　54
2:17　59
3:8　68
3:10　36
3:19　102
6:6　68
9:5　68
14:18　84, 92
15:1　154
17:1　84
17:5　82
17:15　82
17:16　82
18-19장　25
18:22　25
21:33　84
28:12　24, 128
28:12-16　24
32:28　83
32:29　85
32:31　68
37:5-9　24
46:7　93
46:27　93
47:11　93

출애굽기　85, 93
1:7　93
1:13-2:6　94
1:14　94
2:10　94

3:1-10　94
3:2　24, 49
3:6　85
3:13　95
3:14　68, 95, 97
3:15　85, 98
22:24　68
32:14　68
33:11　25
33:23　25

민수기
11:1　68
12:6-8　25

신명기
4:12　24
4:15　24
16:22　68
30:9　68
32:35　68

사무엘상
3:1　24
3:7　234
5:11　68
5:9　154
15:11　68
15:35　68

열왕기상
3:5　24
8:27　178-179

열왕기하
19:16 68

역대하
4:3 54

욥기
11:9 179

시편 233
1:3 59
1:4 59
7:17 84, 92
8:4 68
9:10 234
10:4 154
14:1 154, 190
23:1-4 179
27:7-8 177
27:8 177
39:6 54
46:1-3 179
51:13 178
53:1 190
90:2 179
104:2-9 179
139:1-10 182

이사야
6:3 179
40:6 102
40:8 102
40:18 54
43:10 234
45:15 85, 92

52:10 68
61:18 68
62:5 68

예레미야
2:27 61
3:19-20 61
8:5 68
12:7-13 68
15:5-9 68
18:13-17 68
38:17-18 243

예레미야애가
5:21 61

에스겔
8:3 24
11:20 154

다니엘
2:3 24
7:9 25
9:20 24
10:10-21 24

아모스
7:3 68

미가
6:5 234

마태복음
7:9-11 213
7:21-23 249

요한복음
4:24   170-172
4:25   157
15:5   13, 59
20:25   101

사도행전
9:4   247
22:7   247
26:14   247

로마서   13, 244
1:18-20   244
2:21   14
3:3-4   14
3:9   14
3:27   14
8:28   182
11:36   168
16:27   179

고린도전서
7:17   135
13:1-2   249

13:12   180

갈라디아서
4:9   234

에베소서
1:11   182

디모데전서
1:17   179
6:16   25, 177

히브리서
12:1   244

야고보서
4:14   179

요한1서
4:12   25

요한계시록
4:8   179

하나님은 존재하는가
인문학으로 읽는 하나님의 존재 이야기

초판 발행_ 2021년 6월 7일

지은이_ 김용규
펴낸이_ 정모세

펴낸곳_ 한국기독학생회출판부
등록번호_ 제313-2001-198호(1978. 6. 1)
주소_ 04031 서울시 마포구 동교로 156-10
대표 전화_ (02)337-2257 팩스_ (02)337-2258
영업 전화_ (02)338-2282 팩스_ 080-915-1515
홈페이지_ http://www.ivp.co.kr 이메일_ ivp@ivp.co.kr
ISBN 978-89-328-1830-6
ISBN 978-89-328-1829-0(세트)

ⓒ 김용규 2021

책값은 뒤표지에 있습니다.
무단 전재와 복제를 금합니다.